有效实施培智学校
课程标准的理论与实践

2017—2021

孙颖　陆莎　朱勃霖◎编著

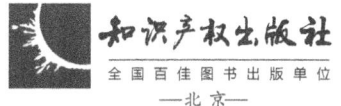

全国百佳图书出版单位

——北京——

图书在版编目（CIP）数据

有效实施培智学校课程标准的理论与实践：2017—2021/孙颖，陆莎，朱勃霖编著.—北京：知识产权出版社，2022.12

ISBN 978-7-5130-8440-6

Ⅰ.①有… Ⅱ.①孙… ②陆… ③朱… Ⅲ.①儿童教育—特殊教育—课程标准—研究 Ⅳ.①G764

中国版本图书馆 CIP 数据核字（2022）第 206550 号

责任编辑：高 超　　　　　责任校对：王 岩
封面设计：邵建文　马倬麟　　责任印制：孙婷婷

有效实施培智学校课程标准的理论与实践（2017—2021）

孙颖　陆莎　朱勃霖　编著

出版发行：	知识产权出版社有限责任公司	网　址：	http://www.ipph.cn
社　址：	北京市海淀区气象路50号院	邮　编：	100081
责编电话：	010-82000860 转 8383	责编邮箱：	morninghere@126.com
发行电话：	010-82000860 转 8101/8102	发行传真：	010-82000893/82005070/82000270
印　刷：	北京虎彩文化传播有限公司	经　销：	新华书店、各大网上书店及相关专业书店
开　本：	720mm×1000mm　1/16	印　张：	15.5
版　次：	2022年12月第1版	印　次：	2022年12月第1次印刷
字　数：	260千字	定　价：	88.00元
ISBN 978-7-5130-8440-6			

出版权专有　侵权必究
如有印装质量问题，本社负责调换。

前言

2016年，教育部颁布了三类特殊教育学校义务教育课程标准，这是中华人民共和国成立以来第一次专门为残疾学生制定的学习标准，是"十三五"以来我国特殊教育课程教学改革的顶层设计，为特殊教育学校课程开发、实施、评价与管理指明了方向，充分体现了党和国家对特殊儿童教育的高度重视，对于推进特殊教育内涵发展、提升特殊教育质量、促进教育公平，具有特殊的重要意义。新课程标准在特殊教育发展中的重要性毋庸置疑，唯一不确定的是，如何才能更有效地促进新课程标准的落地及特教教师专业的实质性发展。本书着力讨论在特殊教育学校新课程标准发布后省级特殊教育机构如何支持学校落实新课程标准的问题，同时收录了北京市十几所培智学校围绕课程建设进行探索的部分实践成果。

面对全面落实新课程标准中如何让每一名特教教师全面理解和准确把握新课程标准的新理念、新思想和新要求，如何依据新课程标准对原有的课程教学模式进行调整，如何将新课程标准转化为每一个特殊学生的实际获得等问题，北京市先后开展了特殊教育学校课程建设、基于新课程标准教学的专题调研，对特殊教育学校校长、教师及家长进行问卷、座谈、访谈等多种形式的调查，深入了解和全面分析了特殊教育学校的课程建设与教学现状，基于调研中发现的问题，采取了一系列的行动研究与实践推进，一是制订了《北京市特殊教育学校义务教育阶段课程标准的实施方案》。从工作角度，明确了落实新课程标准的意义、目的、内容、要求和组织安排；从研究角度，规划了课程标准落实本土研究的重点内容、技术方法、保障措施、监测评价，强调了以研究引领实践、在实践中完善提升的工作思路。二是研制了《北京市特殊教育学校义务教育阶段课程实施指导意见》（以下简称《意见》），提出了"从国家课程标准出发，以特殊学生发展为本"的基本主张。学校从实际出发，在课程优化、课程调整、课程实施、课程资源与课程评价方面提出具体要求与落实方法。三是组建了基于新课程标准的课程与教学改革行动研究团队。为有效推进工作，组织成立由行政人员、教科研人员和一线特殊教育学校干部教师参加的行动研究团队，共同面对并解决在实施过程中面临的现实问题。

本书在结构上安排了二篇，共八章，第一篇为前四章，第二篇为后四章，分别聚焦不同的核心问题，层层推进。

第一篇主要回答"如何有效实施培智学校课程标准"的问题。开篇第一章是基于国家课程标准落地的地方化课程实施。从历史与发展的角度陈述培智学校义务教育课程方案与课程标准的发展历程、内容和特点，同时重点陈述北京市落实国家培智学校课程标准的北京方案及实施路径。第二章是个别化教育计划的制订与实施。通过个别化教育计划这一体现"以特殊学生发展为本"的重要原则，具体陈述个别化教育计划这一机制的缘起发展和北京市个别化教育计划探索的发展历程、具体操作方法、管理措施及实施案例分析。第三章是基于主题的班级教学设计。通过基于主题的班级教学设计这一距离课堂、学生最近的也是基于课程标准落地最核心的问题陈述如何更有效地落实。这一篇的最后一章是基于学习的有效教学方法与策略。主要分析基于循证的有效教学策略方法在落实新课程标准中的应用。这四章是全书的总纲，构建出一个落实课程标准的实践框架，试图从理论与实践层面回答，当前如何推进培智学校有效实施课程标准，应该做到重点关注什么问题，可以走哪些有效的实践路径。第二篇主要回答"各个培智学校课程校本化如何实践"的问题。我们从课程资源分析、课程设计思路、课程实施、课程评价与管理、课程实施效果、反思与改进几个层面通过校本化实施的案例分析阐述有效实施的问题。

本书是北京市特殊教育团队研究的成果，北京教育科学研究院特殊教育研究指导中心的老师不仅指导特教学校的实践，更和学校一起精心准备稿件。全书由孙颖策划统筹、定稿，陆莎老师承担了大量的统稿、联系、协调工作。各章的分工包括：前言，孙颖；第一章，陆莎、孙颖；第二章，冯超、陆莎；第三章，傅王倩、孙颖；第四章，瞿婷婷、陆莎；第五章到第八章的各校课程情况由各特教学校的校长完成，分别是芦燕云、于文、周晔、刘继军、傅立新、刘晓梅、王超山、吴振奇、李万军、李明伟、于永旺、邓富龙、王彦、赵玉龙、李文峰、孙占新，由傅王倩、陆莎进行统稿整理。在编写过程中得到以方中雄院长为首的北京教育科学研究院各位领导的指导与大力支持，也得到北京师范大学、各区教委及特教学校的支持，在此一并感谢。

孙　颖
2022 年 4 月

目录

第一篇　培智学校课程标准的有效实施

第一章　基于国家课程标准落地的地方化课程实施 ········· 003
　　导　读 / 003
　　第一节　培智学校义务教育国家课程方案及课程标准 / 003
　　第二节　基于国家培智学校课程标准的北京方案 / 009
　　第三节　北京市落实国家课程标准的实施路径 / 016
　　本章小结 / 019

第二章　个别化教育计划的制订与实施 ········· 020
　　导　读 / 020
　　第一节　个别化教育计划的起源与发展 / 020
　　第二节　北京市个别化教育计划的实施与发展 / 027
　　第三节　基于评估的个别化教育计划 / 030
　　第四节　个别化教育计划的制订、实施与管理 / 043
　　本章小结 / 058

第三章　基于主题的班级教学设计 ········· 063
　　导　读 / 063
　　第一节　基于主题的班级教学设计的缘起与发展 / 063
　　第二节　基于主题的班级教学设计的实施 / 071
　　第三节　基于主题的班级教学设计的实践经验 / 084
　　本章小结 / 098

第四章　基于学习的有效教学方法与策略 ········· 099
　　导　读 / 099
　　第一节　培智学校学生有效教学设计 / 099
　　第二节　培智学校学生有效教学的策略 / 113
　　第三节　培智学校有效教学的实践案例 / 127
　　本章小结 / 133

i

第二篇 培智课程校本化的生动实践

第五章 北京市培智学校的课程设计 …… 137
  第一节　课程资源分析／137
  第二节　课程设计理念分析／150
  第三节　课程设计思路实例／160
  第四节　课程内容设置／174

第六章 北京市培智学校的课程实施 …… 187
  第一节　西城区培智中心学校的课程实施／187
  第二节　海淀健翔学校的课程实施／190
  第三节　东城区特殊教育学校的课程实施／192
  第四节　东城区培智中心学校的课程实施／194
  第五节　朝阳区安华学校的课程实施／195
  第六节　石景山区培智中心学校的课程实施／199
  第七节　丰台区培智中心学校的课程实施／201
  第八节　通州区培智学校的课程实施／204
  第九节　昌平区特殊儿童教育学校的课程实施／205
  第十节　大兴区特殊教育中心的课程实施／206
  第十一节　顺义区特殊教育学校的课程实施／208
  第十二节　房山区特殊教育学校的课程实施／210
  第十三节　平谷区特殊教育中心的课程实施／211
  第十四节　怀柔区培智学校的课程实施／212
  第十五节　密云区特殊教育学校的课程实施／214
  第十六节　延庆区特殊教育中心的课程实施／215
  第十七节　门头沟区特殊教育学校的课程实施／216

第七章 北京市培智学校的课程评价与管理 …… 218
  第一节　北京市培智学校课程评价／218
  第二节　北京市培智学校课程管理实例／225

第八章 北京市培智学校的课程实施效果、反思与改进 …… 230
  第一节　课程实施效果／230
  第二节　反思与改进／235

第一篇

培智学校课程标准的有效实施

第一章　基于国家课程标准落地的地方化课程实施

第二章　个别化教育计划的制订与实施

第三章　基于主题的班级教学设计

第四章　基于学习的有效教学方法与策略

第一章
基于国家课程标准落地的地方化课程实施

导 读

2002 年国家启动了三类特殊教育学校的课程改革工作，2007 年教育部发布了《盲校义务教育课程设置实验方案》《聋校义务教育课程设置实验方案》和《培智学校义务教育课程设置实验方案》，2016 年教育部发布了《盲校义务教育课程标准（2016 年版）》《聋校义务教育课程标准（2016 年版）》和《培智学校义务教育课程标准（2016 年版）》。如何在国家课程改革的大背景下贯彻落实党和国家的方针、政策，坚持"以特殊学生为本"，实现特殊学生的科学发展？北京立足首都"四个中心"功能定位，坚持融合发展理念，在巩固成果、补齐短板、提升优势的同时，加强国家课程标准的落地实施，使特殊教育同步实现现代化，进一步推动培智学校国家课程在学校的落实。

第一节 培智学校义务教育国家课程方案及课程标准

在《国家中长期教育改革和发展规划纲要（2010—2020 年）》中，第十章第二十九条明确提出："到 2020 年，基本实现市（地）和 30 万人口以上、特殊儿童和少年较多的县（市）都有一所特殊教育学校。"[1] 由此可见，以特殊教育学校为主体的教育安置形式，是我国特殊教育发展的客观现实和发展

---

[1] 国家中长期教育改革和发展规划纲要工作. 国家中长期教育改革和发展规划纲要（2010—2020 年）[EB/OL]. (2010-07-29). http://moe.gov.cn/srcsite/A01/s7048/201007/t20100729_171904.html.

趋势。其中，不乏大量以招收中度、重度智力残疾学生和孤独症、多重障碍学生为主的培智学校（或称启智学校、育智学校、辅读学校等）。据 2020 年教育部的统计数据显示，在全国 2244 所特殊教育学校中，主要招收智力残疾学生的有 568 所。❶ 伴随着《国家中长期教育改革和发展规划纲要（2010—2020 年）》《第二期特殊教育提升计划（2017—2020 年）》的具体落实，培智学校的数量也必将呈现上升趋势。在增加培智学校数量的同时，关注培智学校教育质量的提高，就显得尤为重要。

课程是培智学校教育活动的重要领域之一，也是关于培智学校教育质量的核心所在。特殊教育课程的本质在于充分满足学生在学习中的特殊需要，应具有基础性、补偿性、灵活性的特征。❷

一、培智学校义务教育课程方案的发展历程

我国于 20 世纪 80 年代开始创办培智学校，以轻度智力残疾儿童为主要受教育对象，最初主要沿用的是普通学校的教材，仅仅在课程的目标上作了一些调整。这种基本无区别的课程显然不能满足智力残疾儿童的教育需要。因此，1987 年，国家出台了《全日制弱智学校（班）教学计划》（征求意见稿）。这个文件规定课程设置为常识、语文、数学、音乐、美工、体育、劳动技能七门，其中，常识课时占上课总时数的 8.8%，语文课时占上课总时数的 31.2%，数学课时占上课总时数的 18.7%，音乐课时占上课总时数的 7.9%，美工课时占上课总时数的 7.5%，体育课时占上课总时数的 9.2%，劳动技能课时占上课总时数的 16.7%。1988 年，国家教委开始组织编写全日制弱智学校常识、语文、数学、音乐、美术、体育、劳动技能七科教学大纲。1990 年，我国编印了全国统一的轻度智力落后儿童的教材、大纲。设置了语文、数学、常识、劳动、音乐、体育和美术七个学科。❸ 但这套新教材使用时间不长，培智学校的生源逐渐发生变化，课程设置和教材都已不适应当时学校的生源现状。

随着随班就读的发展，在培智学校招生中，轻度智力残疾学生人数相对减少，中度智力残疾学生人数上升，原先为轻度智力残疾学生安排的大纲、

---

❶ 教育部. 中国教育概况——2020 年全国教育事业发展情况 [EB/OL]．（2021-11-15）. http://www.moe.gov.cn/jyb_sjzl/s5990/202111/t20211115_579974.html.

❷ 盛永进. 特殊教育课程范式的演进及其转向 [J]. 中国特殊教育, 2011 (12): 21-26.

❸ 朴永馨. 特殊教育辞典 [M]. 北京：华夏出版社, 1996.

教材、教学参考书等已不能适应新的情况。中度智力残疾学生的课程与教学研究得到了重视。1994 年，我国出台了《调整后的全日制盲、聋、弱智学校课程计划》以及《中度智力残疾学生教育训练纲要》。纲要分为三大领域：实用语数、生活适应和活动。纲要对各领域的教学内容以纲目的形式由浅入深进行编排，并对中度弱智学生的培养目标、认知特点、教学原则等进行明确的阐述。这些课程计划的陆续出台，基本形成了具有相对科学、规范、完整的培智学校课程体系，涵盖了整个九年义务教育阶段。但是，课程设置中重学科知识学习、轻功能性适应技能培养的趋向较为突出，在实践中，教师们感觉三个领域的内容过于庞杂，不便于日常教学，于是许多培智学校在三大领域的基础上进一步改革，有的学校分解成 6~7 个科目，有的学校分解成 6 个领域。

进入 21 世纪，国家开始了以素质教育为基本取向的第八次基础教育课程改革。2001 年，我国颁行的 21 世纪第一份课程改革指导文件《基础教育课程改革纲要（试行）》，将"体现课程结构的综合性，改革课程结构过分强调学科独立性、门类过多和缺乏整合的现状"定位为 21 世纪中小学课程发展的一项重要目标，并要求在基础教育阶段构建起综合课程与分科课程相结合的课程结构。❶ 由此，全国范围内的中小学课程综合化运动在 21 世纪初正式启动。作为基础教育课程的组成部分，特殊教育课程改革也必将体现课程综合化的思想。

2002 年，在《基础教育课程改革纲要（试行）》的指引下，特殊教育课程改革稳步有序地开展起来，教育部最终于 2007 年发布了盲、聋、培智三类学校的义务教育课程设置实验方案。《培智学校义务教育课程设置实验方案》提出了六个课程设置原则：一般性与选择性相结合；分科课程与综合课程相结合；生活适应与潜能开发相结合；教育与康复相结合；传承借鉴与发展创新相结合；规定性与自主性相结合。"一般性与选择性"相结合的原则，强调了智力残疾儿童首先是一个儿童，具有儿童的普遍性，而这种普遍性寓于智力残疾儿童的特殊性之中。这是对 1994 年提出的"共性与个性统一的原则"的继承和发展，也是国际社会普遍认同的一个原则。这次的培智新课程方案明确地提出采用分科和综合两种课程组织形式相结合的思路，增加综合课程的主要作用在于打破分科界限，教学内容和教学方式更加贴近学生生活经验。坚持教育与康复相结合的原则，是对我国培智教育与相关专业学科相结合发

---

❶ 教育部. 基础教育课程改革纲要（试行）[N]. 中国教育报，2001-07-27 (2).

展趋势的总结和预测。规定性和自主性相结合的原则，为各地有条件和需求的学校开发校本课程留下了空间，实现了培智教育课程实施的多层次性。

进入新时代，党的十九大明确提出"办好特殊教育"，全国教育大会及《中国教育现代化2035》对特殊教育的发展和人才培养提出了新的要求。2016年教育部发布了《培智学校义务教育课程标准（2016年版）》（简称新课标）等三类特殊教育学校的课程标准，历时14余年的培智学校课程计划、课程标准的研制告一段落。这是中华人民共和国成立以来第一次为残疾学生专门制定的一整套系统的学习标准，是我国多年来特殊教育发展和教育教学改革经验的集中总结，是当前及今后一个时期特殊教育教学改革的顶层设计，充分体现了党和国家对特殊儿童教育的高度重视，对于进一步提升特殊教育质量、办好特殊教育、促进教育公平，具有特殊的重要意义。

二、培智学校义务教育国家课程标准的基本内容

（一）基本原则

《培智学校义务教育课程标准（2016年版）》共包含生活语文、生活数学、生活适应、劳动技能、唱游与律动、绘画与手工、运动与保健、信息技术、康复训练、艺术休闲10门学科的课程标准，包括课程性质、基本理念、课程目标、教学内容和实施建议等。此次课程标准的研制主要坚持了三个基本原则：第一，围绕"培养什么样的人"这个根本问题，坚持全面贯彻党的教育方针，落实立德树人的根本任务，有机融入社会主义核心价值观，着力促进残疾学生德智体美劳全面发展。第二，坚持义务教育阶段学生发展一般性要求和特殊性要求相结合，妥善处理好特殊教育课程标准与普通学校课程的关系。培智学校均是义务教育阶段，所以必须遵循义务教育基础性、均衡性和素质性的要求，同时课程标准还要适应体现特殊儿童身心特点和特殊需要。第三，坚持遵循残疾学生的身心规律及特点，充分考虑不同类型残疾学生的多样化的特殊需要，突出残疾学生的潜能开发和缺陷补偿，着力促进残疾学生能更好地融入社会。

（二）课程目标

通过课程标准的研制，建立起培智学校九年义务教育阶段各科课程教学目标的指标体系及基本要求，并以课程的全面实施，形成智力残疾学生自主发展、社会参与所必备的知识、技能和情感态度，残疾学生德智体美劳全面

发展，为他们一生的发展、幸福和融入社会奠定基础。

(三) 框架与内容

《培智学校义务教育课程标准（2016年版）》各科的框架大致可以分为前言、课程目标、课程内容、实施建议四个部分。前言部分主要阐明本门课程的性质、课程理念和课程设计思路。课程目标主要明确各门课程在知识与技能、过程与方法、情感态度与价值观等方面的总目标和学段目标。课程内容主要是明确了课程需要学习的概念、原理、事实、技能等具体内容，按1—3年级、4—6年级、7—9年级分段。实施建议主要是对教学、评价、教材编写、课程资源开发利用等环节，提出具体可操作的建议。

三、培智学校义务教育国家课程标准的基本特点

(一) 坚持立德树人和德智体美劳全面发展

一方面，重视德育、强调人才培养的政治方向和公民基本道德素养的形成。特殊教育也是要培养社会主义的建设者和接班人，所以，公民的基本道德修养是必不可少的。此外，我们也要注重培养特殊孩子的社会责任、国家认同与国际理解，注重以人为本的理念、自强精神和良好个性品质的养成。另一方面，强调人才培养及发展的全面性。德智体美劳各方面，密切联系，全面发展，缺一不可；潜能开发与缺陷补偿，缺一不可；全体学生整体发展和每个学生的个性发展，缺一不可。五育并举，不可偏废。坚持特殊教育学校课程改革的素质教育价值取向和人的全面发展，是特殊教育学校课程标准最核心、最重要的本质特征和目标追求。

(二) 坚持学生素质全面发展，适应残疾学生身心特点

新课程标准要坚持以全面提高残疾学生素质为根本宗旨，要根据学生差异提出不同的教学内容和要求，使不同类别、不同程度的残疾学生都能够通过教育得到发展。培智学校的学生障碍类型很复杂，以中度、重度的障碍为主，往往伴随着其他的障碍类型。学生个体之间的不平衡、个体内部发展的不平衡，他们的学习特点不一样，学习速度不同，学习方式也不一样，他们的能力起点参差不齐。还有很多学生不具备学科学习的能力。面对这样的对象，"面向全体，尊重差异"就显得特别重要。

（三）关注个别差异，强调个别化教育

培智学校学生的实际情况凸显了个别化教育的重要性。个别化教育的关键是拟订并实施个别化教育计划。通过个别化教育计划的拟订，明确了每个学生的发展愿望、教育需求和教学重点，为有效教育提供了依据。个别化教育计划将学生的教育目标分为长期目标和短期目标。长期教育目标用于评估，短期教育目标用于教学。在我国，以常见的班级教学条件实施个别化教育，需要对个别化教育计划中的目标进行统整并形成学期教学计划，再将教学目标分配到学校、家庭和社区不同的环境中，从而形成立体教学系统。个别化教育计划经过统整和目标分配，学生可以在班级教学中接受差异性教学；在家庭和社区的真实环境中得到适度自然支持。通过特殊教育和构建支持系统，让学生过上与同龄儿童一样的常态生活。个别化教育的成果可以通过纵向评估来体现。在拟订个别化教育计划时要进行前测，由此得到学生的发展基线，作为教学的起点，经过系统教学干预以后再进行阶段评估，将阶段评估结果与基线进行对比，学生个别化教育的成果就直观、具体和精准地表达出来了。

《培智学校义务教育课程标准（2016年版）》通过个别化教育计划与一个特定的学生联系起来，为这个学生量身定做适合他的教育计划。目前，国内也将个别化教育计划叫作"一人一案"。为了协助有关单位为学生拟订个别化教育计划，课程标准研制组及其相关人员按照参与程度和支持程度，为培智学校制定了课程本位测评工具，以便让培智学校的课程标准在教育教学实践中得到应用，保障培智学校的学生在个别化教育中获得有效教育。

（四）强调合适的就是好的，注重给予学生更多学习支持和教学方式多样化

新课程标准的灵活性体现在其可以通过多种教学方式运行实施。一是可以用个别化教学来体现多样化。在主题教学设计与实施过程中，将每个学生的教学目标与相应的生活经验结合起来，设计、实施教学活动，评估教学成效。这一模式适合学前障碍儿童、低年级或多重障碍的儿童。二是可以通过一般性课程和选择性课程相结合来体现多样化。在设计一般性课程的教学活动时，关注学生的共性，选择适合的教材；再根据学生的特殊性从选择性课程中确定恰当的目标，如康复训练的目标具有很强的个体差异性，脑瘫学生可以选择运动康复的目标，孤独症学生可以选择沟通训练的目标等。三是可

以用校本课程来实现多样化。培智学校课程方案设置了校本课程，给予学校和教师较大的自主性。教师可以结合学生的需要，根据当地的社会文化条件、自然环境来开发具有本地特色的校本课程。在开发和运作校本课程时往往采用环境生态课程与教学模式，更充分地体现课程的灵活性，满足学生适应当地社会日常生活的特殊需求。

（五）强调各科教学与学生生活经验的联系，注重学生生活能力的培养

培智学校的课程体系是以生活为核心的"7+5课程"，即一般课程+选择课程+校本课程。一般课程包括生活语文、生活数学、生活适应、劳动技能、唱游与律动、绘画与手工、运动与保健；选择课程包括信息技术、第二语言、康复训练、艺术休闲。比如，在培智学校的信息技术、康复训练和艺术休闲等课程中充分体现了学科之间与生活的联系、与生活能力的关系。信息技术的迅猛发展，在数字化和互联网时代，为包括残障人士在内的所有人提供了前所未有的支持，降低了对人的能力要求。"信息无障碍""人工智能"等弥补、延伸了人的大脑的认知谋划功能，"通用设计""辅助科技"等改善了个体的功能限制。康复训练作为一种专业支持，通过物理治疗、作业治疗、言语治疗、心理治疗、艺术治疗等多种专业支持从医学康复模式，逐渐融入学校教育形成教育康复模式，对提升学生身体功能，改善活动与参与状态产生了积极的作用。艺术休闲将通过喜闻乐见的各种活动，为培养学生的自我决定能力提供了机会，创造了条件，对提升学生的生活质量将产生重要作用。

第二节　基于国家培智学校课程标准的北京方案

一、指导思想与培养目标

全面贯彻党的教育方针，发展素质教育，促进教育公平，落实党的十九大办好特殊教育的要求；充分体现社会主义核心价值观，努力实现立德树人根本任务；立足首都特殊教育发展实际，调整课程结构，增强课程的适应性，构建符合国家要求和特殊教育发展趋势的、充满活力的、有首都特色的、满足学生个性化发展的培智学校课程体系。

使培智学校学生具有初步的爱国主义、集体主义精神；具有初步的社会公德意识和法制观念；具有乐观向上的生活态度；具有基本的文化科学知识

和适应生活、社会以及自我服务的技能；养成健康的行为习惯和生活方式，成为适应社会发展的公民。

二、基本原则

北京市各培智学校的课程要严格遵循教育部课程设置实验方案中的基本原则。

（一）一般性与选择性相结合

在课程设置方案中，尊重学生的教育需求，通过一般性课程来满足其生理、心理和社会发展的需求，最大限度地开发他们的潜能；同时，通过选择性课程来满足学生的个别化需求，促进他们各方面的发展。

（二）分科课程与综合课程相结合

在课程组织形式上，分为分科课程和综合课程，力求遵循学生身心发展的基本规律和认识理解事物的普遍特点，较全面满足学生的一般性需求；同时促进学生对知识的整体理解和运用知识解决实际问题的能力。鼓励学生学以致用，把所学知识运用到解决实际生活问题的实践中。

（三）生活适应与潜能开发相结合

在课程功能上，强调学生积极生活态度的养成，注重对学生生活自理能力和社会适应能力的培养与训练，关注学生潜能的开发，培养学生的个人才能。

（四）教育与康复相结合

在课程特色上，针对学生障碍的成因，课程注意吸收现代医学和康复技术的新成果，融入物理治疗、言语治疗、作业治疗等教育康复和社会康复相关专业技术，促进学生健康、可持续发展。

（五）传承借鉴与发展创新相结合

在课程开发上，继承我国特殊教育取得的成功经验，借鉴国内外特殊教育和普通教育的先进理论和成功实践，结合培智学校教育教学实际，通过探索、总结、发展和创造，不断调整、修改和完善课程，使课程更适合学生的需要和发展。

(六) 规定性与自主性相结合

在课程实施中,根据北京的社会、文化、经济背景、社区生活环境以及学生在这些环境中的特殊需求,开发地方课程与校本课程,体现课程的多样性。

三、课程结构

整体设计九年一贯的培智学校课程,包括一般性课程和选择性课程,一般性课程为5,选择性课程为N,即5+N课程。一般性课程是满足学生发展的最基本需求,促进学生适应社会、适应生活的能力发展;选择性课程是满足学生个别化发展需要,注重学生潜能开发、身心康复和差异性发展。

一般性课程(5)包括生活语文、生活数学、生活技能(生活适应、劳动技能、信息技术)、运动与保健以及艺术(唱游与律动、绘画与手工)五类科目。

选择性课程(N)包括康复类课程:动作训练(粗大动作、精细动作)、感知觉训练(感觉统合活动)、沟通与交往训练(言语训练与沟通辅助技术)、情绪与行为训练(情绪引导与行为干预)等;兴趣类课程、认知拓展类课程。

一般性课程作为国家课程层面的必修课,要面向所有学生,课时比例占总课时数的60%~70%。选择性课程作为北京市和校本课程的选修课,要面向群体及个体学生,课时比例占总课时数的30%~40%。

四、课程设置

(一) 一般性课程的设置

各培智学校要依据教育部培智学校义务教育课程设置实验方案及本指导意见中一般性课程设置要求做好学校课程设置。

生活技能课程是以培养学生生活及劳动技能为目的,以学生当前及未来生活和工作中的各种常识、技能、信息技术为主要内容,提升学生生活能力的课程。此门课程的课时数为国家课程设置实验方案中生活适应、劳动技能和信息技术课时数的总和。

艺术课程建议低年级开设唱游与律动课,中高年级开设绘画与手工课,或者以综合课的形式开设艺术课。

社区服务和社会实践等活动的设计，使学生通过亲身实践，感受和体验，提高综合运用知识解决问题的能力、交流与合作的能力、创新意识与实践能力。

（二）选择性课程的设置

选择性课程的开设要结合学校及所在区域学生的特点，满足学生的康复需求及个性发展的需求。

选择性课程的开设应该遵循适当程序，须经过校级以上课程领导小组的审核。

各学校任课教师要明确选择性课程的性质及目标，进行课程整体设计，尤其要明确具体的课程内容和评价标准。

在进行选择性课程设置时，低年级每周开设4~6学时可选择的康复性课程；中、高年级每周开设4~6学时可选择艺术休闲等方面的兴趣课程；高年级每周开设2~4学时可选择的认知拓展类课程；各学校根据需求设置第二语言。

（三）康复训练课程的开设

教育康复是特殊儿童全面康复的基本途径。通过教育与训练的手段，提高残疾人的素质和能力。这些能力包括认知、日常生活的操作能力、职业技能以及适应社会的心理能力等方面。

康复类课程的实施可采取抽离模式，利用学校的专用教室，由有资质的教师进行一对一的训练。对于经相关专家和教师小组认定无法适应课堂集体教学的学生，要做好个别化康复训练计划，保证一定量的康复训练时间。

康复训练课程是为满足不同学生的康复需求而设置的选择性课程。作为市级地方性发展的特色课程，鼓励学校充分依据学生的身心发展规律及实际需要，不断开发康复课程，满足学生的康复需求。

学校可将康复训练课程与学校其余相关课程有机结合，充分利用早操、体育活动等，满足学生康复的需求。

（四）课程安排

每学年上课时间为33周，社会实践活动时间为4周，社会实践活动内容要结合学生的个别化教育计划目标，进行整体的活动设计。机动安排时间为2周（用于运动会、艺术节等学校主题教育活动），由学校视具体情况自行安排。

每周按 5 天安排教学，每节课上课时间一般为 35 分钟，鼓励学校开展长短课、大小课相结合的课程安排，周学时时长不能超出规定的周学时总量。即 1—6 年级学时为 980~1050 分钟，7—9 年级学时为 1050~1120 分钟。

每天分别安排 10~20 分钟晨会和课后整理活动时间，对学生进行养成教育的培养；每天让学生做眼保健操、广播操和体育锻炼活动，保证学生每天有不少于 60 分钟的课外体育活动时间。

每周安排 2 课时班队活动或综合实践活动（建议低年级安排综合实践活动，高年级安排班队活动）。

课程设置可分类集中安排，为学校开展小组教学提供条件，为学生创设更适合的学习空间，如生活语文、生活数学、艺术休闲、康复训练等学科，不同年级的课程可集中安排在同一时段进行。

（五）课程设置表

培智学校义务教育分科课程设置（见表 1-1）。

表 1-1 培智学校义务教育分科课程设置

课程			学段与学时（周）								备注
			一	二	三	四	五	六	七	八	九	
一般性课程	基础共性	生活语文	3~4			3~4			4~5			
		生活数学	3~4			3~4			4~5			
		生活技能	4~5			4~5			6~7			
		运动与保健	4~5			4~5			3			
		艺术	4			4			3~4			
选择性课程	特色个性	康复类课程	6~10			6~10			6~10			
	拓展群体个性	兴趣类课程										
		认知拓展										
校本课程			1~2			1~2			1~2			
周学时总量			28~30			28~30			30~32			

五、课程管理

(一) 课程实施管理

1. 加强市、区专业指导

各区教育行政部门要建立课程中心,对学校的课程进行审议、指导、管理和监督,同时为学校进行课程开发提供政策、专业和资源上的支持与服务,定期开展课程建设、课堂教学等方面的教研工作,提高学校课程领导能力。

2. 完善学校课程建设

各学校要建立以校长为组长的课程领导小组,成员可以由校长、教师代表、家长代表、教育专家等组成,主要负责学校课程的组织与管理工作,解决课程建设中的相关问题。做好学校的课程实施计划,提供课程实施必要的保障,加强课程实践研究,转变教师课程观念,强化教师的课程意识,引领广大教师从课程执行者转变为课程开发者,增强学校课程育人的能力。

3. 建立健全激励机制

市、区教育行政部门要进一步完善课程建设的评价和表彰机制,促进国家课程、地方课程和校本课程的全面实施。建立学校课程整体推进先进学校和个人的表彰制度。通过典型示范,推广先进经验,引导学校和教师全面、协调、有序地建设课程。

(二) 教师队伍建设

①市、区特教中心要建立教研制度,对课程实施中遇到的问题开展研究,提高教师的素质,促进教师专业发展。

②各区教育行政部门要单列培智学校教师继续教育培训课程,为学校的课程建设和教学提供专业保障。

③各学校要根据教师专业发展的需求,做好学校校本培训工作计划,每人每学年不少于60学时的培训。

④各区、各学校应增加康复领域相关专业技能培训,如语言治疗、运动康复、行为干预、艺术治疗、心理辅导等相关领域实操技能,全面提升培智学校教师对多重残疾、重度残疾学生的服务能力。

(三) 课程实施建议

1. 尊重学生差异，全面推进个别化教育计划

各学校要全面推进个别化教育，为每个学生制订和实施个别化教育计划。将课堂教学与个别教育训练相结合，针对学生的个体需要安排一定时间的个别训练，为有需要的学生提供补救教学，满足不同学生的发展需求。教师要注重教学前评估及课程本位评估，找准每个学生的教学起点，尊重学生的学习风格和特点，创设丰富真实的教学情境。依据教学内容及学生能力，开展"分组、分层、走班"等差异化教学。学校管理人员要加强个别化教育计划的制订、实施的管理、监督，并对教师实施过程中存在的问题进行指导。

2. 合理安排课程，深入落实课程目标

各学校必须开齐课程设置安排中的一般性课程，同时要积极创造条件，逐步开出本意见中提出的选择性课程，为学生学习提供保障。各区和各学校可根据实际情况对有关科目内容的安排顺序进行调整。学校应结合实际情况和学生发展需求，积极开设丰富多样的学校课程，满足学生的多元化需求。

3. 改进教学方法，提升课程实施效果

培智学校的课程实施可以采取分科教学模式，也可以采用综合教学模式。同时也鼓励中低年级进行包班制教学改革，包班制改革的班级不受每节课课时的限制，教师按照满课时计算工作量。教师要结合教学内容，联系学生实际情况，运用多种教学媒体，采取多样的教学方法，创设适合学生发展的学习情境，激发学生的学习兴趣，使学生主动参与学习活动，同时要注重实践活动的设计及实施。

4. 多元评价策略，促进学校课程及学生的发展

建立多元、科学的课程评价体系。发挥课程及教学评价的诊断、激励、导向作用。学校课程评价的内容包括学校课程计划及其可行性，课程安排的适切性，课程管理的合理性、有效性，个别化教育计划的科学性，以及学校特色课程开发的针对性等。

多元评价促进学生全面发展。评价内容要以课程标准内容的要求为基本依据，从每个学生的最近发展出发，既关注学生要达到的共性目标，也关注学生发展的个性目标。评价主体既可以是教师、家长等，也可以是学生本人，采取教师、家长进行他评与学生自评、同学互评相结合。合理把握教学容量

和难度要求，多元、多视角、全过程评价学生，关注学生在原有水平上的纵向发展。

5. 贯彻国家教材，灵活使用其余教材

各区、各校要认真落实国家统编教材的使用，以国家统编教材为首选，地方教材、校本教材为辅助和补充。教材的征订严格按照市教委的要求，在正规的、指定的渠道进行征订。在确实购买不到较适用的或必须补充教材的情况下，方可考虑自编教材，但必须通过区级以上教育行政部门对自编教材的审核。统编教材和选用教材均免费发放，学生使用过程中出现损坏、丢失等现象，学校给予及时补充、更新。

6. 开发课程资源，保障课程有效实施

课程资源的开发和利用，是保证课程实施的基本条件。要统筹规划、有机整合特殊教育中心、培智学校、教科研机构和各种课程资源平台的有益课程资源，大力推动课程资源共建共享。各校要结合本地实际，针对学生的特殊需求，加大课程资源的开发力度，不断丰富课程资源。要充分利用实验室、图书馆等校内课程资源；要开发博物馆、展览馆等校外课程资源；更要注重信息化课程资源的开发与利用。

第三节　北京市落实国家课程标准的实施路径

随着人民教育出版社新教材和教学参考书的推出，教师在教学内容和教学方式上的难题得到了解惑，这更意味着新一轮培智学校课程改革的工作正式启动。如何落实新颁布的课程标准是所有特殊教育工作者面临的新挑战。儿童经验和学科知识之间的关系一直是学者的基本研究主题。课程理论发展演变和课程实践探索主要是由儿童经验和学科知识的对立和整合串联着。如何通过课程实施优化，寻求两者之间的适当平衡成为突破这一困境的重要课题。

新课程标准颁布后，如何落实新课程标准成为我国推进培智学校课程改革中的一个新挑战。我们除了在理论层面进行系统研究，还积极推进北京市各培智学校的课程落地实践，研究发现培智学校义务教育课程标准的课程实施主要有以下三条路径。

一、三级课程整合

基于基础教育课程改革的趋势和特殊教育事业的发展需求，2007年《培智学校义务教育课程设置实验方案》指出"规定性和自主性结合"，"国家课程方案的使用要反映出课程的多样性，更需要结合当地的社会发展、经济背景、社区生活环境和学生在这些环境中的特殊需要设计校本课程"。❶ 2016年的《培智学校义务教育课程标准（2016年版）》❷ 深层次推进培智学校教学与评价改革。然而，国家课程、地方课程和校本课程三种课程形态并存的现状给培智学校的课程设计与管理带来不少困难。尤其是既要保证开足国家课程又要结合地区情况开设地方课程和校本课程供学生选择，这成了不少培智学校共同面对的难题。在这种情况下，三级课程整合就尤为重要。

培智学校整合国家课程、地方课程和校本课程的意义在于：首先，以贯彻国家意志为依据和原则，遵循培智学校义务教育阶段课程的基本要求。目前，北京市根据国家课程，有部分整合和全部整合等实践方式。部分整合是根据国家的课程体系要求选择部分学科进行综合，如将生活适应与劳动技能进行整合；唱游与律动和绘画与手工进行整合等；全部整合是整合所有课程目标，设计主题单元，采用"包班"，承担全部课程教学，设计大主题单元、生活化学习、项目学习等。其次，探索"适合"本地实际情况的三级课程推广模式，建立综合性和有效性兼备的个性化课程体系，实现不同残障程度、不同残障类型、不同能力的学生有个性化的学习目标和课程。目前，北京市开发了多样化的地方课程，如康复课程：言语治疗、职业治疗、感觉统合、情绪管理等；老北京文化课程：北京胡同、北京风味、紫禁城等。最后，探索"传承"北京特教学校的先进课程。北京市有几所培智学校，校长有着自己的特殊教育情怀和多年的教学实践经验，能够根据学校发展需要提出很好的学校课程发展规划，推动培智学校的课程建设，并带动一批骨干教师积极涉足课程整合领域，促进培智教师专业化发展，残疾学生也能从课程建设成果中获得较大帮助。

---

❶ 教育部.教育部关于印发《盲校义务教育课程设置实验方案》《聋校义务教育课程设置实验方案》和《培智学校义务教育课程设置实验方案》的通知［EB/OL］（2007-02-02）.http://www.moe.gov.cn/srcsite/A06/s3331/200702/t20070202_128271.html.

❷ 教育部.教育部关于发布实施《盲校义务教育课程标准（2016年版）》《聋校义务教育课程标准（2016年版）》《培智学校义务教育课程标准（2016年版）》的通知［EB/OL］（2016-11-25）.http://www.moe.gov.cn/srcsite/A06/s3331/201612/t20161213_291722.html.

二、跨学科整合

目前,义务教育阶段的课程形态以分科课程为主,对于中度、重度智力残疾学生、孤独症学生、多重障碍的学生来说,采用分科教学不利于学生对知识的综合运用。因此,跨学科的教学设计和实施成为新课程实施的重要途径。

从培智学校的具体实践来看,跨学科教学设计与整合具有操作灵活性的特点,我们可以归纳为"学科+"模式。这种模式通常是以某一具体学科作为基点,围绕教学目标和课程目标将相关的学科知识和学生的经验进行统整,进而实现课程的育人价值。"学科+"具体如何操作可以根据教学需求而设计,主要有"学科+学科"和"学科+活动"这两种形式。"学科+学科"是以知识点为联结点建立不同科目知识点之间的横向联系,从而提升学生理解知识的能力和实际运用的能力。例如,通过将信息技术与生活语文学科结合起来,信息技术可用来调整学习环境,激发学生的感情,增加他们对学习的兴趣。在"春夏秋冬"的教学中,教师可以采用视觉和听觉交互的方式多层次展示春夏秋冬的照片、视频资料等,提升学生学习的积极性。"学科+活动"的设计则因科目的不同而有多种设计形式,但其核心是给学科知识点匹配上合适的活动内容,进而提升课程的实践性,达到学科课程的实施效果和发挥育人功能。例如,东城区培智中心学校以社区课程为基础,开展符合教学主题相关的社区实践活动(融合育人活动),让学生在社区实践中应用学科知识,增强知识的实用性。

三、主题性课程单元设计与实施

"主题性"是指课程单元设计的内容反映的是某一特定的教育主题,通常是以一个特定的实践问题为核心,然后设计相关的课程,突出实践问题的解决能力或发展某一方面的素养。北京市西城区培智中心学校统整生活语文、生活数学、生活适应、劳动技能等学科领域知识,采用综合教学形式,通过设计不同的教学活动,灵活地选择集体、分组、个别等教学方式,采取情景教学、综合内容与核心知识灵活处理等策略,逐步落实集体、组别和个体的教学目标。

本章小结

在培智学校国家课程校本化建设的过程中，我们真正领悟了"以人为本""提升学生实际获得"的深刻内涵。对学校来说，就是以学生的发展、教师的发展、管理者的发展为本，遵循学生身心发展的规律、教师和管理者专业发展的规律，从而实现学校的科学发展。在具体的实施过程中，无论选择哪一种方式落实培智学校义务教育的新课程标准都是一个长期且复杂的过程，需要学校领导、教师以及特殊学生多方的参与和合作，通过不断的设计、实践、调整来实现育人的目标。

/ 第二章 /
个别化教育计划的制订与实施

导 读

个别化教育计划是特殊教育的基石。个别化教育计划的制订和实施状况直接影响着特殊儿童所获得的教育质量。在许多特殊教育发展程度较高的国家和地区,个别化教育计划从评估、制订到实施,从专业团队人员构成,到相关资源服务支持等,都已形成一套较为完整的操作流程和实践体系,甚至作为特殊教育的重要组成部分被写入本国法律。本章内容主要分为四个部分:第一部分介绍个别化教育计划的起源与发展,同时介绍部分发达国家和地区个别化教育计划的发展历程;第二部分主要介绍北京市个别化教育计划的实施与发展;第三部分主要介绍个别化教育计划的评估,包括评估内容和方式;第四部分侧重个别化教育计划的实践程序和操作方式,包括制订、实施和管理。

第一节 个别化教育计划的起源与发展

一、个别化教育计划概述

(一)个别化教育计划的起源

个别化教育计划(Individual Educational Program, IEP),最早见于1975年《美国所有残疾儿童教育法》(*Education of All Handicapped Children Act*),即94-142公法。该法案指出要为每位3~21岁身心发展障碍儿童设计制订个

别化教育计划 "Individualized Education Program",并对个别化教育计划的内容和小组成员做出具体要求。文件规定学校必须为每一位特殊儿童制订个别化教育计划,其内容必须描述儿童目前的成就与年度目标,以及所提供的特殊教育服务和评估的程序与结果。该计划由地方教育部门的代表、医生、心理学和教育学领域的学者、教师、学校负责人、社会工作者、学生家长或监护人组成的小组按照一定的程序共同制订,过程中亦需听取特殊需要儿童本人的意见,完成后必须经家长或监护人同意方能实施。此后,英国、加拿大、澳大利亚、中国等其他国家和地区也纷纷借鉴这一想法和形式,把个别化教育计划纳入特殊教育事业发展规划,并将其视为特殊教育质量提升的重要方式和保障。时至今日,个别化教育计划已经在世界范围内广泛应用,为特殊需要儿童制订个别化教育计划,已成为国际特殊教育相关工作者的共识。

(二) 个别化教育计划的内涵

关于个别化教育计划的内涵,不同国家给出了自己的理解。美国教育部关于个别化教育计划的指导性文件(A Guide to the Individualized Education Program)认为个别化教育计划是特殊儿童获得有质量的教育的基石。[1] 英国国家特殊教育委员会(National Council for Special Education)在 Guidelines on the Individual Education Plan Process 中个别化教育计划的定义是为特殊儿童准备的指南性文件。[2] 我国台湾地区颁布的"特殊教育法实施细则"认为,个别化教育计划是运用团队合作方式,针对身心障碍学生个别特性所制订之特殊教育及相关服务计划。我国大陆地区虽然没有明确的法律条文对个别化教育计划进行界定,但很多学者从不同的角度对其进行了讨论,认为它是关于特殊儿童身心全面发展和教育的总体构想和指南性文件。[3]

虽然不同国家和地区、不同学者关于个别化教育计划的界定各有侧重,但基本离不开两点:首先,个别化教育计划是在了解特殊儿童的个别教育需求基础上,为他们量身定制的教学方案;其次,个别化教育计划是目标导向性文件,可以指导教学方向、监测教学进度、评价教学效果。从教育教学的

---

[1] U. S. Department of Education, Office of Special Education and Rehabilitative Services. (2000). A new era: Revitalizing special education for children and their families. p. 1. [EB/OL] (2002-07-01). https://www2.ed.gov/parents/needs/speced/iepguide/index.html#closer.

[2] U.K. National Council for Special Education, Guidelines on the Individual Education Plan Process [EB/OL] (2006-05-01) [2017-10-10]. http://ncse.ie/wp-content/uploads/2014/10/final_report.pdf.

[3] 肖非. 关于个别化教育计划几个问题的思考 [J]. 中国特殊教育, 2005 (2): 9-13.

角度看，个别化教育计划立足于特殊儿童的学习能力和教育需求，既规定了学生应当享受的教育支持和相关服务，又指明了学生学习和发展的方向和目标，还提供了结果评价教学效果的方式和标准。

(三) 个别化教育计划的团队构成

个别化教育计划是特殊儿童教育的指南性文件，涉及儿童的现有能力评估、教育目标、课程调整、教学策略、评价方案、相关服务支持等。它的复杂性决定了个别化教育计划并非一人之力可以完成，而是需要团队人员的通力合作，协调各种资源，保障儿童的教育质量，促进儿童自我潜能的实现。通常，将个别化教育计划纳入法律体系的国家，都对个别化教育计划的成员进行了大致规定。虽然各个国家个别化教育计划团队成员的任务和责任有稍许不同，但总体上并无本质区别。以美国为例，该国2004年规定，个别化教育计划制订团队必须包括以下人员：

①特殊需要儿童家长；
②如果该儿童正在或可能在普通班级学习，那么至少1名普通教育教师参与；
③至少1名特殊教育教师或特殊教育提供者；
④当地教育机构主管特殊教育质量的代表；
⑤1位能解释评价结果的人；
⑥经家长或学校慎重考虑，儿童所需要的其他方面的专家，如翻译人员或者家长信任的代表人；
⑦恰当的话，特殊需要儿童本人。

(四) 个别化教育计划的制订程序

程序性是个别化教育计划的重要内涵之一，在不同国家和地区，个别化教育计划的制订和实施程序也不尽相同。通观不同国家和地区个别化教育计划的制订流程，不难发现不管具体步骤有多少，整个个别化教育计划过程可以表示为：评估—目标—安置—服务—重新设定目标的过程再循环。很多时候中间会经历不止一个重新设定目标和采取新行动的阶段。如果在最后对每个学生的总体评估中，发现个别学生的问题仍然比较严重、离预期目标比较远，需要学校以外的专业机构或者专业人士额外的支持。各个国家在个别化教育计划的具体实施过程中会依据本土情况对其程序进行调整。比如，在特殊教育学校日渐较少的美国和英国，个别化教育计划的制订会先从学生需要出发，再决定具体安置环境和方式，但是在中国大陆和台湾地区的个别化教育计划实践中，这两个步骤的顺序却正好相反，学生再被评估鉴定，确定安置方式后，再依据其教育需求制订个别化教育计划，并且作为其课程调整和学习发展的基础。❶

二、发达国家和地区个别化教育计划发展历程

（一）美国个别化教育计划发展

美国个别化教育计划发展历史悠久，且最开始诞生就是以法律形式出现，此后也一直随着相关法律的不断修订而日益完善。可以说，有法律持续性的保驾护航，是美国个别化教育计划发展的重要特色。

1975 年，在美国民权运动影响下，《美国所有残疾儿童教育法》颁布，即 94-142 公法。法案规定了美国特殊教育发展的六大原则，其中免费正当的公立教育原则中就规定要为每位 3~21 岁身心发展障碍儿童设计制订 "Individualized Education Program"，并对个别化教育计划的内容和小组成员做出规定。这是个别化教育计划第一次正式被提出。

此后至 20 世纪末，美国又通过一系列法案，如 1986 年的《美国所有残疾儿童教育法修正案》（*Education of All Handicapped Children Act Amendments*），1990 年的 *The Individuals with Disabilities Education Act*（IDEA）将个别化教育计划的服务对象不断向两头延伸，关注该计划的实施质量且更加重视融合教育的发展。1997 年、1999 年 IDEA 的修正案及其实施细则相继颁布，正式开启特殊儿童的融合教育之路。

进入 21 世纪，美国个别化教育计划的发展更趋于细致化，注重学生本人在个别化教育计划中的作用以及通过实证的方式评价个别化教育计划的效用。2001 年的法案《不让一个孩子掉队》（*No Child Left Behind*，NCLB），旨在确保所有儿童获得公正、平等的教育权利和高质量的教育过程。2004 年，IDEA 修正案颁布，进一步完善落实对语言和文化差异学生的非歧视评估原则。同时针对个别化教育计划复杂繁重的文字工作和实施脱离教学的

---

❶ 钮文英. 迈向优质、个别化的特殊教育服务［M］. 台北：心理出版社，2013：75.

现状进行完善。[1]

(二) 英国个别化教育计划发展

英国的个别化教育计划是指"Individualized Education Plan",与美国"Individualized Education Program"的表述不同。英国个别化教育计划最早见于1994年的《实践法则》(Code of Practice),个别化教育计划是建立在对学生特殊教育需求评估(Special Education Needs,SEN)的基础上,为促进儿童发展而制订的计划。

1978年,英国残障儿童教育调查委员会提交了沃诺克报告(Warnock Report),该报告全面评估了英国特殊教育的发展,并对特殊教育提出了一系列的建议。[2] 1981年颁布的《教育法案》(Education Act)明确要求用"特殊教育需要儿童"取代"残疾儿童"的称谓,同时要求教育局必须为每一位特殊儿童设计个人档案陈述(Individual Statement),用于记录该学生的教育需求、教育安置、相关教育支持和课程以及其他非教育体系服务。此外,法案还要求详细记录学生的评估过程以及家长参与情况,从法律层面赋予家长对儿童教育安置决定提出异议和申诉的权利。这些要求为后续个别化教育计划的制订和实施奠定了法律和实践的基础。[3]

1993年的《英国教育法》规定,要求除非有特殊情况,否则必须将特殊教育需要学生安置在普通学校。为促进学校和学生发展,法案还规定每所主流学校必须配有一位特殊教育需求协调人(Special Education Needs Coordinator,SENCO),全权负责本校的SEN学生教育和服务工作。[4] 这为个别化教育计划的发展奠定了人员、经验和资源基础。

1994年,英国教育当局推出《实践法则》(Code of Practice),详细介绍和分析了个别化教育计划的概念,并规定学校应当为学生制订个别化教育计划。后来英国政府颁布的《为成功扫除障碍策略》(Removing Barriers to Achievement)中,陈述了个别化教育计划的宗旨——为所有儿童提供个性化学习的机会;使教育变得更加具有创造性和灵敏性,适应不同学生个体的差异;

---

[1] 黄瑞珍,等. 优质IEP:以特教学生需求为本位的设计与目标管理[M]. 台北:心理出版社,2007:3-4.

[2] 张秀. 英国特殊教育立法的演进及对我国大陆地区特殊教育的启示[D]. 西安:陕西师范大学,2014:27-29.

[3] C O'Hanlon. Special education integration in Europe [M]. London:Fulton,1993:120.

[4] 赵微,罗杰·马林. 英国特殊教育的管理[J]. 中国残疾人,2001(1):45-46.

提高 SEN 学生的成就感；使 SEN 学生能够完全发挥其潜能；使 SEN 学生和其同辈群体一样，有平等的机会在社区学校进行学习、参与和发展；给予 SEN 家长足够的信心，让他们深信 SEN 学生的需求在主流学校中能够得到充分的满足。[1] 此后，个别化教育计划的发展逐渐完整和规范。

(三) 我国台湾地区个别化教育计划发展

台湾地区是我国最早推行个别化教育计划的地区，经过多年发展，个别化教育计划形成了较为完整的系统。有学者（李翠玲，2007[2]；钮文英，2013[3]）在研究台湾个别化教育计划发展历程时，依据时间先后和不同标准大致将台湾个别化教育计划的发展分成四个时期。

第一个阶段是 1984 年之前，称为"萌芽期"。这一时期我国台湾特殊教育受到国外教育思想启蒙而得以发展，一批教育养护机构和专业协会先后成立，"特殊教育推行办法"等一系列规章制度相继颁布，专门的特殊教育学校（班级）和师资培养机构也陆续建立，《特殊教育季刊》等特殊教育研究和交流平台不断扩大等，这些变革都推动着特殊教育发展的制度化和规范化。

第二个阶段是 1984—1996 年，称为"推广期"。这一时期的开端以 1984 年"特殊教育法"的颁布为标志。1986 年颁布"特殊教育课程教材教法实施办法"，1987 年"特殊教育法施行细则"相继颁布，虽无关于个别化教育计划的明文表述，但教育行政部门和研究机构开始意识到个别化教育计划的重要性并积极推广，个别化教育计划得到较大程度的发展。

第三个阶段是 1997—2008 年，称为"发展期"。这一时期的划分依据主要是 1997 年修订的"特殊教育法"和随后颁布的"特殊教育法施行细则"。前者奠定了个别化教育计划的法源基础，后者明确了个别化教育计划的具体内容、实施方式和转衔服务。

第四个阶段是 2009 年至今，称为"改进期"。这一时期的个别化教育计划较之前更注重教育质量的提升和学生个别化需求的满足。2009 年，我国台湾第二次修订"特殊教育法"，个别化教育计划和转衔服务仍为法定项目，且

---

[1] Rita Cheminais. *Every Child Matters: A practical Guide for Teachers* [M]. London: Davud Fulton Publishers, 2006: 37.

[2] 李翠玲. 个别化教育计划（IEP）理念与实施 [M]. 台北: 心理出版社, 2007: 5-8.

[3] 钮文英. 迈向优质、个别化的特殊教育服务 [M]. 台北: 心理出版社, 2013: 30-35.

其内涵和外延皆有所深化和拓展。同时这一阶段的个别化教育计划更注重与融合教育情境相结合，要求特殊需求学生的个别化教育计划目标必须以普通教育课程作为首要考虑，以多种方式弹性调整课程目标，并将课程目标落实在学生个别化教育计划中。

（四）发达国家和地区个别化教育计划的特点

不同国家和地区在个别化教育计划的具体内容构成和人员安排上有所区别。美国和英国个别化教育计划强调对学生进步与成绩的报告，以此呈现绩效标准，检验个别化教育计划的效果。我国台湾地区则缺少这一部分的监控。我国台湾地区的个别化教育计划较为重视描述学生障碍对其在普通班及学习的影响，但美国则侧重描述学生无法融合的理由。[1] 不过总的来说，个别化教育计划是植根于西方社会的发展情境中，有其独特的社会文化背景，有学者结合美国特殊教育发展进程，对个别化教育计划的本质特征做出如下总结[2]。

第一，科学化。个别化教育计划是建立在科学与精确测量的基础之上，重视发展客观、有效的科学测量工具与鉴定程序来诊断残疾或障碍类型和程度，并据此发展科学的教育和干预手段，遵循的是实证主义范式。

第二，程序化。个别化教育计划是一系列关于特殊教育教学与服务的实施程序与具体步骤，简洁明了与可操作性是个别化教育计划的最基本要求。

第三，法制化。目前国际上很多国家和地区都明确将个别化教育计划作为法律条款的组成部分，特殊儿童的鉴定、安置、教育、评估等需要遵循相应的法律程序来进行，且不可因儿童的文化、种族或经济而有所歧视，否则便视为违法，个别化教育计划由国家强制力量保障执行。

第四，标准化。对于设计和实施人员来说，个别化教育计划的制订过程与方法、诊断与评估标准、形式与结构都体现出标准化操作的特点，以保证不因地区和学校的差异而无法规范执行或大规模推广。

第五，民主化。个别化教育计划的发展体现政治与社会生活中参与、协商、辩论、妥协等民主精神和处事方式。

---

[1] 黄意清. 幼稚园教师实施个别化教育计划之研究［D］. 台北：台北教育大学，2010：11.
[2] 邓猛，郭玲. 西方个别化教育计划的理论反思及其对我国特殊教育发展的启示［J］. 中国特殊教育，2010（6）：3-7.

第二节 北京市个别化教育计划的实施与发展

一、北京市个别化教育计划发展历程

与上述发达国家和地区相比,我国大陆地区的个别化教育计划发展相对滞后,至今尚无与之相关的法律条文,个别化教育计划的实践基本属于部分地方教育行政管理的要求或者学校的自发性探索。北京市的特殊教育发展水平一直走在全国前列,就其而言,目前个别化教育计划的发展可以大致分为三个阶段。

(一) 萌芽阶段:20世纪90年代至2006年

我国的个别化教育计划最早出现并应用在培智教育中,因其学生个体差异之大,无法像听障教育和视障教育一样,使用相对标准和统一的教材和课程。1994年,原国家教委印发了《中度智力残疾学生教育训练纲要》,在第五部分教育训练工作中的几个问题中提出,"要针对每个学生的不同特点,为每个学生制订个别教育训练计划",这是培智教育中首次出现要为儿童制订个别化教育计划一词,纲要同时指出要重视档案材料的记录和积累,以利于制订个别教育训练计划、学业评估和科学研究。

在此背景下,北京部分培智教育学校开始尝试进行个别化教育计划的探索。学校以《中度智力残疾学生教育训练纲要》为教学大纲,从学生的身心发展特点出发,对每个学生的心理发展水平、学业表现水平、优劣势能力展开分析,同时通过与家长的沟通,了解学生兴趣和未来发展需求,在此基础上,对课程和教学大纲进行调整。同时学校要求不同任课教师之间互相交流、讨论,通过个案负责制,将此分析过程和结果全部落实成文本,成为教学开展的依据。在实际教学过程中,通过分组和分层教学的实施,努力确保课程及教学内容能够让班级内所有学生"学有所得"。严格来说,这些调整仍然属于差异化教学的范畴,不能称为个别化教育计划,但是对学生个性化心理的关注,在此基础上进行的发展水平分析,以及以此为依据的课程内容和教学策略调整,都可以看出个别化教育计划的影子。这是一线特殊教育学校,结合学生发展需求和日常教学实践经验,对个别化教育计划进行的有意义的尝试,因此称为个别化教育计划的萌芽阶段。

(二）探索阶段：2007—2012年

2007年，教育部颁布了三类特殊教育学校的课程实验方案，掀起了培智学校课程教学改革的高潮。其中《培智学校义务教育课程设置实验方案》明确提出"学校应全面推进个别化教育，为每个智力残疾学生制订和实施个别化教育计划"。在此政策背景下，北京市率先开展个别化教育计划制订和实施的探索工作。

个别化教育计划最先在特殊教育领域开始实施，并与课程教学紧密结合。在推行《培智学校义务教育课程设置实验方案》时，北京市部分特殊教育学校成立相关教研小组，在专家指导下，研制培智学校课程领域目标体系，这一体系后来成为一线教师制订个别化教育计划目标的重要参考。从2009年到2012年，部分特殊教育学校参与北京市开展"培智学校综合课程的研究与实践"项目，重点探索综合主题教学设计、个别化教育计划的制订与实施、包班制的教学组织形式、校本教材建设等领域，2014年该项目获得国家基础教育成果奖。与此同时，2012年北京市组织特殊教育教师基本功大赛，明确要求将个别化教育计划作为特殊教育教师基本能力指标之一进行考核评估。市级、区级、校级教学研讨会，骨干教师培训等都有关于个别化教育计划的专项内容。

通过一系列教学研究活动及教师培训，北京市在特殊教育学校开展了关于个别化教育计划的探索，形成了较为完整的个别化教育计划流程和体系，与培智学校课程教学相结合，是北京市个别化教育计划发展的特色之一。

（三）发展阶段：2013年至今

经过培智学校多年的探索，北京市的个别化教育计划已经粗具雏形。随着北京市融合教育工作的不断深入和推广，教育工作者深感个别化教育计划的重要作用。2013年，北京市教育委员会、北京市人民政府教育督导室、北京市残疾人联合会联合制定《北京市残疾儿童少年随班就读工作管理办法》，对个别化教育计划的参与人员、制订流程、实施场所、评估要求、相关师资培训等都做出较为详细的规定和说明。如第十九条"个别化教育计划制订后，经家长和相关人员（班主任、任课教师、资源教师、家长以及主管领导）同意，由家校共同实施并加以落实。个别化教育计划原则上每学期制订一次，并定期对其实施情况进行评估。个别化教育计划在实施过程中应根据实际情况做必要的调整或修订。"这是地方教育行政部门首次对个别化教育计划做如此详细的规定，也正式开启了北京普通学校随班就读学生个别化教育计划工作。

2014 年，《特殊教育提升计划（2014—2016 年）》中要求"支持承担随班就读残疾学生较多的普通学校设立特殊教育资源教室（中心）……为残疾学生提供个别化教育和康复训练"，"改革教育教学方法，加强个别化教育"。2015 年《特殊教育教师专业标准（试行）》从特殊教育师资培养的角度推进个别化教育计划的发展，其中第 45 条规定"根据教育评估结果和课程内容，制订学生个别化教育计划"，第 46 条"根据课程和学生身心特点，合理地调整教学目标和教学内容，编写个别化教学活动方案"。可以看出，为学生制订和实施个别化教育计划被视为特殊教育教师的基本素养和能力之一。2016 年，以实验方案为基础的《培智学校义务教育课程标准（2016 年版）》出台，多门课程的教学建议中都提出，教学实施要适应学生个别化的学习需求，结合学生的个别化教育计划，为学生提供个别化教育。2017 年，修订实施的《残疾人教育条例》在原本表述的基础上，明确提出要为学生制订个别化教育计划的要求："特殊儿童、少年特殊教育学校（班）……必要时，应当听取残疾学生父母或者其他监护人的意见，制订符合残疾学生身心特性和需要的个别化教育计划，实施个别教学。"这些国家政策中对个别化教育计划的重视和要求，也成为北京市个别化教育计划不断探索发展的动力。

二、个别化教育计划发展特点

与国家课程标准紧密结合是北京市个别化教育计划的主要特点。与国外个别化教育计划的发展不同，北京市的个别化教育计划发展始终伴随着相关国家课程标准。从最早的《中度智力残疾学生教育训练纲要》，到《培智学校义务教育课程标准（2016 年版）》的颁布，这些国家课程标准都在我国个别化教育计划本土发展中扮演了重要角色。它们为个别化教育计划的制订提供了方向和范围，如评估领域确定、长短期目标选择等；为个别化教育计划的实施过程提供依据，如教学内容选择、教学活动安排，教学评价标准等。比如，最新的《培智学校义务教育课程标准（2016 年版）》在课程设计上兼顾了智力与发展性障碍儿童全面发展和显著个别差异的教学内容，从智能发展、社会适应和生活实践三个方面，按照学生接受学前教育、基础教育和职业教育的过程要求，全面和系统规划教学目标，课程要具有连续性和整体性。这一标准可以直接为个别化教育计划长短期目标的制定提供参考和依据。同时，在实施过程中，国家课程标准十门课程涵盖的相关知识点，都可以成为教学活动的素材来源，课程标准背后的学科逻辑性和结构性，还可以为教学安排以及评价提供依据。

第三节　基于评估的个别化教育计划

对于特殊教育工作者来说，个别化教育计划并不陌生，然而什么是基于评估的个别化教育计划呢？从当前我国特殊教育实践来看，虽然个别化教育计划已经开展了几十年，但其制订和实施效果仍旧不尽如人意，很多一线教师对于准确把握特殊儿童个性化的教育需求存在困惑和疑虑，因而无法制定出满足儿童需求的长短期目标。造成这一问题的主要原因是缺少客观准确的评估。虽然从国际惯例来看，评估是制订个别化教育计划的前提条件，也是美国等发达国家法律规定个别化教育计划文书不可或缺的组成部分，但是受我国特殊教育发展水平限制，评估部分始终是制约个别化教育计划发展的重要因素。近年来，随着特殊教育办学条件和理念的不断提升，越来越多的教育工作者意识到评估对个别化教育计划的重要作用，开始不断引进、整理并本土化各类评估工具，培训评估人员，以提升个别化教育计划评估的准确性与客观性，以此提升个别化教育计划的有效性，更好地促进特殊儿童教育成长。为突出强调评估的作用，故将本节标题称为"基于评估的个别化教育计划"。个别化教育计划的评估是什么，为何如此重要，评估内容和方式有哪些呢？

一、什么是个别化教育计划评估

对于特殊需要儿童来说，个别化教育计划是其教育教学的指南性文件。在很多将个别化教育计划列入法律的国家，都会在法律中明确规定个别化教育计划的主要内容。虽然各国个别化教育计划主要内容有些许差异，但基本离不开：现状评估、目标制定、相关服务和支持、评价方式、转衔服务等部分。可以看出，评估是个别化教育计划的首要成分。

评估是指教师收集、整理并解释学生的基本资料，并依据评估结果做出安置决定或教学决策的过程。在评估中，可以运用多种方式收集学生多方面的资料,如学生的测验成绩、各类正式或者非正式的观察结果、学科作业表现、标准化或非标准化测验结果等。如美国2004年IDEA对个别化教育计划评估的内容范围、方式、人员、结果呈现等均作出具体规定。它要求每个个别化教育计划必须包含对儿童在所有关注领域的当前表现和技能的描述。它应该解释残疾如何影响他在通识教育课程中的进步。这些现状描述应当包括学业表现、生活技能、身体机能以及社交和行为技能,还可以包括影响学生学习能力的任何其他领域。个别化教育计划小组通常使用正式评估来确定孩子的功能并建立表现基准,小组还可以使用来自教师给予的学生的课堂观察信息和学习进度数据来进一步描述他们的技能。

与其他单领域评估不同,个别化教育计划的评估人员应是由多个专业人员组成的团队。这一点,是各国特殊教育工作者的共识。比如,我国台湾2015年修订的"特殊教育支援服务与专业团队设置及实施办法"第四条规定:

> 各级学校对于身心障碍学生之评量、教学及辅导工作,应以专业团队合作进行为原则,并得视需要结合卫生医疗、教育、社会工作、独立生活、职业重建相关等专业人员,共同提供学习、生活、心理、复健训练、职业辅导评量及转衔辅导与服务等协助。前项专业团队,以由特殊教育教师、普通教育教师、特殊教育相关专业人员及学校行政人员等共同参与为原则,并得依学生之需要弹性调整之。前项所称特殊教育相关专业人员,指医师、物理治疗师、职能治疗师、临床心理师、谘商心理师、语言治疗师、听力师、社会工作师及职业辅导、定向行动等专业人员。各级主管机关应督导所属学校设置专业团队,并提供专业团队运作所需之人力、经费等资源,且定期考核执行成果。

除了评估的内容、方式等常规因素,有些国家还注意到评估过程中,有可能存在语言、文化等造成评估结果不准确、不公正的影响因素。比如,美国曾提出"非歧视性评估"原则,旨在确保评估的有效性。并指出个别化教育计划需提出特殊学生不能参与普通学生某些学习内容评核的原因,需提出替代性评核调整方法。很多特殊学生由于受障碍的影响,无法参加同普通学生一样的评估考核,因此需要有相应的替代性评估。个别化教育计划必须说明将为这些特殊学生使用哪种类型的考试设施,同时要对其必要性进行解释。如果学生将参加替代评估,则该决定的理由必须包括在个别化教育计划中。

二、为何要开展个别化教育计划评估

在普通教育中,教育者制订教学计划时,往往会遵循三个步骤:首先是分析,分析学生的已有学习经验、学习特点和教学大纲上需要教授的内容;然后是策略选择,即在掌握教学内容和学生学情的基础上,将二者联系起来,选择恰当的教学策略,帮助学生更好地吸收和掌握所学内容;最后是评价,通过教授过程获得阶段性的学生反馈和学生最终的测验成果来检验教学效果和学生的知识技能掌握程度,以便能随时调整策略或者教学目标,帮助学生获取最佳学习效果。在这三个步骤中,分析是重中之重,因为它直接决定了教师的教学策略和评价方式,影响着学生的学习成果。特殊教育同样如此,个别化教育计划是特殊儿童的教育指南和概括化的教学大纲。若想制订出满足儿童需求且在实践中可行有效的个别化教育计划,对学生的现有发展水平和学习特点的分析,必不可少。这一步骤,在个别化教育计划中成为评估。评估是个别化教育计划的起点,也是教育目标制定的依据。通常来说,评估有以下三个方面的功能。

(一) 展现学生现有能力

评估一般包括学生成长背景资料的收集,比如,家庭成员及社会背景、父母养育风格、个人发育史、健康状况史、重大生活事件等。还有各项身心发展指标上的现有水平,如智力发展、感知觉发展、情绪行为特点、社会交往能力、生活适应能力、学业能力、学习风格、生活自理能力、人格特质,等等。

通过对这些能力水平的评估,可以全面了解学生的现有发展水平。这里的发展水平包括三个方面:第一,多元智能理论表明,个体具有不同的能力发展领域,且每个领域的发展水平有所不同,对学生的身心进行多方面的评估,可以了解学生的优势能力领域和有待发展领域,在此基础上结合学生的学习兴趣而制定学习目标,可以充分发挥学生的特长,或者根据需求有针对性地进行能力补救,帮助学生开发潜能。第二,学生的发展是动态的,评估所收集的资料是具有时序性和历史性的,可以帮助我们了解学生在不同时间段的能力发展特点,绘制出学生个人的成长历程图,有助于我们确定学生的学习能力和进步幅度,为以后教育目标的制定提供范围和跨度参考,同时也为评价学生学习进步的标准提供侧面参考。第三,评估除了可以全面展现儿童个体的能力发展现状和历程，其结果还可以用来将特殊儿童与普通儿童的发展进行对比，制定符合特殊儿童能力发展水平的课程内容，并选择恰当的教学方式和策略，增加教学的有效性，提升特殊儿童的学习效果。

(二) 确定学生教育需求

对于特殊儿童的评估而言，评估本身并不是目的，得出的评估结果也并非仅限于对儿童的发展做出诊断性结论。评估的最终目的是服务于特殊儿童的教学和成长。通过全面、严谨、客观、准确的评估，可以将学生的各个领域的能力发展用量化数据或者图表的形式，直观生动地展现出来，有助于教育者明确特殊儿童个体的发展水平，以及他们在同龄儿童中所处的发展位置。同时，对评估结果资料的整体分析，可以使教育者对儿童的学习风格、学习特点以及优弱势能力，有较为准确的把握，为个别化教育计划的目标制定提供有价值的参考。对于特殊儿童，尤其是中度、重度障碍儿童而言，普通学校侧重学科发展的课程教学内容并不太适合作为个别化教育计划的长短期目标。特殊儿童教育目标的制定应当是在了解学生现有发展水平基础上，针对学生的学习特点，结合学生的发展兴趣，立足于学生的生活实际需求而制定出的符合学生发展规律的个性化目标。而这一切都源于对学生的评估。

(三) 提供教育评价参考

由于特殊学生的学习速度、学习内容、学习方式等都与普通学生有不同程度的差异，因此，普通学校常用的教育评价方式对特殊儿童而言，略显不足。特殊儿童的评估结果可以提供关于儿童发展能力、速度的信息，为教育者制定课程目标和教学内容提供参考和依据。比如，通常而言，各个国家和地区的个别化教育计划都会明确提出，要有可测量的长期目标和短期目标。这里的可测量，一方面以评估时收集的儿童现有发展水平为立足点，另一方面是以儿童发展过程资料为基础，制定出符合儿童发展速度的阶段性评价标准，促使教育者在教学过程中，可以时时关注学生的学习进展，并以个别化教育计划的长、短期目标为基准，评价学生的学习结果，给学生提供有效的反馈。

三、个别化教育计划具体评估哪些内容

个别化教育计划的评估是建立在多项评估基础上的综合性评估。它通过综合分析有关医学诊断、心理测量、行为评估、学业测试、家长和教师所提

供的各种信息，对特殊儿童的发展水平、教育需要、教育实效做出一定的解释、评价与判断。以我国台湾为例，其在2003年修订的"特殊教育法施行细则"第十八条就明文规定"学生各项能力现况包含了认知能力、沟通能力、行动能力、情绪、人际关系、感官功能、健康状况、生活自理能力、学业能力等能力现况。"根据这一规定，我国台湾的教育实践者提出"全人评量"，具体包括十项[1]。

①认知能力：记忆力、理解力、注意力、推理能力、后设认知能力、逻辑、空间概念、基本概念等。

②沟通能力：可从听、说、读、写四个维度分析，如听觉理解、听觉记忆、口语表达、音质、音调、音量、共鸣、语畅、语意、语用、识字能力、阅读理解能力、造词造句能力、书写能力、听写等。同时，对于中度、重度儿童还有沟通方式、沟通效能和替代沟通方案运用等。

③行动能力：站立、步行、平衡、上下楼、跑步、独立行动等。

④人际关系：团体参与、合作、师生沟通、社交技能等。

⑤情绪：情绪稳定性、情绪表达、情绪管理、受挫能力等。

⑥感官功能：视知觉、听知觉、触觉、嗅觉、动觉、精细动作、粗大动作等。

⑦健康状况：身体健康、出席缺席状况、特殊疾病、生理缺陷等。

⑧生活自理能力：如厕、饮食、衣着、穿鞋、简易清洁、居家休闲等。

⑨学业能力：学习动机、态度、潜能、策略、学业表现等。

⑩其他：特殊性向、兴趣、多元智能、个人特质、社会适应、特殊表现、偏差行为等。

相比之下，当前我国虽然没有相应的法律文件对个别化教育计划做出详细规定，但各个地区在实际教学实践中都有对个别化教育计划评估内容的要求。以北京地区为例，在北京市特殊教育学校推行个别化教育计划过程中，专门制定了《学生综合情况分析表》，规定评估的大致内容和范围。其中主要包括：

①身心健康状况：主要评估学生的身体状况，如一般病史、特殊情况、服药情况以及特殊服务需求；个性心理特征，主要包括学生的学习动机、学习品质、学习习惯、学习参与程度、注意状态、表达能力、认知能力、交往

---

[1] 黄瑞珍，等. 优质IEP：以特教学生需求为本位的设计与目标管理[M]. 台北：心理出版社，2007：40-41.

能力等；特殊行为观察，主要是对儿童特殊行为的观察记录，如攻击性行为等。

②学习情况：主要包括过去和现在的学习经历，侧重考查学生的生活自理能力、语言能力、认知能力、运动能力、环境适应能力等。

③智力和适应能力测验结果：包括学生的智力测量结果（如韦氏智力量表、瑞文智力量表等标准化智力测验），适应性行为的测量结果等。

④其他测评：包括学生的语言发展水平、运动能力、精细动作发展等其他领域的测量结果。

表2-1展示了《学生综合情况分析表》中的部分内容，对学生个性心理发展特征做出总结，并采用勾选的方式填答，为教师的评估过程提供方向和指引，同时简便、省时、易上手，减轻教师的评估负担。

表2-1 学生综合情况分析（举例）

个性心理特征	学习动机	■求知欲较低，对学习兴趣不高（多数情况） □有一定求知欲，依赖性强（有时） □学习愿望不强烈，受情绪影响 □求知欲较高，能积极参与教学活动	学习品质	□放弃回避学习中的挫折（多数情况） ■辅助下能面对、克服困难（有时） □在陪伴下能克服困难 □能独立克服困难，正确面对挫折
	学习习惯	■丢三落四、无规矩，不能完成作业 □有一些学习习惯，但欠系统 □有一定的学习习惯，但字迹潦草、正确率低 □有良好的学习习惯，能预习和复习	学习参与	□不当众说话，提问也不回应 ■能被动回答老师的问题（非语言交流） □能主动举手发言和参与小组讨论 □课上积极发言，喜欢参加各种活动
	注意状态	□不能静坐，不会等候（活动时和课间） ■对感兴趣学习内容有短暂注意（上课时） □上课时大部分时间能注意听讲 □能够专注地学完一节课	表达能力	□发音口齿不清，表达能力较差（无语言） ■有一定表达能力但欠完整 □能够表达完整的意思 □表达能力较强，能与他人进行沟通
	认知能力	□能在提示下理解直观、形象事物 ■只能理解直观、形象的事物 □有一定抽象概括能力和综合能力 □有与普通学生相同的认知能力	交往能力	□不能适应班级生活，与同学无交流 ■能与个别同学比较自如地交往 □愿意与他人接触参与活动（非语言交流） □与同学、老师交往自如，没有明显困难

虽然不同国家和地区对评估的内容要求不同，但基本都包括以下四个方面。

①生理状态：包括儿童的健康状况，如视力、听力、语言功能及家庭与个人病史，儿童出生史、发育史等，通常由儿童本人、家长及医生提供评估资料，这些资料主要通过身体检查与医学诊断来收集。

②心理表现：包括儿童的智力、语言、人格发展、情绪行为困扰状况、性向等，通常可通过心理测量获得资料。这一部分多是通过标准化或者非标准化的心理测试量表来检测，由心理学背景的专业人员施测，根据测验结果来评定。

③教育情况：通常包括学业成绩、知觉动作发展、语言表达能力、学习条件的优劣，主要通过学习成绩考查和教师问卷来收集资料，这些资料通常由幼儿园或学校各任课教师提供，由班主任或辅导教师进行收集与整理。另外，为了确定合适的教学目标，还需要进行课程评估。

④社会适应：包括儿童的重要生活事件、求学经过、亲子手足关系及家长的期望与教养态度、方式等。通常由教师或辅导人员根据社会适应评定量表或调查、访谈结果取得资料，可以采用社会调查和家长问卷方式进行。通过社会调查来收集资料，主要是对社区群众、隔壁邻居和儿童家长等进行访谈和问卷调查，通过家长问卷来收集资料。❶

四、如何进行个别化教育计划评估

个别化教育计划的评估有很多种方式，总体而言，可以分成两大类❷：正式评估和非正式评估。正式评估通常用标准化评估工具，如标准化测验进行评估。测验需要具备编制过程、施测程序、解释原则的说明，而且需要具有达到标准的信效度。非正式评估是采用非标准化的评估方法来收集相关的信息，并进行分析。非标准化的评估方法众多，包括已经形成模式的生态评估、动态评估、档案评估、功能性评估、课程本位评估等；也包括观察、访谈、评定量表、教师自编测验、问卷调查、事件记录表、检核表、医学检查等常用的收集资料的方法。下面简单介绍几种常用的评估方法。

---

❶ 王辉主编. 特殊儿童教育评估［M］. 南京：南京师范大学出版社，2015：8—11.
❷ 王辉主编. 特殊儿童教育评估［M］. 南京：南京师范大学出版社，2015：12—15.

(一) 观察法

观察法是收集特殊儿童评估资料的最基本、最重要的方法和途径之一。通常是由相关人员如父母、教师、专家通过感官或者辅助仪器，有目的、有计划地对处于自然情境下的儿童的心理特征或行为表现进行系统的感知和描述，从而获得有关事实材料。观察法可以分为系统观察和非系统观察。系统观察是针对特殊儿童的某几项特别行为或障碍情况和程度进行观察，观察者必须设计时间表并排列观察顺序，以探究行为背后所隐藏的问题。非系统观察是指观察者并非依照一定的观察规则进行观察，只要与观察目标有关的所有特征及行为反应都要列入观察记录中。

在特殊儿童问题行为观察中，经常采用 ABC 行为观察记录法，记录观察时间、行为发生情境、引发行为事件、先兆行为、具体行为表现等，表 2-2 是一个具体案例。

表 2-2　ABC 行为观察记录法（举例）

学生姓名：					观察者：			
目标行为：								
		前事 A		行为 B	结果 C			
观察时间	行为发生情境	引发行为事件	先兆行为	具体行为表现	教育人员采取的措施	学生行为反应（包括其他学生）	行为持续时间	行为功能推测

(二) 访谈法

访谈法与观察法一样，也是收集特殊儿童评估资料的一种最基本的方法和途径。它是指评估者通过有目的地交谈来收集有关特殊儿童心理特征和行为表现资料。访谈法可以划分为：①结构式访谈，即依据固定的访谈提纲，受访者根据预先设计的问题一项一项进行访谈。比如，在制订个别化教育计划时，需要访谈家长某些特定的项目和问题，以了解特殊儿童的生长史，疾病史等。②半结构式访谈，通常会事先拟定一份访谈大纲，以大纲为主题进行访谈,受访者的答案通常没有一定的形式。如对学生进行家访,教师一般会事先计划要了解的内容,然后进行访谈。特殊儿童家庭访谈记录具体可见表2-3。③非结构式访谈,这类访谈常常没有事先的书面资料或预期一定要访谈的方向,所以访谈结果和时间常常不可预期。比如,教师会利用家长接送孩子的时间,与家长交谈,了解学生的情况。

表2-3　特殊儿童家庭访谈记录(举例)

学生姓名:	访谈时间:
访谈对象:	访谈者:
访谈主要内容: 1. 儿童身体状况 　➤ 孩子是否常生病?生哪些病? 　➤ 孩子是否有特殊疾病?何种疾病?发病情况如何?经过何种治疗?有无后遗症? 　➤ 孩子对哪些药物过敏? 　➤ 孩子常服用什么药物?有哪些长期治疗方案? 　➤ 针对孩子的具体情况采用了哪些辅助方案? 2. 生活习惯与能力 　➤ 衣(是否可以自行穿脱衣裤鞋袜、保持衣物整洁等) 　➤ 食(和谁一起、做什么、怎么做、做得怎么样等) 　➤ 盥洗(洗脸、刷牙、洗手、洗脚、梳理、洗澡等) 　➤ 如厕(能否自理大小便、大小便有无规律等) 　➤ 就寝(能否按时入睡起床、整理床铺,睡眠情况如何等) 　➤ 行(行动是否有障碍、是否协调等) 3. 儿童家庭生活表现 　➤ 孩子在家里最喜爱什么活动?最喜欢什么东西?最喜爱何人? 　➤ 孩子能不能听从家长指示和教导?孩子不听话时家长采取何种方式?效果怎样? 　……	

(三) 评定量表

与标准化测验不同,评定量表编制的过程通常没有经过标准化,因此没有信度、效度和常模等信息。但是评定量表简洁易用,在教师日常教学评估中有重要的作用。评定量表可以由教师根据要评估的目标自行设计,也可以运用别人已经编制好的、较好的、经过大量实践的评定量表。通常用到的评定量表有:①数字等级评定量表,这是用圈画数字的形式来确定所列行为特征的等级,通常分3~5个等级,用数字1、2、3、4、5来表示,并对数字等级做简单的文字说明,北京市课程本位评估具体见表2-4。②检选式评定量表，检选式评定量表是事先向评估者提供由许多形容词或陈述句组成的项目览表，评估者将各项目所提示的人格与行为，逐一与被评估者进行对照，而后把其中最能描述与反映被评估者心理特征、行为特性的项目挑选出来，最后综合起来进行分析。

表2-4 北京市课程本位评估（举例）

测评项目	项目得分				
视觉：借助视觉器官来直接反映事物的属性					
1. 能注视眼前或周围的人、事、物	1	2	3	4	5
2. 能追视人、事、物	1	2	3	4	5
3. 能辨别不同的常见物品	1	2	3	4	5
4. 能辨别不同形状、大小的图片	1	2	3	4	5
5. 能辨别不同颜色的图片	1	2	3	4	5
6. 能辨别不同的文字	1	2	3	4	5
7. 能区分对象与背景物体	1	2	3	4	5

（四）测验法

测验法是评估者应用各种心理测验和教育测验来收集有关特殊儿童心理特征、行为表现和成就资料的一种方法。心理测验和教育测验的种类很多，根据不同的领域，可以分为能力测验，如智力测验、艺术能力测验；成就测验，如数学学科测验、综合成就测验；人格测验，如气质测验、态度测验等。与评定量表相比，心理测验的要求更为严格和复杂，测验工具通常要经过信效度检验，合格后方能使用；测验过程有标准化的程序，测评人员由经过培训的专业人员担任；测验结果需要依照测验手册进行整理甚至是转换，再与常模进行比对解释。

以Achenbach儿童行为量表（Child Behavior Checklist，CBCL）为例，该量表主要评定儿童行为、情绪、社会能力，是众多儿童行为量表中用得较多，内容较全面的一种。我国在1980年年初引进适用于4~16岁的家长用表，在上海及其他城市作了较广泛的应用，并总结出了我国常模的初步数据。表2-5是儿童行为量表CBCL第三部分行为问题的具体内容举例。

表 2-5　儿童行为量表 CBCL 第三部分行为问题（举例）

指导语： 以下是描述你孩子的项目。只根据最近半年内的情况描述。每一项目后面都有三个数字（0，1，2），如你孩子明显有或经常有此项表现，圈 2；如无这些表现，圈 0。			
1. 行为幼稚与其年龄不符	0	1	2
2. 过敏性症状（填具体表现）	0	1	2
3. 喜欢争论	0	1	2
4. 哮喘病	0	1	2
5. 举动像异性	0	1	2
6. 随地大便	0	1	2
7. 喜欢吹牛或自夸	0	1	2
8. 精神不能集中，注意力不能持久	0	1	2
9. 老是想某些事情不能摆脱，强迫观念（说明内容）	0	1	2

（五）课程本位评估

课程本位评估是指以实际课程内容为依据来评估学生的学习发展。课程本位评估与课程紧密结合，灵活运用观察、访谈等多种评估方式，通过收集和记录学生在课程学习中的表现，为教学过程和决策提供有效指导。与传统标准化的测验不同，课程本位评估重视评估的情景性，强调在自然条件下对学生的认知、情感、动作和交往等各领域表现情况进行动态的考查，关注学生的差异，可以有效增强教学决策的准确性。[1]

课程本位评估是特殊儿童教育评估的常用方式，课程本位评估往往是以课程为参考，将课程目标进行解构细化，可以促进教师更深入地理解课程意图。课程本位评估灵活动态的评估形式可以对教学、训练执行进行监督控制，参与或服务于决策者调整教育、训练方案、矫正个案的活动，及时有效地将课程执行和运作状况（包括执行人员、学生以及家长的反应、建议等信息）反馈给有关人员，帮助执行者和决策者依据实际情况对课程乃至个别化教育计划及时做出调整，以达到最终的教育和发展目标。

---

[1] 谢正立，邓猛. 新课程标准背景下培智学校课程本位评估的几点思考[J]. 现代特殊教育，2017（18）：40-45.

以北京市为例，为增强个别化教育计划评估的针对性和有效性，北京市特殊教育研究指导中心专门研发了《北京市培智学校课程本位评估手册》。该评估指导手册以《培智学校义务教育课程标准（2016年版）》为基础而设计，为一线特殊教育工作者提供了相关课程评估的模式及标准，用于评量智力残疾学生的学习起点和各领域发展状况，旨在为其设计可行性、操作性、科学性较强的个别化教育计划。《北京市培智学校课程本位评估手册》从人的发展性、社会性和实践性三个基本属性出发，将智力残疾儿童教育总目标分为智能发展、社会适应和生活实践3大领域，依次再细分为18个次领域，88个项目和514个教学目标（见图2-1）。

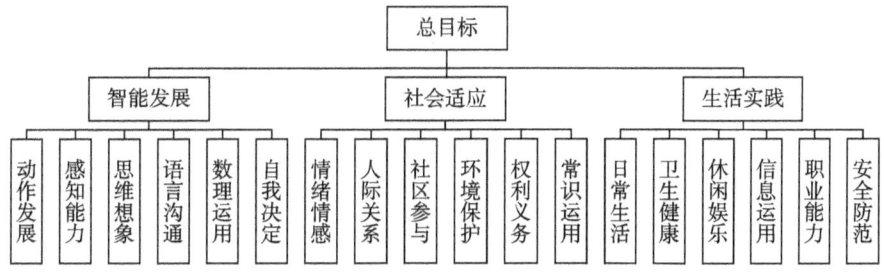

图2-1 智力障碍儿童教育总目标、领域与次领域结构

在具体的校本课程评估过程中，将18个次领域划分成具体的88个项目，再对每个项目进行细化，形成514个教学目标，评估目标按四级进行编码，具体评估目标编码参见表2-6。

表2-6 评估目标编码（举例）

层次	结构	内容	编码	举例
一	领域	智能发展、社会适应、生活实践	1码	如1. 智能发展
二	次领域	三个领域分解成18个次领域	2码	如1.1 动作发展
三	项目	18个次领域分解成88个项目	3码	如1.1.1 姿势控制
四	教学目标	88个项目下设514个教学目标	4码	如1.1.1.1 能维持头颈部的姿势平衡

评估时，教师可根据评估需要，采用观察、访谈、实操、活动等方法，将学生的表现划分为5个等级，即1分、2分、3分、4分、5分。1分是指能力的最低水平，5分是指能力的最高水平。课程本位评估等级划分标准具体见表2-7。

表 2-7　课程本位评估等级划分标准（举例）

评分等级		测评学生表现
1	不符合	➢ 受评学生不符合该学习与行为表现的描述；符合度 0%～20%
2	少数符合	➢ 受评学生少部分符合该学习与行为的描述；符合度 21%～40%
3	一半符合	➢ 受评学生约一半符合该学习与行为的描述；符合度 41%～60%
4	多数符合	➢ 受评学生大部分符合该学习与行为的描述；符合度 61%～80%
5	完全符合	➢ 受评学生完全符合该学习与行为的描述；符合度 81%～100%

当教师以此评估为基础，为学生制订个别化教育计划时，应当首先选择学生得分在 3 分或 4 分的项目，3 分或 4 分表示学生在该领域已经具备了一定的能力或在一定的支持和提示下能够完成，这些项目往往处在他们的最近发展区内，有较大的发展和训练可能。对于得分为 1 分或 2 分的项目，教师可考虑将其作为再下一阶段的训练目标，因为学生目前的水平还较低，和最终的目标差距较大，不应成为优先考虑的训练项目。对于学生能够达到 5 分标准的项目，教师则可不必进行训练和干预。

（六）其他评估

上述几种分类主要是按照不同的测量方法进行区别归类。但在实际特殊教育工作中，由于中度、重度障碍学生和轻度障碍学生的安置场所有所不同，因此所涉及的评估人员、内容和工具也有很多不一样的地方。❶

对于中度、重度障碍的学生而言，通常他们会被安置在特殊教育学校中，在评估中普通的智力测验对于他们有"地板效应"，因而无法判断出他们能力的实际发展水平。对这类儿童，可以采用以下几种方式进行评量。

①生态评估，即通过家庭访问、田野调查、访谈或者观察等方式，考查学生在家庭和学校中的主要活动以及他们在活动中的表现，以此确定学生的起点行为以及优弱势能力。

②发展量表评估，发展量表是根据孩子的发展年龄所展现在身体动作、沟通、认知、行为等方面的表现而制定出来的评量表，教师将学生的现有能力与对照量表上常模年龄相对比，即可找出他所属的年龄层，并以此作为起点行为设计个别化教育计划。

---

❶ 李翠玲. 个别化教育计划（IEP）理念与实施 [M]. 台北：心理出版社，2007：51-55.

③适应性行为量表评估，适应性是发展障碍儿童的重要判别指标之一，参照适应性行为量表，一方面可以有关于学生自己的纵向的发展历程对比，另一方面可以提供行为问题的指标以及解决行为适应问题的提示，对中度、重度障碍儿童评量有非常重要的作用。

④功能性评估，功能性评估多用于儿童的行为分析，主要目的在于找出学生行为的前因、后果，以此推断学生的行为目的，并找出改善问题行为的对策，对于孤独症、严重情绪行为障碍和沟通障碍儿童来说，功能性评估意义非凡。

对于轻度障碍学生而言，他们通常被安置在普通学校或者普通班级中，由支援教师进行补救教学。与中度、重度障碍儿童不同，学业表现能力是轻度障碍学生评估的重要内容，此外，人际沟通技能和情绪行为发展能力也是评估的主要部分。通常可以采用以下几种方式对融合环境中的轻度障碍儿童进行评估。

①智力测验，如通常使用的韦氏智力测验，瑞文推理测验等，这类测验可以帮助教师了解儿童的言语理解、表达、逻辑、推理、空间想象等多种心智能力的发展水平，从而把握他的优弱势能力。

②成就测验，如识字量、语文、数学学科表现等，成就测验可以帮助教师了解学生的学习风格、学习特点、学科偏好以及学生的学业发展水平等。

③检核表自编量表，如情绪行为问题检核，学科能力检核等，检核表或者自编量表不像标准化测验有较为严谨的施测程序和常模参照，但检核表相对来说简单易行，对实测人员要求也不高，使用起来较为快速，可以节省很多时间，在融合教育的评估过程中应用范围很广。

④档案袋评价，档案袋评价是有目的地收集学生的各种表现信息，如学生的学习作品分析，学习活动分析，重要事件记录等，通过多种资料来源，充分了解学生在真实情境中的综合表现，以此把握学生的特殊教育需求，对学生做出准确的评价。

第四节　个别化教育计划的制订、实施与管理

一、个别化教育计划制订

个别化教育计划是特殊需要儿童教育的指南文件，很多特殊教育较为发

达的国家和地区都将其制订过程和内容纳入法律管理范畴。例如，美国 IDEA 认为家长签字后的个别化教育计划是具有法律效应的正式文本。我国台湾 2013 年颁布的"特殊教育法施行细则"第九条也对个别化教育计划的要素、制订程序以及参与团队进行了详细的规定。虽然不同的国家和地区的个别化教育计划内容有所差别，但基本都会包括学生现有能力及教育需求评估；长短期目标及相应评量方式、日期及标准；语言、行为、社交等其他方面的相关服务；转衔辅导及服务内容等部分。其中，长期、短期目标是个别化教育计划制订工作的重中之重，也是个别化教育计划的核心所在。长短期目标是在对特殊儿童现有能力客观准确的评估基础之上，结合其学习特点和教育需求，而制定的符合学科发展规律的阶段性教育教学目标。长短期目标能够为教学过程提供指引，为教学评价提供参考，甚至直接决定个别化教育计划的实施效果。因此，本节关于个别化教育计划的制订内容，主要侧重介绍长短期目标的制定。

（一）什么是个别化教育计划长短期目标

个别化教育计划是特殊教育的基石，是特殊儿童的教育指南。个别化教育计划的目标是在对儿童科学、综合评估基础上制定的教育发展目标。通常个别化教育计划的目标分为两种，长期目标（goals）和短期目标（short-term objectives, benchmarks）。长期目标是指学生在较长一段时间内能达成的目标估计值，通常是一年，所以长期目标也叫年度目标（annual goals）。短期目标通常是在长期目标基础上分解而成，一个长期目标通常会被解构成 2~3 个短期目标。在每个短期目标结束时，需要对其完成情况进行评估，直到达成长期目标为止。

1. 长期目标

长期目标是个别化教育计划团队和学生在一段时间内需要努力实现的共同目标，它需要清晰明了且对教学具有指导意义。一个合格的长期目标通常需要具备以下六点：

①必须是可以测量的；
②必须让学生在一定时间期限内（一学期或者一学年）合理地达成目标；
③必须帮助学生在普通课程中成功并强调其教育需求是由于障碍所致；
④必须是通过阶段性目标或者短期目标来完成；
⑤必须是在实际环境中能评量的目标；

⑥必须是适龄的目标。

举例：❶

小华是四年级学生，他无法达到班上阅读水准，他能在两分钟内用口语正确地读出二年级水准的95/100的字词，及三年级水准的40/100的字词。他的阅读理解能力是正确回答二年级水准阅读测验题目达4/5，及三年级水准的0/5。

根据小华的现有能力和需求，IEP团队为小华设计的长期目标之一是提升阅读流畅速度：小华每分钟阅读流畅速度能增加到三年级水准的100/100字，同时依据长期目标设计了两个短期目标：A.小华在两次考试中每分钟阅读流畅速度达到二年级水准的100/100字，且错误率不超过5个字。B.小华在两次考试中每分钟阅读流畅速度达到三年级水准的100/100字，且错误率不超过5个字。

我们可以根据上述6个标准逐一对照，对其合适程度进行检验：①该年度目标可以用"每分钟、增加、三年级、100/100字"为标准进行量化分解，因此是可测量的；②小华目前已经能达到三年级水准的40/100，教师可以根据他去年的进步情形，对小华在未来一年他的阅读速度是否能够达到"三年级、100/100字"做出较为准确的判断；③小华的目标强调要利用普通班有效的阅读教材使小华能成功地、流畅地阅读，目标的设定能够帮助小华在普通班级成功；④这一目标可以分解成两个或以上的短期目标，以便他能逐步完成长期目标；⑤这一目标使用百分比方式进行评量，作为个别化教育计划长期目标的量化实际可行；⑥该目标的设定能够保障小华接受适龄的教育。由此可看出，上述个别化教育计划长期目标的制定是较为合适的。

2. 短期目标

个别化教育计划目标可以依据实施的期限细分为不同阶段的短期目标。如果说长期目标是长跑道路的终点，那么短期目标就是通向终点的各个里程碑，短期目标可以成为班级教育的基础，并给学生的进步评估提供标准参考。有研究者认为，合格的短期目标应当具备以下几方面条件。

①以长期目标为依据；

②符合具体、可观察、可操作的原则；

③如果是中度、重度障碍的学生，其目标要尽可能偏功能性和实用性

---

❶ 李翠玲. 个别化教育计划（IEP）理念与实施[M]. 台北：心理出版社，2007：72-74.

取向;
④一个长期目标至少要有两个短期目标,且彼此有关联和层次性;
⑤是以学生导向和非教师导向来撰写。

总的来说,短期目标的撰写应当包括行为、情境、标准三个要素。
举例:❶

根据小华现有能力和需求,IEP团队为小华设计的长期目标之一是提升阅读流畅速度:小华每分钟阅读流畅速度能增加到三年级水准的100/100字,同时依据长期目标设计了两个短期目标:A. 小华在两次考试中每分钟阅读流畅速度达到二年级水准的100/100字,且错误率不超过5个字。B. 小华在两次考试中每分钟阅读流畅速度达到三年级水准的100/100字,且错误率不超过5个字。

将短期目标对照以上的三个要点进行分析,上述短期目标:①有可观察到的行为因素,口语阅读;②有情境要素,二年级或三年级水准的100字考题测验;③有标准因素,如两次考试中,每分钟中错误不超过5个字。由此看来,这是两个较好的短期目标。相比之下,一些短期目标,如"一个月看完三本书"就不太合适,虽然看完三本书是可观察与可评量的行为要素,但是并没有描述出行为发生的情境和评价标准。

(二) 为何要制定长短期目标

1. 为课程教学及评价提供依据

课程目标是教育教学中必不可少的环节。在普通教育发展中会有较为系统的,全国或区域统一的课程目标、课程大纲甚至是教学材料。这些课程标准通常由各个学科领域的专家编写,全面考虑了学生的年龄、认知、学习规律、身心发展特点、学科知识的体系结构、社会时代发展需求等多种因素,经过反复的讨论修改实验后制定而成。它们为一线教师的教学、科研提供了方向和指引,也为教学质量的监测提供了标准。

与普通教育相对统一系统的课程教学目标不同,特殊教育的教学目标看起来零散且个性化。这是由特殊儿童不同的障碍特点和个性化的教育需求所致,即便是同一种障碍的儿童,也可能因为障碍程度不同或者家庭环境不同而存在不同教育目标。统一的课程标准或者目标无法逐一满足特殊儿童的教

---

❶ 李翠玲. 个别化教育计划(IEP)理念与实施[M]. 台北:心理出版社,2007:81-83.

育需求。正因为如此，个别化教育计划才应运而生。长短期目标的选择和制定是基于特殊儿童的客观真实的评估，充分考量学生的教育需求以及家长对学生的教育期待和意见，结合学生的能力特点，综合个别化教育计划小组成员的讨论意见，而做出的决定。

与此同时，长短期目标具备一系列作为教学目标和评价指标的必备特点，比如，长短期目标应当是详细的、可操作、可测量的，长期目标需要通过短期目标得以实现。这些标准都使教师在日常教学中有标可依、有据可靠，随时监控教学进度和教学效果，根据短期目标的达成情况，灵活动态地调整教学策略等。由此可见，个别化教育计划的长短期目标是特殊儿童在一段时间的课程教学目标和教育评价依据，也是特殊儿童的学习成长目标，对特殊儿童的发展具有重要的意义。

2. 充分考虑儿童特殊教育需求

在普通教育体系中，课程教学目标通常是围绕学业展开。特殊教育则不然。我国台湾地区的特殊教育研究者指出：特殊教育服务的对象通常都是学校内学业表现较差，并伴有各类身心发展障碍的学生，因此，若在特殊教育目标制定中，选择与普通教育相同的重视学科发展和学业表现的目标，是忽略特殊教育独特性的做法，并没有真正考虑到儿童特殊的教育需求。每一位特殊教育工作者都应当清楚地认识到，学生的学业表现、情绪能力、行为发展等，并非各自独立毫无关联，而是彼此影响互为因果。

因此，对于个别化教育计划的目标（长短期目标）设定应当从全面发展的角度，配合学生的教育需要以及所能提供服务的时间，更多考虑学生情意与技能的培养，在认知方面应当注重学生基本知识的学习，而非陷入普通教育中过度重视成绩的学习，这样容易导致学生体验到更多的挫折，对学习产生抗拒和厌恶。

正是基于上述考虑，教育工作者才会强调个别化教育计划评估的作用，在评估的基础上制定长短期目标。这是因为评估可以较为完整地体现特殊儿童身心发展的各个方面，如优势能力、弱势能力、学习风格、教育需求优先项、家长期望等。在此基础上，制定的长短期目标能够较为精准地满足特殊儿童个性化的需求。同时，大多数长短期目标制定时都会充分考虑儿童在身体感知觉、动作、语言、行为、社会交往等方面的发展。以我国《培智学校义务教育课程标准（2016年版）》为例，它为个别化教育计划长短期目标的制定提供了较好的参考，其中，除生活语文、生活数学等基于学科的教育目标外，还有生活适应、劳动技能、唱游律动、艺术休闲等基于大多数特殊儿童成长需求的目标。由此可见，长短期目标是充分考虑特殊儿童个性化教育需求而制定的。

(三) 如何制定长短期目标

制定长期和短期目标是个别化教育计划的核心工作。在实际工作中，可以按照下列流程展开（见图2-2）。

图2-2 制定长期和短期目标流程

1. 开展个别化教育计划评估

如前文所述，评估是一切个别化教育计划工作的前提和基础。在制定长短期目标之前，需要个别化教育计划制订团队从不同方面对学生进行全面的教育诊断与综合分析。针对个别化教育计划所要了解的基本情况，教师在尊重医学诊断结果的基础上，利用各种不同内容的评量表格、调查问卷等对学生进行"个性心理特征""特殊行为""特殊服务需要"等观察评估，通过进行入户观察、访谈家长和学生，记录和描述教育诊断的现状和结论。当前北京地区在制订个别化教育计划时，形成了具有本土经验的"IEP套表"，其中，"IEP的诊断评估表格"为教师提供参考选项，通过勾选的形式，既能给予教师启示，又能减轻工作量。

2. 确定教育需求

特殊儿童的教育需求纷繁复杂且独具个性。评估可以指出儿童在不同领域的现有水平、优弱势能力、下一步应当继续努力的领域和方向（教育需求）等。长短期目标的制定旨在最大限度地满足这些需求。

当前我国已经颁布三类特殊学校义务教育阶段的课程标准，这些标准的制定在遵循特殊教育先进理念和发展规律的基础上，结合了我国几十年来的本土实践经验，对个别化教育计划长、短期目标的制定有十分重要的参考借鉴意义。以《培智学校义务教育课程标准（2016年版）》为例，课程标准包含了生活语文、生活数学、生活适应、劳动技能、唱游与律动、绘画与手工、运动与保健、信息技术、康复训练、艺术休闲十门课程，基本涵盖了特殊儿童智能发展、生活实践和社会交往的各个方面。每门课程又按照知识领域和高低学段进行难易程度的划分，互相联系，螺旋上升，体现了课程的整体性和连续性。以此课程框架为参照而确定的学生需求领域不但较为细致准确，而且符合生活实际，更有相应评估和教学体系作为支持。可以作为当前一线特殊教育学校评估学生需求的重要依据。实际上，实践中已有不少学校依照课程标准开展课程本位评估，继而确定学生的教育需求。

然而，特殊儿童的需求往往不止一个方面，但每一份个别化教育计划的长期目标数量有限。在特殊儿童所面临的身体感知觉、动作、语言、行为、学科等多个领域中确定儿童的发展目标，并不是一件非常容易的事情，需要教育者在众多教育需求和目标中排出优先顺序，制定出最符合儿童需求的长短期目标。以美国加州大学圣芭芭拉分校的特殊教育教师资格证项目为例，该项目曾是全美特殊教育资格证培训的示范项目。该项目指出特殊教育工作者在制定目标时，需要将以下因素纳入考虑范围。

①是一般/基础技能吗？
②是符合儿童年龄发展水平的吗？
③能够促进个人独立吗？
④有助于发展友谊或者社交吗？
⑤是实用的或者功能性的吗？
⑥特殊儿童的父母和家人重视这个目标吗？
⑦能够促进特殊儿童自我决定发展吗？
⑧有助于特殊儿童融入普通教育吗？
⑨有助于改善问题行为吗？

在目前的教育实践中，不少特殊学校在为学生制定长短期发展目标时会参考国家课程标准的领域和具体项目，当个别化教育计划团队对所制定的长短期目标存疑或不确定时，可以采用上述原则，逐一检验增减，这样可以让长短期目标更加切合学生需求，满足学生发展。

3. 撰写长短期目标

在我国个别化教育计划制订和实施中，长短期目标通常是指学生在一段时间的学习后所要达成的目标。长短期目标是适合学生发展且在实际环境中可测量的，是在明确了学生的教育需求和在该需求领域现有能力水平基础之上，而制定的循序渐进的目标。与普通课程目标一样，理想的长短期目标应当是处于学生的最近发展区之内。

以北京市个别化教育计划制订为例,在撰写长短期目标时,除了依据评估资料,还会参考我国培智学校义务教育课程标准,将新课程标准进行解读、补充和丰富,作为学生个别化教育计划发展的目标参考。

首先,将课程标准进行分级细化编码。比如:课程标准《生活语文》中,低年级段(1~3年级)第一个领域"倾听与说话"的目标有:

①能在别人对自己讲话时注意倾听。
②能听懂常用的词语,并作出适当回应。
③能听懂简单的句子,并作出适当回应。
④能听懂生活中的常用语言。
⑤能模仿运用生活中的常用语言。
⑥能用简短的语言表达个人基本需求。
⑦能使用人称代词(如你或你们、我或我们、他或他们)。
⑧能作简单的自我介绍(如姓名、班级、主要家庭成员等)。
⑨*能在生活情境中进行简单对话。
⑩能听懂生活中常用的普通话。
⑪学说普通话。

将课程目标分解细化编码以后变成表2-8。

表2-8 课程目标分解细化编码(举例)

编码	内容
1	生活语文
1.1	倾听与说话
1.1.1	倾听
1.1.1.1	能在别人对自己讲话时注意倾听
1.1.1.2	能认真倾听他人讲话,不随意插话
1.1.1.3	能听懂常用的词语,并作出适当回应
1.1.1.4	能听懂简单的句子,并作出适当回应
1.1.1.5	能听懂生活中的常用语言
1.1.1.6	能听懂生活中常用的普通话
1.1.1.7	能听懂他人的问询,并作出适当回应
1.1.1.8	能听懂简单的故事
1.1.1.9	能耐心、认真地倾听,并能理解别人所表达的意思

续表

编码	内容
1.1.1.10	能听懂与生活相关的话题，并作出适当的反应
1.1.1.11	能听懂任务分工、操作步骤和要求
1.1.1.12	*能听懂媒体播报（如广播、影视等）内容，获取有用信息
1.1.2	**说话**
1.1.2.1	能模仿运用生活中的常用语言
1.1.2.2	能用简短的语言表达个人基本需求
1.1.2.3	能用一句话或几句话表达自己的基本需求
1.1.2.4	能使用人称代词（如你或你们、我或我们、他或他们）
1.1.2.5	能作简单的自我介绍（如姓名、年龄、班级、主要家庭成员等）
1.1.2.6	能作自我介绍（如就读学校名称、家庭住址、电话号码、兴趣爱好、亲戚朋友等）
1.1.2.7	能向他人介绍自己（如学习和身体情况、家庭情况、特长、愿望等）
1.1.2.8	*能参与讨论自己感兴趣的话题
1.1.2.9	能简单讲述生活中发生的事情
1.1.2.10	能简单转述一两句话
1.1.2.11	能简单转述别人说话的主要内容
1.1.2.12	学说普通话
1.1.2.13	能用普通话与他人交谈
1.1.2.14	*能在生活情境中进行简单对话
1.1.2.15	*能根据以生活为主题的图画说一两句话
1.1.2.16	*能根据不同的场合，用适当的语气、语调说话
1.1.2.17	能用语言求助
1.1.2.18	能进行简单的提问
1.1.2.19	*能讲述生活见闻，并能说出自己的感受和想法
1.1.2.20	会使用电话等通信工具与他人沟通
1.1.2.21	*能围绕谈话的主题，表达自己的观点
1.1.2.22	*能与他人谈论合适的话题，并尊重对方的意见
1.1.2.23	能从语气、语调中理解交际对象的情绪变化
1.1.2.24	能依据所处情境使用恰当的语言
1.1.2.25	*能注意说话的语速和音量

续表

编码	内容
1.1.2.26	能使用礼貌用语，文明地与人交流
1.1.2.27	养成不懂就问的习惯
1.1.2.28	养成文明、友善交流的习惯

注："*"为选择性目标，下同。

其次，对具体项目赋值。从上述表中可以看出，倾听与说话领域中的目标按照难度、活动维度等标准，被分解细化成了40条具体的项目，而每一条项目又可以按照不同的完成程度分成5级，即0~4分。0代表无法达成，4分代表可以独立完成。课程目标细化编码及各项分值具体见表2-9。

表2-9 课程目标细化编码及各项分值（举例）

编码	内容
1	生活语文
1.1	倾听与说话
1.1.1	倾听
1.1.1.1	能在别人对自己讲话时注意倾听
0	完全不听别人说话
1	能短时倾听别人说话
2	能听完别人对自己说的话
3	能安静地听完别人对自己说的话
4	能在各种环境下听完别人对自己说的话
1.1.1.2	能认真倾听他人讲话，不随意插话
0	不能听他人讲话
1	能短时3~5秒听他人讲话，但经常插话
2	能短时听他人讲话，保持5~10秒不插话
3	能听他人讲话，10~20秒不插话
4	能认真倾听完他人讲话，不插话
1.1.1.3	能听懂常用的词语，并作出适当回应
0	不能听懂任何常用的词语
1	能听懂1~5个常用词语，并作出适当回应

续表

编码	内容
2	能听懂6~10个常用词语，并作出适当回应
3	能听懂11~15个常用词语，并作出适当回应
4	能听懂16个以上常用词语，并作出适当回应

再次，根据评估结果和需求选择长期目标。通过对评估结果的分析和学生教育需求的确定，参考上述具体项目，大致确定学生的个别化教育计划长期目标范围（具体撰写表述要求请参照本节长期目标定义部分的案例），长期目标内容具体见表2-10。在这一过程中，应当优先选择学生得分在"2"分或"3"分的项目，"2"分或"3"分表示学生在该领域已经具备了一定的能力或在一定的支持和提示下能够完成，这些项目往往处在他们的最近发展区内，有较大的发展和训练可能。

表2-10 长期目标内容（举例）

编码	目标内容	目标评估		末次评估
		首次评估		
		时间	结果	
1.1.5.13	能依照样本进行涂色、拼贴、勾勒等			
1.1.6.2	能使用敲击类工具			
1.2.1.5	能辨别不同形状、大小、颜色、图片和文字			
1.2.7.6	能用适当的音量说话或唱歌			
1.3.7.1	能依据自己的经验与记忆解决问题			
1.4.2.2	能用各种方式表达自己的意思			
1.4.8.3	能写简单汉字			
1.5.1.2	能区分轻重、宽窄、粗细、厚薄、远近、快慢、左右			
1.6.2.4	能对他人和事物发表意见			
2.2.3.1	能使用礼貌的用语			
2.2.4.4	能与陌生人保持适当的关系（我家来了陌生人）			
2.3.2.5	能在学校活动中承担一定责任			
2.5.2.2	能按照安全规范操作居家设施			
2.5.4.1	能有人际交往的安全意识			

续表

编码	目标内容	目标评估		
		首次评估		末次评估
		时间	结果	
2.5.5.2	能遵守交通安全规则			
3.1.2.5	能掌握处理食物的方法			
3.1.4.1	能整理清扫教室、宿舍、责任区的卫生			
3.1.5.1	能掌握简单烹饪技能			
3.2.4.5	能以适当礼仪与异性朋友交往和自我控制			
3.3.1.4	能参与团体游戏			
3.3.3.6	能欣赏与参与体育活动			
评量标准：完全做不到（0分）；在协助下做到（1分）；在少量提示下做到（2分）；基本能做到（3分）；完全做到（4分）。				

最后，根据长期目标，确定短期教学目标。比如，在制定过程中，可以根据长期目标的内容撰写适合该学生的短期目标，先用关键词组表达，再根据短期目标可测量、可操作的原则，结合实际教学过程进行撰写。短期目标建议具体见表2-11。

表2-11 短期目标建议（举例）

长期目标编码	目标内容
1.1.5.13	能依照样本进行涂色、拼贴、勾勒等
短期目标建议表	
临摹建筑物绘画、动物绘画	
长期目标编码	目标内容
1.1.6.2	能使用敲击类工具
短期目标建议表	
双响筒、沙锤、铃鼓、撞钟	
长期目标编码	目标内容
1.2.1.5	能辨别不同形状、大小、颜色、图片和文字
短期目标建议表	
梯形、长方形、正方形、圆形、红、黄、橘红、橘黄	

二、个别化教育计划的实施

(一) 将个别化教育计划目标和课程目标对接

制订每个学生的个别化教育计划只是教学过程中的第一步，继而要将班级中每个学生的长期目标汇集、梳理后，整合为班级教学计划，并根据学期教学时间，确定教学主题与单元。最终，将长期目标通过不同形式落实到教学中，达到课程标准要求。

统整个别化教育计划目标，确定班级教学计划。首先分析班级所有学生的长期目标内容，按照趋同原则，将班级内所有学生个别化教育计划中的长期目标分成4~8个组；其次根据目标内容和性质确定每个组的单元名称，梳理、整合出班级教学重点目标，从而制订班级教学计划。

匹配个别化教育计划目标，落实课程标准。个别化教育计划中长期目标与课堂教学目标对接是重要环节。第一，将个别化教育计划目标与主题活动匹配，将班级目标统整后形成的完整内容划分为若干主题，每个主题匹配若干教学目标。在实施教学前，建立起层级目标体系，将班级教学目标不断细化成单元、课题、周、日、课时目标，通过长短期目标的层级细化，将个别化教育目标落实到教学活动中。第二，将个别化教育计划目标与学生一日生活匹配，有些目标是需要在学生的日常生活中实现的，不需要进入各个主题单元，这样的目标要匹配到班级一日生活中。第三，将个别化教育计划目标与家庭教育相匹配，学生的目标有些是需要家长配合完成的，因此，这些目标就要设计成家长辅助完成的家庭目标。

(二) 统整课程实施教学

在教学实施过程中，以学校、家庭、社区生活为背景，分析不同年龄段学生的生活经验，以"生活""经验""活动"等有关的课程内容为优先，根据班级教学目标，按照学段总结出贴近学生生活实际、有延续性的主题教学内容资源，建构综合课程主题内容体系。

教师根据学期教学时间，将班级教学内容按照情境、时间、程序等线索梳理成内容脉络，细化分解成单元、周、日、课时教学内容。然后统整生活语文、生活数学、生活适应、劳动技能等学科领域知识，采用综合教学形式，通过设计不同的教学活动，灵活地选择集体、分组、个别等教学方式，采取情景教学、综合内容与核心知识灵活处理等策略，逐步落实集体、组别和个体的教学目标（见图2-3）。

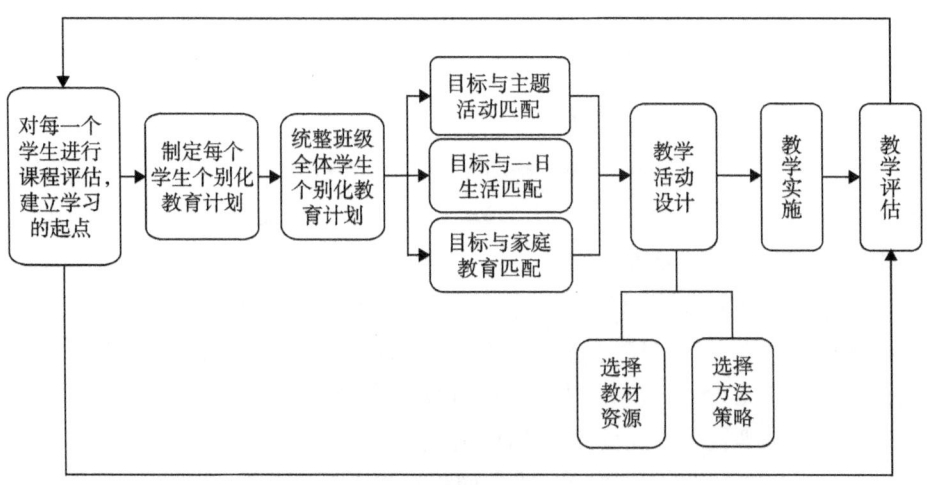

图 2-3　统整课程教学

（三）个别化教育计划的评价

教育评价是检验教育教学效果的重要手段，不仅能够对前一时间段的教学成效进行评估，还可以为下一阶段的课程方案和教学策略调整提供反馈，具有重要的意义。与普通教育相同，特殊教育中教育评价环节也不可或缺。个别化教育计划是特殊儿童教育教学的指南性文件，指导教师工作和学生学习的方向及过程，在个别化教育计划目标到期之时，对其完成程度进行评价，帮助我们了解个别化教育计划实施过程中所遇到的困难和挑战，为下一阶段的课程教学调整提供意见。目前，在大多数实施个别化教育计划的国家都是通过法令的方式来规范个别化教育计划目标的实施和评价。

以美国为例，2004年的IDEA规定：个别化教育计划的年度目标原则上是一年检讨一次，但在实际情况中可以视需求而增加评价次数。在个别化教育计划的年度评价会议中，需要重点关注学生的长期目标是否达成，并就目标实际执行情况进行修正和调整。使用替代性评估的特殊儿童，还需要在个别化教育计划中注明短期目标的进步情形。与此同时，不论是1997年的IDEA还是2004年的IDEA，都要求学校要定期将学生的成绩报告提交给家长，让家长知道学生的学校表现，以及朝着个别化教育计划目标发展的具体进步幅度。法令规定，在召开学生的个别化教育计划会议之前，必须给家长发通知书，告知家长学生的年度目标是如何被评量的，同时告知家长他们会像普通学生的家长一样，定期收到孩子的成绩报告，以说明孩子在校的进步情形。在定期给家长的成绩报告中，需要说明两件事情，一是解释学生如何达成个别化教育计划目标，二是分析到年度结束之前学生到底有多少进步。我国台湾地区的"特殊教育法实施细则"19条也对个别化教育计划的评价进行了明确规定，"个别化教育计划，学校应于身心障碍学生开学后一个月内制订，每学期至少检核一次"。

在对个别化教育计划实施情况的评价中，如何确定学生的进步幅度呢？有研究者提出可以通过以下几种方式：①短期目标的达成数量；②长期目标的达成数量；③学生的学习档案；④小考、大考的结果；⑤每日/每周进步图表；⑥前测/后测结果；⑦全国性与地方性联考结果。在教育工作者确定学生的进步幅度以后，可以通过五点量表、四点量表、分等级或者百分比的方式来向家长呈现学生的个别化教育计划目标达成程度。比如，学生的个别化教育计划长期目标为"用图、文字问问题"，那么呈现方式可以使用百分比，即在不同时间段的考核中，学生的达成率是多少。

三、个别化教育计划的管理

个别化教育计划作为学校教育教学工作的开展依据，对学生的成长发展有重要的作用。当前我国的个别化教育计划并未成为法律文本且拥有相对完善的管理流程和规定。但是随着特殊教育的不断发展，越来越多的教育工作者意识到个别化教育计划在实践中的重要作用，个别化教育计划的管理也应该做到以下两个方面。

第一，增强个别化教育计划管理的灵活性。加大培训力度并注重实施过程的监管，将个别化教育计划实施与学校现有的学生档案体系相结合，在引领教师掌握个别化教育计划相关技术的基础上，通过规范制定流程，从而减轻教师制订和具体实施的负担，并将个别化教育计划的有效实施作为学校教育教学质量监控的重要手段与途径。

第二，增强个别化教育计划管理的科学性。通过对个别化教育计划的评估管理，衡量提供给学生的个别化教学是否适当、充分；个别化教学的时间以及提供服务的相关内容是否合适；学生学习环境和教学资料的匹配程度；学生体能锻炼和功能训练的发展程度；等等。

本章小结

本章主要介绍了个别化教育计划的基本概念、构成、程序、国外发达国家和地区个别化教育计划发展的特点和历程。本章主要分成四节，第一节介绍个别化教育计划的起源与发展，从概念和内涵以及发达国家的经验等角度，对个别化教育计划的发展脉络做了基本梳理，帮助读者建立对个别化教育计划的初步印象和理解。第二节介绍个别化教育计划的实施与发展，主要总结北京市个别化教育计划的发展历程和特点，尝试厘清个别化教育计划与特殊教育国家课程标准之间的联系，为我国个别化教育计划本土化发展提供思路。第三节详细介绍个别化教育计划的评估，包括评估内容和方式，通过实践向读者展示评估的实际操作过程。第四节结合案例，梳理分析个别化教育计划的制订、实施和管理，促进读者进一步掌握个别化教育计划的框架、程序和内容。

附录

附件1 主题计划表

长期教学目标（编码+内容）		学生目标										建议单元名称
		周× ×	曹× ×	李× ×	张× ×	马× ×	李× ×	苏× ×	崔× ×	张× ×	魏× ×	
1.3.7.1	能依据自己的经验与记忆解决问题	√	√	√	√	√	√	√	√	√	√	我家来客人了
1.4.2.2	能用各种方式表达自己的意思	√	√	√	√	√	√	√	√	√	√	
2.2.3.1	能使用礼貌的用语	√	√	√	√	√	√	√	√	√	√	
2.2.4.4	能与陌生人保持适当的关系	√	√	√	√	√	√	√	√	√	√	
3.3.1.4	能参与团体游戏	√	√	√	√	√	√	√	√	√	√	
1.1.5.13	能依照样本进行涂色、拼贴、勾勒等	√	√	√	√	√	√	√	√	√	√	我做小主人
1.4.8.3	能写简单汉字	√	√	√	√	√	√	√	√	√	√	
1.4.6.14	能与他人进行对话、交谈、讨论	√	√	√	√	√	√	√				
1.5.1.2	能区分轻重、宽窄、粗细、厚薄、远近、快慢、左右	√	√	√	√	√	√	√	√	√	√	
3.2.4.5	能以适当礼仪与异性朋友交往和自我控制	√	√	√	√	√	√	√	√	√	√	
1.2.2.5	能运用听觉做出正确的反应						√	√	√	√	√	
1.1.6.2	能使用敲击类工具	√	√	√	√	√	√	√	√	√	√	厨房小帮手
1.6.2.4	能对他人和事物发表意见	√	√	√	√		√	√				
2.3.2.5	能在学校活动中承担一定责任	√	√	√	√	√	√	√	√	√	√	
2.5.2.2	能按照安全规范操作居家设施	√	√	√	√	√	√	√	√	√	√	
3.1.2.5	能掌握处理食物的方法	√	√	√	√	√	√	√	√	√	√	
3.1.5.1	能掌握简单烹饪技能	√										
1.2.1.5	能辨别不同形状、大小、颜色、图片和文字	√	√	√	√	√	√	√	√	√	√	我的社区生活
2.5.4.1	能有人际交往的安全意识	√	√	√	√	√	√	√	√	√	√	
2.5.5.2	能遵守交通安全规则	√	√	√	√	√	√	√	√	√	√	
3.1.4.1	能整理清扫教室、宿舍、责任区的卫生	√	√	√	√	√	√	√	√	√	√	
3.3.3.6	能欣赏与参与体育活动	√	√	√	√	√	√	√	√	√	√	
1.2.7.6	能用适当的音量说话或唱歌			√	√	√	√	√	√	√		

附表2　单元——主题教学目标匹配表

第一单元：我家来客人了

主题名称	短期教学目标 (长期目标编码+短期目标内容)	周××	曹××	李××	张××	马××	李××	苏××	崔××	张××	魏××
我家来客人了	1.3.7.1　能依据自己的经验与记忆解决问题：沏茶、客厅安全			√	√	√	√	√	√	√	
	1.4.2.2　能用各种方式表达自己的意思：赞成、反对、高兴、不高兴	√	√	√	√	√	√	√	√	√	√
	2.2.3.1　能使用礼貌的用语：迎客、待客、送客	√	√	√	√	√	√	√	√	√	√
	2.2.4.4　能与陌生人保持适当的关系：认识陌生人、自我保护	√	√	√	√	√	√	√	√	√	
	3.3.1.4　能参与团体游戏：跑的游戏、投的游戏	√	√	√	√	√	√	√	√	√	√
	补充　能掌握沏茶技能：使用饮水机、使用一次性水杯、散装茶叶、袋泡茶	√	√	√	√	√	√	√	√	√	√
	补充　能礼貌待客：让客人坐下、拿水果、倒水、沏茶、续水	√		√	√	√	√	√	√	√	√
	补充　掌握简单的谈话礼仪：聊天、安静做事	√	√	√	√	√	√	√	√	√	√
	3.3.2.3　会绘画、手工、雕塑等艺术活动：儿童画、布贴画	√	√	√	√	√	√	√	√	√	√
	3.3.3.2　能掌握基本的体育运动技能：接力跑、投掷	√	√	√	√	√	√	√	√	√	√

第二单元：我做小主人

主题名称	短期教学目标 (长期目标编码+短期目标内容)	周××	曹××	李××	张××	马××	李××	苏××	崔××	张××	魏××
我做小主人	1.1.5.13　能依照样本进行涂色、拼贴、勾勒等：基本图形涂色、临摹建筑物绘画、动物绘画	√		√	√	√	√	√	√		
	1.4.8.3　能写简单汉字：姓名、学校名称、性别、家庭住址	√	√	√	√	√				√	
	1.4.6.14　能与他人进行对话、交谈、讨论：个人基本信息、与客人聊天、与家人聊天	√	√	√		√	√	√			

续表

主题名称	短期教学目标（长期目标编码+短期目标内容）	学生目标									
		周××	曹××	李××	张××	马××	李××	苏××	崔××	张××	魏××
我做小主人	1.5.1.2　能区分轻重、宽窄、粗细、厚薄、远近、快慢、左右；左右手、左右方位、左拐右拐	√		√	√	√	√	√	√	√	√
	3.2.4.5　能以适当礼仪与异性朋友交往和自我控制：男生女生、异性交往礼仪、自我控制	√	√	√	√	√	√	√	√	√	√
	1.2.2.5　能运用听觉做出正确的反应：听指令、节拍做动作	√	√	√	√	√	√	√	√	√	√
	补充　能用不同茶具为客人沏茶：一次性水杯、盖杯、茶壶、茶碗	√	√	√	√	√	√		√		
	补充　能给客人和家人续水：水量、倒水/接水、端水、送水	√	√	√	√	√	√		√		√
	补充　能为家人服务：沏茶、续水	√	√	√	√	√	√		√		
	补充　能恰当使用礼貌用语：询问是否续水、礼貌送茶	√	√	√	√	√	√		√		
	1.2.1.6　能区分对象与背景物体：建筑物、动物、背景、红黄蓝	√	√	√	√	√	√	√	√	√	√
	1.3.3.5　能依序完成活动或工作：主体绘画、背景添画	√	√	√	√	√	√				
	3.3.2.4　能提高音乐、美术活动技能：基本形组合、线条组合	√	√	√	√	√	√	√	√	√	√
	1.3.1.3　能模仿刚听过的声音和节奏：四分节奏、八分节奏			√							
	1.3.1.5　能再现刚刚做过的动作：拍手、拍肩、叉腰、摇摆、跺脚				√	√	√		√		
	2.1.2.1　能在情景中表达情绪：感受2/4拍、3/4拍音乐	√	√	√	√	√	√	√	√		√

续表

第二单元：我做小主人											
主题名称	短期教学目标 （长期目标编码+短期目标内容）		学生目标								
^	^	^	周××	曹××	李××	张××	马××	李××	苏××	崔××	张××	魏××
我做小主人	3.3.2.2	会唱歌、跳舞、表演等文艺活动：《左手右手》《可爱的家》《小红帽》	√									
^	3.3.3.1	能进行基本的站立、走、跑、跳、投等活动：跑和投的活动	√	√	√	√	√	√	√	√	√	√

/ 第三章 /

基于主题的班级教学设计

导　读

　　基于主题的教学（Theme-based Instruction）是指在一个阶段内以一个主题为中心，各个学科都围绕这个中心制订教学计划、教学目标及教学组织形式，它的最终目的是提高学生的实际生活能力，使其走向独立自主。这一教学组织形式是部分培智学校贯彻落实国家《培智学校义务教育课程设置实验方案》《培智学校义务教育课程标准（2016年版）》提出以生活为核心的教育要求，结合培智学校学生身心发展的特点而展开的教育教学改革的形式之一。本章从基于主题的班级教学设计的缘起与发展、实施、实践经验展开，理论与实践相结合，描绘其从教育思想到教育实践的发展层次，以期为其他地方及学校的探索提供一些经验与启示。

第一节　基于主题的班级教学设计的缘起与发展

一、综合课程与主题教学的缘起

　　"综合课程"是当代我国正在着力建设的一种新的课程形态。综合课程缘起于19世纪，形成了两种基本的课程综合化原理，即"相关综合原理"与"经验综合原理"。20世纪这两种综合化原理逐渐走向统一，综合课程的发展进入新时期。德国教育家赫尔巴特在历史上第一次明确提出"课程综合化问题"，并对之进行了系统的理论论证。赫尔巴特将培养德行或意志作为教育的终极目的，要形成以德行或意志为核心的完整人格，必须摒弃孤立的、支离破碎的教材。教材应以德行或意志为核心彼此关联起来，即是说教材要以儿童的"思想"为圆心向外延伸。教材的整合以德行陶冶为目的，以道德知识为核心，从而实现了整个教学内容的"客观性统合"（教材逻辑的统合）。教学活动选择与儿童思想相关的教材，从而使新的观念不断同化于已有的观念群中，最终形成完整的人格。这就是赫尔巴特的"相关综合课程理论"。[1]

赫尔巴特的学生齐勒（T. Ziller）、赖因（W. Rein）等继承并发展了赫尔巴特的"相关综合课程理论"。齐勒主张把宗教性、道德性教材作为统合所有学科的中心点，由此达到教育的终极目的——道德性和宗教性的陶冶。此外，齐勒发展了赫尔巴特的"相关综合课程理论"。齐勒通过倡导"文化史阶段说"，将"客观性统合"与儿童的人格整体关联起来（"主观性统合"）。在"文化史阶段说"看来，个人的发展复演了人类史的发展，因此，可以把个体人生发展的阶段与全人类文化发展的阶段对应起来，以整合所有学科内容。这就是齐勒的"中心统合法"。

赫尔巴特的"相关综合课程理论"深受瑞士教育家裴斯泰洛齐的影响。裴斯泰洛齐从心理学出发，认为课程应从儿童内在自我冲动出发，根据各种能力所固有的法则去发展人类本性所固有的能力，借助德行的形成，和谐地、均衡地实现种种能力的发展。赫尔巴特的"相关综合课程理论"同样以儿童自我为出发点，但赫尔巴特的"自我"已不是裴斯泰洛齐的"内在的自我冲动"了。在赫尔巴特看来，情感和意志不过是从表象或观念的力学关系所产生的衍生状态。离开了作为意识内容的表象或观念就没有自我。自我的统一在于意识的统一，意识的统一在于其内容——表象的统一。因此，课程的综合本质上是知识的综合——以道德知识为核心，把一切教材加以逻辑地关联整合。

但是，同样是裴斯泰洛齐的理论，却发展出了另外一种迥然不同的综合课程理论，这就是"经验综合课程"。"经验综合课程"的理念和操作模式集中体现于 20 世纪初德国的"合科教学"运动以及在 1920 年至 1930 年发展至高峰的美国的"活动课程"运动。"经验综合课程"以未分化的整体的儿童为核心整合学科，既然儿童是未分化的，教学也必须是未分化的、综合的，教师不必事先准备好教案，而要根据儿童在特定情境中的表现，随机应变决定题材，在这里，乡土的事物、儿童的直觉与经验置于课程的中心，儿童的即时性的需要、动机和兴趣构成了课程整合的核心。

统一"相关综合"与"经验综合"这两种理论是 20 世纪综合课程发展的

---

[1] 张华. 关于综合课程的若干理论问题 [J]. 教育理论与实践，2001（6）：35-40.

主旋律。1902年，杜威出版《儿童与课程》（The Child and Curriculum）一书，这标志着综合课程的发展进入了新的历史时期。杜威认为，教育中的一个主要缺陷是在儿童的经验与教学科目之间横隔一道鸿沟，将二者对立起来。传统教育固守学科中心论，某些"新教育"则持儿童中心论。学科中心论使儿童服从于分门别类的教学科目，儿童的完整而统一的经验被肢解，因为教学科目是许多年代科学发展的产物而非儿童经验的产物。随着知识数量的增加和教学科目的膨胀，教学内容不得不被压缩或删减，这就使教学科目本身的逻辑也受到破坏。儿童中心论则满足于儿童兴趣和能力的自发性，排斥对儿童心智的训练，这就从另一个方面阻碍了儿童的发展，与学科中心论具有同样的错误的根源，这个根源便是二元论思维方式。

杜威通过把儿童与课程真正统一起来而消解了在二者关系之上惯常存在的二元论倾向。杜威通过消解传统的二元论，确立起现代连续论而在理论上大大推进了综合课程的发展。始于20世纪20年代末，持续发展到20世纪五六十年代的"社会改造主义"课程理论，是基于杜威又超越杜威的，该理论流派也推进了综合课程理论的发展，与杜威的课程理论相比，"社会改造主义"把课程整合的中心指向社会（当今社会的问题和未来社会的方向），而且进一步发展了课程中的批判精神。

20世纪50年代之前的综合课程实践同样指向于整合"两种理论"。在德国，针对偏颇的"合科教学"，出现了调和"合科教学"与赫尔巴特学派的相关综合的"学科群教学"和"文化科学教学"。在美国，也开始走出极端儿童中心的活动课程，汲取赫尔巴特"相关综合课程理论"的积极因素，倡导赋予稳定方向与组织的"广域课程"（Broad-fields Curriculum）和"核心课程"（Core Curriculum）。20世纪中叶以后，由于"冷战"时期的科技、经济、军事竞争，分科课程在世界范围内曾一度盛行了近20年。这主要表现在肇始于美国、影响波及全球的"课程改革运动"（Curriculum Reform Movement），该运动大力倡导"学术中心课程"，该课程的根本特征之一就是"专门性"，强调分科。20世纪70年代以后，特别是20世纪80年代以来，世界课程理论发生了"范式转换"，开始走出"泰勒原理"的框束，从多维视野理解课程，倡导对课程领域进行"概念重建"，这就是所谓"概念重建主义"（Reconoceptualism）课程理论。不论是老一代的"概念重建主义者"，如休伯纳（Dwayne E. Huebnter）、麦克唐纳（Jemes B. Macdoald），还是新一代年富力强的"概念重建主义者"，如吉鲁（H. Giroux）、阿普尔（M. W. Apple）、派纳（W. F. Pinar),都把批判分科课程所追求的"工具理性"和所渗透的意识形态控制作为对课程领域进行"概念重建"的重要内容。他们对分科课程的主要批评是：第一，现代分科课程体系是18世纪启蒙运动以来"工具理性"膨胀的产物，它以追求对世界的有效控制为根本目的；第二，尽管许多人标榜分科课程所负载的是"价值中立的""四海皆准的"普遍"真理"，但学科的不断分化却是利益驱动的，一部分既得利益者为了捍卫自身利益而不断强化学科界限，导致学科门类林立、分庭抗礼；第三，分科课程还发挥着"社会分层"（Social Stratification）的功能，当人们把学科文化强化为"高层文化"的时候，普通大众所创造的非学科文化就自然退居边缘、"低人一等"。阿普尔曾说，斯宾塞的老问题"什么知识最有价值"（What knowledge is of most worth），在今天应当更进一步追问："谁的知识最有价值"（Whose knowledge is of most worth），因为当今的课程变成了各派政治势力竞相袭击的"政治足球"，教育因而成为制造差异和不平等的工具。由此来看，"概念重建主义者"对分科课程的深层反思和批判为综合课程的发展奠定了新的理论基础，这是继杜威之后综合课程理论的又一次历史性进步，这在某种程度上预示着综合课程理论的未来发展方向。

从世界课程改革实践来看，20世纪90年代以来，世界各国都大力倡导课程的综合化。课程的综合通常是围绕主题，将几个相似学科的知识相结合成为一个学科领域。比如，价值观教育（Values Education）就是一个例子，虽然价值观教育可以作为一个单独的学科领域，但价值观能够融入跨学科领域中。不同国家对课程的综合化有不同的理解。就具体课程领域的综合而言，在现行的课程体系中，大多数国家的价值观教育和环境教育是通过综合进行的。一些国家在将价值观教育、工作世界的教育（Education for the World of Work）、科学和技术、信息和传播技术、健康教育和环境教育作为单独学科的同时，也经常将它们综合进其他学科领域以达到强调的目的。

二、培智学校的主题教学与综合课程

《培智学校义务教育课程设置实验方案》中明确提出培智学校在课程组织形式上，分科课程和综合课程相结合以及以生活为核心组织课程内容❶。新课

---

❶ 教育部.关于印发《盲校义务教育课程设置实验方案》《聋校义务教育课程设置实验方案》《培智学校义务教育课程设置实验方案》的通知[EB/OL].[2016-06-20]. http://www.moe.edu.cn/publicfiles/business/htmlfiles/moe/s3331/201112/xxgk_128271.html.

标也强调以生活为核心,其中,生活语文、生活数学和生活适应是培智学校课程的重心❶。由此可见,培智学校的教育改革与基础教育的大方向一致,呼吁教育者重新审视教学实际以及跨学科的综合课程,使教育能够落脚于学生的经验与生活,即回归生活世界。

(一) 培智学校的教育教学特点

培智学校以中度、重度智力残疾及其他发展性障碍儿童为主要教育对象。随着特殊教育的发展,其他障碍类型儿童的出现和增多,培智学校招生的对象不止局限于智力落后儿童,还包括唐氏综合征、孤独症、脑瘫、多动症、学习障碍、情绪行为障碍类型的学生。其教育教学具有以下特征。

第一,教育对象不同。教育的对象是人,教育以"人的发展"为目的,教育教学的展开需要以学生的心理和认识特点为基础。培智学校学生相比于普通学校学生,普遍具有以下心理和认知特点❷。一是认知能力发展水平较低,感知过程不积极,难以区分相似的东西,重者甚至对冷热觉、痛觉迟钝等。比如,有些学生的学习动机较低,对学习毫无兴趣,教师很难调动他们的积极性。二是学生在上课期间注意力易分散,容易被与教学无关的刺激所吸引。三是学生可能表现出记忆的速度慢,记忆的内容不准确且不牢固。因此,在教师教学的过程中,要放慢自己的教学进度,注意教学形式的多样化,调动学生多感官参与学习活动以帮助他们记忆与理解,而且要注意经常复习来帮助他们巩固知识。四是学生的思维可能表现出贫乏、刻板的特征,对数量、时间、空间等抽象概念领会迟钝,以形象思维为主。五是情绪反应降低,对挫折的耐受力低。学生受了挫折后往往容易悲观,产生过激的行为。

第二,培智学校以社会适应为主要教学目的。国际社会对残疾人的观念正在随着社会的变化和发展发生着深刻的改变,生活质量作为衡量残疾人生活幸福感和满意度的标准,成为国际社会研究的热点之一。❸ 生活质量的重视表现了关于残疾人教育、康复追求的最终成果,帮助他们能够参与主流社会,提高生活满意度。例如,中度智力残疾儿童的教学重点主要有四个领域:自助、基础准备、独立生活技能;沟通、口语和认知发展技能;社会化及人格发展

---

❶ 许家成. 培智学校义务教育课程标准的基本特点 [J]. 现代特殊教育,2017 (1):8-9.
❷ 谢燮. 智障儿童音乐教育的价值及教学策略研究 [D]. 长沙:湖南师范大学,2008:9-12.
❸ 向友余,许家成,王勉. 中国智力残疾者生活质量核心指标的再研究 [J]. 中国特殊教育,2007 (11):41.

技能；职业休闲和娱乐技能。从这四个领域可以看出，不同于普通学校所提出的传授给学生系统的、高深的科学文化知识，培养创造精神和创新人才等目的，培智学校把对社会生活的了解和适应作为教育教学的重要目的之一。

第三，培智学校的教学内容应紧密联系生活实际。受智力发展水平的限制，培智学校学生以直观形象思维为主，难以掌握抽象的知识。因此，培智学校的教学必须从学生的生活经验和已有的知识积累出发，把枯燥乏味的知识融入生活中，借助熟悉的具体生活事例，建立起与其他知识的联系，也就是把生活经验知识化，知识问题生活化。其中，功能性课程是培智学校实现对特殊儿童生活适应能力教育的主要形式，功能性课程强调以下几点：即学即用，如生活自理训练，基础性；内容是日常生活所需能力，如居家生活训练，健康安全训练；能帮助学生独立自主或减轻对他人的依赖，如职业技能训练，使学生自食其力；能帮助学生参与社区活动，如社区适应和休闲娱乐教育，满足学生适应社区的需求，提升个人幸福感。随着特殊教育的发展，生态性课程也越来越受到重视，生态性课程强调为特殊学生创造良好的生态环境和情景，让特殊学生在生活实践中学习必要的生活技能，从而提高自身的生活适应能力。❶

第四，培智学校的教学方法应以个别化教育为主线。培智学校与普通学校相比，学生类型更加多样，这就使学生的需求更加复杂。培智学校的课程不能是唯生活化课程，因为每个孩子都是独特的、不同的，他们的课程范围要超越于满足其最基本的生活自理和身体健康发展的需求，拓展到满足他们的情感、认知发展等多方面的需要。为满足学生多样化的需求，培智学校的课程设计应尽可能根据"每一个"儿童的需要设计个别化课程。

第五，培智学校应注重多元评价。与普通学生不同，培智学校对特殊儿童的评价应更注重学生学习过程的体验和生活经验的习得。评价的目的不是区分学生的优劣，而是为今后进入社会打下坚实的基础。同时，培智学校对特殊儿童的评价应建立在康复的基础上，注重评价个性化。每个学生的具体情况不同，所面临的具体问题也不同，所以在对其进行评价时，应该关注每个学生在学习过程中的不同变化，从而个性化地制订下一阶段的学习目标。

第六，培智学校应建立起社会、家庭、学校多方联动的立体教学生态。培智学校以培养学生的社会适应性为主要目标。这一目标的达成，不能简单

---

❶ 崔蒙蒙. 培智学校毕业班学生生活适应能力现状及转衔教育的需求［D］. 大连：辽宁师范大学，2016：12-19.

依靠培智学校的教学活动。残疾学生由于其身心发展特点,可能在成长过程中需要更多的鼓励,更需要营造良好的教育生态促进其平等参与社会。培智学校是联系特殊儿童家庭与社会的重要纽带,通过建立"社会—学校—家庭"多方联动的教学生态,实现全方位、多角度的培智教育,更好地促进特殊儿童适应社会生活、参与社会生活、融入社会生活。

因此,培智学校应以问题为中心,进行课程统合,实施跨学科、有主次的综合课程。培智教育的课堂应该是"活"的课堂,孩子能接受什么样的课堂,我们就采用什么样的形式。培智教育的课堂是个性化的课堂,可以走向家庭、走进社区,生活处处皆课堂。

(二) 主题教学在培智学校的适切性

主题教学是指在一个阶段内以一个主题为中心,各个学科都围绕这个中心制订教学计划、教学目标及教学组织形式,它的最终目的是提高学生的实际生活能力,使其走向独立自主。主题教学强调教育的整体性、功能性、联系性和应用性,以下几方面适合于培智学校的教学活动。

第一,主题教学有效整合分科课程,更适合特殊儿童的接受能力。分科课程虽然逻辑性和系统性较强,但是这种知识体系下的课程内容较为单调、缺乏丰富性;知识整体性不强、分割严重,致使学生学到的知识是支离破碎、与实际生活缺乏联系的。在分科课程中,教师只是机械地传授,学生只是被动地接受,教师和学生都很难对教学知识进行建构、理解与应用。且特殊儿童可能存在理解困难等问题,更难以从复杂的分科教学中习得系统的、可内化的知识。主题教学能够将学科知识、学生的已有经验和社会生活实际联系起来,为学生提供系统的、丰富的学习内容和资源,这种教学不仅能拓展教学内容,还能够使学科间的联系更加密切。主题教学倡导学科之间的整合,通过以多学科、跨学科的教学形式围绕某些主题来展开教学活动,符合特殊儿童的认知特点,有利于促进特殊儿童的发展。

第二,主题教学有利于促进特殊儿童全面发展。儿童构建智慧的重要基础是他们已有的生活经验和学习经验,过多地强调学科的逻辑体系而忽视学生的经验,必然违反学生的认知规律。因此,在教学中,既要注重根据学生的经验组织教学内容,也要注重学科内在的联系。[1] 主题教学以主题为核心将各学科知识串联,针对学生的身心发展状况进行教学编排,符合培智教育的

---

[1] 刘雪晨. 对中度智残学生进行生活化主题教学的研究 [J]. 中国特殊教育, 2003 (3): 13-16.

教育目的。综合主题教学能够最大限度地还原现实生活，为学生创设较为逼真的生活情景，让学生在模拟情景中体验社会生活，为其今后步入社会夯实基础。主题教学的开展除了使学生学习知识和技能之外，也有助于提高其协作、沟通、分析、自我管理等能力。

第三，主题教育有利于促进特殊儿童的个性化发展。特殊儿童因其心理、生理及人体结构上某种组织、功能丧失或者不正常，认知水平与认知能力差异较大。针对特殊儿童的教育应更关注学生的个体差异性，促进学生个性化发展。主题教学以建构主义和多元智能理论为指导，尊重特殊儿童的个体差异性，关注其个体差异和自主建构性，有利于满足特殊儿童不同的实际需要。

三、培智学校基于主题的班级教学设计

虽然国内外很多学者都对主题课程教学步骤进行了设计，且步骤清晰，但是关于培智学校进行主题教学设计的较少，有关教学设计的步骤大多是为普通教育服务。以下将具体介绍俞林亚针对培智主题的教学设计。❶

（一）确定主题及主题目标

教学主题的选择应依据智力残疾学生的身心发展特点及需求，着眼学生未来生活需求。在广泛征询家长意见的基础上，学校组织各门课程教师进行专题讨论，遵从社会生态模型，按照学生发展的需求，从学生自身的生活事件、学校的重要事件、社区生活、社会生活等方面着手，确定符合学生年龄特征、生活经验并适宜学生探究的主题。此外，所选取的主题广泛地适用于各个科目领域，与科目的所有层面有密切联系。

（二）分析主题与关键技能

确定主题之后，需要进一步分析主题与关键技能的关系。根据所选主题的特征、本班学生当前的发展水平以及学期的教学任务要求，确定主题所涉及的关键技能。例如，三年级"找春天"主题单元所涉及的技能包括：情感表达、语言表达、精细动作、认知（数字、颜色、科学）、粗大动作、规则意识等。

（三）发展各门课程教学目标

各门课程目标的确定，主要以"生活适应"的课程目标为核心。其他课

---

❶ 俞林亚. 培智学校综合主题教学的实践与思考［J］. 现代特殊教育, 2016（12）：49-53.

程则根据主题内容以及生活适应的教学目标制定相应的课程目标。

(四) 拟定个别化教育目标

个别化教育目标的制定分两步走：先依据学生的能力进行分组，确定各组学生所需掌握的主题内容；在分组所定目标要求之上，根据学生学习情况、障碍类型以及家庭资源进而确定个别化的教育目标。制定个别化的单元教学目标时，邀请教师、家长共同参与。家长提供的学生在家表现，家长对教学的配合，以及学生所在社区的可利用资源等都为学生个别化单元教学目标的制定提供了宝贵的资料，让教学目标更具有针对性，更以学生真实的发展为导向。

(五) 实施主题教学

综合主题教学的开展由引导活动、课程活动和主题活动三部分组成，循序渐进地帮助学生解决生活中的真实问题，掌握社会适应技能。详见第二节第二部分"主题教学实施的流程"。

(六) 多维视角下的多元评价

综合主题教学模式下，单纯的纸笔测验因过于偏向认知测评已不适用。因此，遵循客观性、发展性、全面性和多样性的原则，笔者采取将自我评价与他人评价、过程性评价与终结性评价、传统纸笔评价和活动式评价相结合的多元评价形式。例如，在主题教学实施过程中，教师更关注学生平时的课堂表现并及时予以反馈和指导，收集随堂作业、家庭作业并整理成册，作为评价的重要依据。此外，实施主题教学的班级还采用活动式的评价。教师精心设计活动，让儿童参与并以录像的形式进行记录，并在随后依据录像和现场记录对学生的多元智能发展做出评价。

第二节 基于主题的班级教学设计的实施

一、主题的产生

培智学校学生由于其身心发展特点，较少具备主动的学习习惯、类化的能力及进行有意义课题探究的能力。在培智学校，实施主题教学、使学生学会学习、培养其适应社会和终身学习的能力是培智学校课程改革研究的中心。

因此，主题教学是培智学校经常采用的一种教学组织形式。培智学校的主题教学应选择与学生生活有关的主题，利用生活化的情境提高学生对学习的兴趣。在不同主题的活动中，学生学会类化和应用，学会分析、解决问题，以便更快适应社会生活。

(一) 主题的选择来源

选择主题是进行主题教学的关键任务。在实践中，选择和设计一个实用的主题，以便围绕这一主题开展技术整合的课程教学，实际上并不是件容易的事情。为规范主题教学的选择，研究者们提出了若干标准。雅各布（Jacobs）指出，设计不当的主题课程，有可能出现"大杂烩"的问题：整个课程是从这里抽一些，从那里抽一些地混杂在一起，没有一个统一的结构或范围。主题及其学习活动的选择要能够提升教育的目标，而不仅仅是模糊学科的极限，为此他确定了选择主题的一系列标准[1]：第一，主题应该是广泛涉及不同领域的；第二，主题易于与实际应用相结合；第三，能够联系和揭示不同学科的关系；第四，能呈现出不同学科间的联系与区别；第五，对教学主题的双方都有吸引力。希尔达·塔巴（Hilda Taba）认为，主题的选择应该选择那些有冲突，能够引起学生对不同文化思考的内容。[2] 道尔（Doll）指出，主题的选择原则是能够整合人文和科学知识的，具有创造性和变革性的内容。[3] 在进行这一工作时，教师最容易出现的问题是就"教材而教材"——整个思维只局限于教材中呈现的知识材料本身。培智学校主题教学的主题选择应根据培智学校的教学特点，从学生兴趣、特殊儿童的生活问题和综合性问题三个领域展开。

第一，学生兴趣。学生是学习的主体，他们想学什么，什么真正适合他们，才是教学的主要内容。特殊儿童大多有注意力难以集中的问题，在短时间内不能康复到正常人水平。因此，主题的选择与学生兴趣的匹配程度非常重要。主题源于学生的兴趣，可以使特殊儿童有意愿去学习并主动参与整个主题教学活动当中。

---

[1] Jacobs, Heidi Hayes. The Integrated Curriculum: Organizing Schools for Productive Learning [M]. Amsterdam: Springer Netherlands, 2008: 134-154.

[2] Ozelis, Terrie Forrest. The influence of Hilda Taba on curriculum in elementary education [J]. Dissertation Abstracts International, 1992, 54 (1): 76.

[3] Doll, William E. A post-modern Perspective on Curriculum [M]. NY: Teachers College Press, 1993: 224.

第二，特殊儿童的生活问题。所谓生活问题，就是培智学校学生在生活中经常遇到并且以后也会经常碰到的问题，将特殊儿童的生活问题作为主题课程的教学内容能够为学生在现实生活中积累一定经验，为今后适应社会生活做好铺垫。

第三，综合性问题。主题课程就是以主题为核心将各门学科进行综合的课程。因此，教学主题一定要具有综合性。主题应来自类似"自然""爱"等这一类综合性问题。教学内容应包含各个学科的知识，教师在具体教学设计中，能够将各个学科门类串联起来集中在这个主题当中。

新主题教学内容的建构包括纵向学科结构分析与横向学科间交互网络分析。纵向学科结构分析的目的是要找出课程知识的整体性和层次性的特征，各组成要素之间的相互联系。纵向学科结构分析首先要突破"单位课时各课"的思维定式，以整个学科为分析对象，建构完整的学段学科结构体系，建构各分科的结构体系。教师只有形成基础教育阶段学科结构体系的认知结构，才能融会贯通不同年级之间、不同知识单元之间的"启、承、转、接"，才可能使教学过程达到"庖丁解牛、游刃有余"的境界。横向学科间的交互网络分析是指以学年或学期为时间单位，将同学年或同学期的其他学科知识相互渗透起来。

(二) 主题的类型

根据主题教学中各个学科之间的统整程度，可以将主题教学分为"单学科—主题""多学科—主题"以及"跨学科—主题"三种基本类型❶。

第一，"单学科—主题"的主题教学设计。"单学科—主题"的主题教学并不纯粹是"单学科"的，而是以某一学科的知识或单元主题为中轴，同时在教学活动中结合其他学科的概念、知识和理论体系来展开主题性的教学活动。这种主题教学与传统分科教学比较相近，但是又存在显著区别，因为传统分科教学不具有跨学科性质，很少采用其他学科的概念、理论体系、学科内容以及逻辑思维方式。而在"单学科—主题"的主题教学模式中，学科知识的教学可以利用其他学科的知识、概念、技巧和方式，如用艺术课舞蹈的方式来学习数学"对称"概念、用语文叙事方式来学习"倍数"概念等。在"单学科—主题"的主题教学模式下，虽然其所涉及的跨学科教学还不具有太强的学科统整性，甚至依然具有传统分科教学的诸多特征，但是它已经具有了

---

❶ 李祖祥. 主题教学：内涵、策略与实践反思 [J]. 中国教育学刊，2012 (9): 52-56.

学科整合和知识融合的明显倾向，体现出主题教学的基本特征。在这种主题模式下，跨学科教学更趋向于一种教与学的技巧，在课程的层次上，还不太涉及统整的概念，因而还具有传统学科分科教学的很多特点，如主题局限于一个学科之内、主题单元学习时间安排很集中，往往由某一学科教师单独担任主题教学等。不过，这种单学科主题教学特别强调多元智力与学科的统整与融合[1]。

第二，"多学科—主题"的主题教学设计。"多学科—主题"的主题教学是以某个涉及多学科领域的主题作为中轴对两个或两个以上学科课程内容展开联结性、主题性的教学活动。这种主题教学模式所呈现的主题虽然不属于某个特定的学科，但是这一主题却统整了若干个学科的知识内容和理论体系，而且在具体的教学活动中它们既有整合又有分化，在学科统整的基础上依然完整地保留着各学科的独特内容，各学科的框架特色依然存在。也就是说，在"多学科—主题"的主题教学模式中，主题是各学科间学习的一个组织中心，而非直接的学习目标，各学科的不同知识、概念、理论体系等依然是教学活动的主要目标。而与"单学科—主题"的主题教学相比较，"多学科—主题"的主题教学在学科课程的统整层次上有所提升，它要求深入分析各学科的具体内容，以寻找一个共同主题来组织各学科教学。它虽然没有突破学科的框架界限，但是主题与各学科之间的关系已经变得更加清晰和紧密，更具有学科知识的统整性和融合性。

第三，"跨学科—主题"的主题教学设计。"跨学科—主题"比"多学科—主题"具有更高的学科统整性和融合性。与"多学科—主题"相比较，"跨学科—主题"的主题教学已经不仅把主题作为学科课程内容的"组织者"，更是把跨学科的主题作为整个主题教学的中心目标，各相关学科课程内容及具体教学策略、方法的设计安排皆以有利于主题内容的教学为标准和依据。学科的框架和界限在"跨学科—主题"的主题教学中只有部分保留或完全没有保留。因此，从学科与课程知识整合的角度来看，"跨学科—主题"的主题教学真正体现了不同学科之间在概念、知识与理论体系上的高度统整与融合。在"跨学科—主题"的主题教学中，主题在真正意义上成为教学活动的中心内容，同时也成为教学活动的核心目标。

（三）主题的选择策略

美国学者哈纳认为，主题教学是聚集于对某一具有社会意义的课题的理

---

[1] 蒋曦，曾晓洁. 多元智力理论与主题教学［J］. 比较教育研究，2005（4）：51-57.

解而展开的有目的的学习体验。❶ 我国学者认为，主题教学是通过围绕某一主题，让学生借助各种探究手段和活动，以及与主题相关的各类资源，使学生的认知发生迁移，提高解决问题的能力，以及主动探究精神的有效教学方式。❷ 在主题教学过程中，围绕主题的核心知识是这个教学活动单元中必须让学生掌握、理解、探明的主要知识技能。因此，主题是整个教学活动链条中的关键所在，是联系全部教学活动的轴心，是教学活动之魂的栖息地。主题的选择是培智学校进行主题教学的起点，培智学校教学主题的选择，应注意以下几点。

第一，主题的生活化。培智学校教育的目的不仅是社会进步的需要，更是个人的需要。培智学校进行主题教学是为了帮助特殊儿童在义务教育的框架内获得身心全面发展，以实现义务教育的基本目标，使他们学习尽可能多的实用知识和技能，尽量在将来的生活和工作中做到自立或半自立。因此，培智学校开展主题教学离不开生活化的主题。主题不仅来自特殊儿童当下的生活，并且指向特殊儿童未来的生活。学生不仅是知识学习，更重要的是学会做人，学会做事，学会如何生活，学会与他人相处。

第二，主题的统领性。主题在主题教学中处于统领地位，统领着该主题教学中的知识体系，同时控制着整个主题活动开展的顺序和进程。知识以主题为核心联结起来，有利于特殊儿童根据主题的线索和脉络进行意义建构。因此，主题的选择应具有统领性。主题不能是孤立的词句，而应该是所有知识的统领，它决定了主题教学的知识体系，同时控制着主题教学的开展。

第三，主题的指引性。主题对于特殊儿童应该具有清晰的指引性，是知识和能力的结合。主题不仅是帮助特殊儿童掌握知识的钥匙，也是指导特殊儿童进行日常生活和社会实践活动的指南。情境化的主题认知与学习，可以有效促进儿童日常生活经验和课堂认知概念的整合。因此，主题不仅应该作为核心知识的连接点，更应该作为特殊儿童日常生活经验和课堂认知学习的连接点。学生通过课堂主题学习，不仅获得了和主题相关的知识，而且获得了社会生活和社会实践的指引，为未来参与社会生活打下基础。

第四，主题的整体性。主题选择要具有整体性，即要实现知识与技能、过程与方法、情感态度价值观的三维统一，要贯穿"情感和思想是密不可分

---

❶ Hanna Lavone Agnes. Unit Teaching in the Elementary School [M]. New York：Rinehart, 1955：177-183.

❷ 李祖祥. 主题教学：内涵、策略与实践反思 [J]. 中国教育学刊, 2012 (9)：52-56.

的——我们带着'情感'来思考，用'思考'来感受"的观点，体现出以整体的教学去培育整体的人的理念，让学生能够用一颗完整的心去感受世界。

二、主题教学的实施流程

（一）主题教学实施的主要流程

从主题教学开展的时间序列而言，主题教学实施的主要历程由引导活动、课程活动和主题活动三部分组成，循序渐进地帮助学生解决生活中的真实问题，掌握社会适应技能。

首先，引导活动。在教学过程中，教师既要当主题教学的"设计师"，更要成为主题教学的"建筑师"。在正式开展课程活动之前，进行引导活动，就是在为顺利进行课程活动搭好"脚手架"。❶ 引导活动需要教师制订好教学计划、布置教学环境、熟悉教学主题、收集与主题相关的资源。引导活动主要以少量的课时介绍主题概要，帮助学生形成感性认识。在进行引导活动时，教师要了解学生的具体状况，尽量照顾到每个学生的个体差异，注意从学生的角度设计引入活动，激励学生主动有效地参与活动中。同时，教学环境的布置应与教学主题相符合，使学生在具体情境中体验教学主题，引起学生参与学习活动的兴趣。教师可以利用教师中的现有条件进行设计，也可以带领学生来到实际生活中去体验。例如，在"找春天"这一主题教学中，就以环游校园作为引导活动，让学生置身春天的校园，在熟悉的环境中真切地感受春天，为主题教学做好铺垫。

其次，课程活动。各门课程活动围绕主题，根据确定的教学目标，整合所需教学资源，组织教学。特殊学生理解事物比较单一，缺乏对事物的联想。课程活动要设计从模拟到真实的教学情境，进行结构化教学。教学方法要灵活多变，采用多种教学策略进行教学，在一种教学策略效果不佳时及时调整教学策略，在充分了解学生需要的基础上灵活运用"正向行为法""心智解读及角色扮演法""社交故事法"等多种教学策略。在实施教学活动时，各科教师及时讨论，交流所任科目中出现的挑战，相互协调，最终确保各门课程之间紧密衔接，促进儿童全面发展。

最后，主题活动。主题活动将知识和技能真正转化为学生自身的素质与能力，他们在真实情境中要加以运用，衡量学生完成目标的标准是将学生在

---

❶ 俞林亚. 培智学校综合主题教学的实践与思考［J］. 现代特殊教育，2016（12）：49-53.

模拟情境中掌握的目标转化到实际生活中去，因此在各主题教学的中后期安排了以社区为中心的主题活动。这些主题活动与社区生活、社会适应连接，以外出实践、游戏、庆祝活动等形式提升学生综合运用所学单元主题知识、解决生活中实际问题的能力。主题活动邀请家长参与，向家长展示儿童所学、教师所教，促进家长对特殊儿童教育的理解与参与，为家校合作提供良好的契机与平台。

（二）主题教学实施类型

不同类型的主题会有不同的教学实施模式。下面就来分析几类主题教学实施的模式。

一是树状图式主题教学。这类模式较为常用，主要是将主题从不同的科目、不同的角度进行分解分析，能充分挖掘这一主题。针对某一主题，分析它都包含哪些学科领域的知识，针对各个学科的知识进行分析，在这一门学科中包含哪些方面的知识，以此类推，形成一个清晰明确的树状图，也能够让教师明确自己将要教学的方向。例如，在水果这一主题中就包含了语文、数学、美术、音乐、生活技能等方面，对各个学科领域所要教学的知识进行一定的梳理，那么教师为了明确教学内容和方法，就要将其绘制成树状图，这样能够清晰地呈现出所要教学的内容，使教学不易遗漏。

二是串联式主题教学。除了以上的树图式方法，还有一种比较易于应用的就是串联式。其目的是让教学更加有关联性，教师在进行教学设计的时候可以找寻各个子主题之间的连贯性，在讲解一个子主题之后能够自然过渡到另外一个子主题，让教学能够连续进行，每个子主题之间的过渡不显得过于突兀。例如，在进行"认识自己"这一主题的教学设计时，就可以用到串联式教学设计。首先认识自己的身体，然后了解自己的各个器官及其用途，再认识自己的各成长阶段，最后学会自我保护。这些子主题之间是具有连贯性的，各子主题之间的衔接较为紧密。

三、主题教学实践策略

主题教学作为一种以跨越学科领域边界的主题为教学活动的基础内容和基本形式的教学形式，不仅有利于发挥特殊儿童的主体建构性和主动探究意识，锻炼他们的探究能力，同时也有利于特殊儿童将生活知识与系统课程知识统整和融合，促进学生知识网络和智力结构的完善。作为一种新的教学形态，虽然主题教学不可能完全拒斥传统分科教学的有关策略，但它必然要超越于此，需要具备与新理念相配套的新的教学策略和教学设计，这是实现主题教学效果的基础和前提。根据主题教学基本理念以及教学实践经验的分析，笔者认为，以下四个方面的教学策略对于实施主题教学是非常重要的。❶

（一）合科教学与知识整合的策略

主题教学要求实现课程知识与学科内容的整合，它对于传统的分科教学和知识分裂的状况进行了批判，这就要求主题教学在实践策略上尽量避免知识的分裂和学科的分化，实现从"分科教学"逐渐走向"合科教学"。事实上，近年来，不少国内教育研究者和教学实践者已经对分科教学和分裂知识的教学状况质疑，很多教育工作者已经意识到传统的分科教学很难适应现代社会中知识、学科和专业之间的相互交叉、融合的发展趋势，并且，过分强调分科教学也不利于学生知识结构的健全和综合能力的提升。正因如此，以主题为中心的合科教学和知识整合的教学策略被越来越多的人所重视，在教育理论领域和实践领域中产生了巨大的影响力。与传统分科教学不同，主题教学的合科教学注重学科课程之间的统整和联系，它通过在学科内部、学科之间或者不同的实践领域之间寻找合适的主题，并围绕这些主题开展教学活动，以实现知识的整合和学科的整合，促进儿童的知识、情感、态度以及价值观的综合培育。在合科教学与知识整合的具体实施过程中，教师可以选择以学科领域内的知识主题为出发点，与其他不同学科建立起有机联系，即以本学科课程为中心，结合其他不同学科的知识内容展开教学活动。例如，在历史课程的教学活动当中，教师可以以历史学科中的某个历史事件或知识内容为主题，这个主题不仅涉及历史的问题，同时也涉及地理、文化、政治等方面的问题。那么，在主题教学实践中，教师可以以历史学科和历史事件为中心，设计其他学科课程的综合教学活动。这种教学不要求一定要打破学科知识的疆界，各学科可以保持独立地位，但需要实现以学科为轴心的课程综合化设计。此外，合科教学与知识整合还可以采取更为综合化的多学科与跨学科的主题教学策略。这种教学策略的特征在于它是将两门或两门以上有密切关系的学科加以综合。两门或两门以上学科课程的综合可以是"平行课程的综合"，如将两门或两门以上有关学科的某些主题安排在同一教学时间，把建立两门平行学科之间关联的任务交给教师与学生共同完成；也可以是"跨

---

❶ 李祖祥. 主题教学：内涵、策略与实践反思［J］. 中国教育学刊，2012（9）：52-56.

学科课程的综合"，如将学校课程中的所有学科有意识地统合在一起形成常规的"大单元"，或将内容相关的几门课程整合为较大的跨学科单元等。在这种以跨学科或多学科主题为中心的合科教学策略下，其所选择的主题已经不必一定是以某个学科为中心，也不需要围绕某个学科为固定的"原点"，而是可以从多学科或跨学科的视角出发来选择共通的主题，以此来进行知识统整性的教学活动。这可以加深学科知识之间的融合，推动知识结构体系的整体搭建，最终促进学生综合能力的发展。

（二）多元智能理论与尊重差异的策略

在教学实施过程中，主题教学理念还需要注重将多元智能理论运用于教学实践。多元智能理论的研究者加德纳（H. Gardner）发现，人的智力差异不仅体现在量的差异上，更加体现在质的差异上，即智力结构的差异。在加德纳看来，人的智能可以区分为数理逻辑智能、语言智能、音乐智能、空间智能、运动智能等，人的智力差异就体现为不同智能结构的差异。多元智能理论要求主题教学关注学生的智力结构差异，同时也关注不同学科教学活动对于人的智能培养的作用。在多元智能理论指导下，主题教学在教学实施过程中需要注重以下两个方面的基本工作。一方面，主题教学必须将多元智能与学科课程进行整合，教师在选择主题过程中，必须思考这个主题所关涉到的知识结构和智能结构，即这个主题对于学生的多元智能有哪些方面的促进作用，以此来有意识地在主题教学过程中自觉地培养学生的综合智能。例如，在关于"生活习惯"的主题教学活动中，教师首先要自觉地分析这个主题涉及学生哪方面智能的发展。显然，它涉及人际交往智能和语言智能，可以促进学生的理解和沟通交往能力；对他人行为的模仿和操作涉及自然观察智能；同时，对参与社会活动还涉及空间智能和运动智能；等等。教师要在多元智能理论指导下，对主题中所涉及的各个学科知识内容进行统整，形成一个大主题和若干个子主题，进行综合性的主题教学，将学生的学科学习与多元智能发展结合在一起，促进学生智能结构的发展和完善。另一方面，主题教学必须尊重学生智能结构的差异与多元。主题教学要贴近学生的生活经验，了解学生的个体差异，在教学活动中发展学生的多元智力。在主题教学过程中，特殊儿童由于其自身客观条件参差不齐，具有智能结构上的差异，可能导致他们在教学活动中难以完全达到主题教学的要求，也难以完全满足教师的期望。对于这种状况，教师就不能一味地批评和责备学生，而是应该给予学生充分的尊重和信任，通过更合理的主题学习帮助学生树立自信心，发挥其智能结构中的优势，弥补智能结构的不足之处，最终促进学生更全面、更健康地成长。

（三）主体建构与探究的策略

主题教学理念在教学实施过程中应以建构主义学习理论作为教学实践的基础，重视学生的主体性和建构性。主题教学的实践活动要重视知识信息的有意义建构对于学习的重要作用，并力图通过有利于学生意义建构的教学情境创设，来促进学生以个人原有的经验、心理和信仰为基础来获得新知识，并赋予新知识以个人理解的意义。因此，主题教学应超越标准化的、静态事实型的教学内容和固定的教材内容、课程组织形式，引导学生参与有意义的、探究性的学习活动，发挥他们的主体性、探究性和创造性。为了更好地实现主题教学的主体建构性，教师必须创设一种以学生主体性参与为中心、以学生为本的教学情境，引导他们围绕某一"主题"进行主体性的学习和探究，从而改变学习者的角色定位，使他们从"被动接受者"转变为积极主动建构内部心理表征的"主动发现者"。为了更好地落实"以学生为本""以探究为中心"的主题教学理念，教师在课堂教学过程中必须更加注重探究性思维的培养，以主题形式突破学科之间的界限，打破单纯地强调学科自身系统、逻辑性的学科教学范式。由于特殊儿童的身体缺陷，其主体建构性较弱，难以将系统的学科知识进行内化。因此，主题教学要突出主题的探索性、题材的丰富性、答案的不唯一性，以帮助学生形成探究性的学习方式。显然，倡导建构性、探究性的主题教学不是期望"在课堂教学中造就学生的思想，而是学生个人的思想在课堂学习中汲取营养，从而获得成长"。课堂教学应尽量以探究性、趣味性、创造性的主题来整合不同学科的知识内容，鼓励学生以主题为轴心来理解、体验不同学科之间的联系，并展开主体性、发现式的知识探究。这不仅可以促进学生知识水平和智力能力的提升，并且可以更好地实现学生主体性、探究能力等方面的综合发展。

（四）信息技术化的策略

当前，以计算机网络为核心的现代教育技术已经逐渐成为整个教育改革的"制高点"和"突破口"。在信息技术和网络媒体日益发达的当代社会语境下，主题教学不可能对其熟视无睹。事实上，主题教学在教学实施过程中可以充分借助信息化、网络化的力量，改变传统的以教师为中心、以灌输为中心的分科教学模式的弊端，同时还可以在新型的信息化教学模式下促进学生主体性的发展。主题教学通过充分利用智能化的网络教学技术，可以逐步实现教育内容、教学主题、教学手段和教学方法的信息化变革。基于网络技术的主题教学模式可以通过网络视频、教学视频、课堂录像等呈现方式吸引学生更多的注意力，形成一种更能引起学生兴趣的、新颖的教学形式。通过网络信息技术，学生可以围绕一个主题迅速地收集、传递和建构各个不同学科的知识内容和教学资源，快速地形成知识的网状结构。同时，学生还可以通过快速的网络信息检索来获得有关主题的各种知识。因此，网络环境中的知识传递和知识学习的效率将远远超过课堂中围绕学科教材的封闭学习。通过信息化的主题教学活动，学生的主体地位将得到提升，也将学得更主动、更愉悦、更快速。这对于特殊儿童全面素质的康复和发展是非常重要的。

四、主题教学的评价

每一个主题教学活动结束后，教师要对学生的学习效果进行教育评估，并对自己在教学过程中的不足和存在的问题进行反思总结。如前文所述，主题教学实施过程中的主题选择、计划制订、内容分析、环境布置等都是建立在对学生的分析基础上的。只有依据学生的评估结果，确定科学的训练目的，并根据学生的实际需要拟定主题，组织知识体系，各领域教师围绕主题进行协同教学，主题教学才会发挥应有的作用，收到理想的效果。因此，评价是培智学校开展主题教学活动的保障，其主要表现为以下特点。

第一，对教学效果进行及时评价，主要评价对象有：教学目标的达成情况、课堂及学生学习情况以及教师调控教学情况三个方面，每方面的评价又分三次对课的不同纬度进行评价。❶

第二，主题教学评价以素质教育目标为基准，对主题教学中特殊儿童的学习、实践、适应等能力客观地做出判断。❷

第三，等级评价，首先根据每个孩子的现状和预定目标制定了A、B、C、D四个等级的评价标准，然后每个月对每个孩子分别从学科目标和综合康复目标进行评价定级。

---

❶ 赵汤琪.《种子与果实》——培智学校主题教学设计与实践研究［J］. 南京特教学院学报，2007（4）：32-35.

❷ 李瑞江，宋吉文. 刍议特教学校主题性课程的开发及应用——基于特教学校课程改革和残疾学生能力培养的角度［J］. 绥化学院学报，2013（1）：41-44.

第四，采取过程性评价，即在教学过程中对学生的学习情况进行持续的评价，这种评价能动态地记录学生的进展，包括细微的行为变化及独立完成的程度。❶

第五，让特殊儿童更多地展现自己，教师要善于发现其优点和进步，及时肯定他们，让他们体会成功的快乐。

第六，培智学校教师对学生的评价不能只关注成绩，同时也要加入学生的表现，也应该让家长参与其中，最后将多方面的成绩进行综合再评价。

由于培智教育的特殊性，在培智学校进行主题教学评价时应注意以下五方面。

(一) 评价主体的多元化

评价主体诉求的是"谁来评"的问题。传统论强调评价主体"一元化"的封闭式结构，即将教师或学校行政领导作为评价的唯一主体，而忽略其他评价主体的存在。但复杂科学的有序原理强调系统的开放性，认为开放使信息量增大，有序性递增，是降低不确定性的必然要求。而教学评价作为一个系统，所依据的信息量及评价结论的科学性与有效性需要其各子系统的积极参与才能实现。因此，在主题教学模式中，评价主体作为教学评价系统中的子系统之一，只有开放，使评价主体由单边走向共融，使教师及课程专家、学生和行业专家成为评价共同体，才能即时、客观、全面汇集评价意见，构成更多的评价依据。主题教学对于特殊儿童而言，既是一种认知活动，也是一种情感活动，更是培养人际交往、提高语言能力、克服问题行为的活动。因此，评价应鼓励学生广泛参与、充分表达。通过共同参与评价活动，学生既可以表达自己切实的需要，也可对自己的学习效果进行自评或互评，促进自我实现和自我全面发展；通过共同参与评价活动，专家能在教学中的"康复"模块做出最有效的价值判断，更有效地为教师进行"教学+康复"的教学活动提供科学指导，为学生适应社会生活、实现自我发展保驾护航；通过共同参与评价活动，教师及课程专家既能了解学生学的效果，更能自我检视教的效果，促进自身专业发展。❷

---

❶ 郭小牧. 多重残疾儿童综合性主题课程研究 [J]. 中国特殊教育, 2001 (1): 39-41.
❷ 金凡路. 职业教育立体多元化项目主题式教学评价构想 [J]. 职教论坛, 2011 (3): 61-64.

(二) 评价方式的多样化

评价方式诉求的是"用什么方法评"的问题。传统论强调评价的静态性与终结性而多采用线性的单一评价方式。而培智教育主题教学评价强调评价的动态性、过程性与生成性，故单一评价方式已不能适应该教学模式的需要。在此背景下，主题教学评价以评价对象和评价过程为维度采用不同的评价方式，体现其多样性。当评价对象是教师教学效果时，评价常用行为观察法、成果分析法、问卷调查法等；当评价对象是学生学习效果时，评价方法一般有等级评定法、评语法、档案袋评价等。由于培智学校的特殊性，主题教学的评价应形成以学生"发展"为终极追求下的甄别、选择、诊断、激励、改进、导向、服务、策略等多重功能有机协助系统。评价的着眼点在于教学过程，体现评价的诊断性功能。评价时须把质性评价与量化评价、自评与他评等方式结合起来，体现评价的过程性和评价方式的多样化。

(三) 评价内容的多层化

评价内容受其教学工作范畴的影响，主要诉求是"评什么"的问题。传统论认为，教育教学工作包括课堂教学和操作训练，课堂教学讲授的是理论知识，操作训练传授的是实践知识。在此认识论基础上，既评价课堂教学，又评价操作训练，将二者作为简单的线性关系分别进行价值判断。主题教学工作是以项目为载体，以主题任务为评价边界，重视教学内容与生活实际的对接，突破了传统论下课堂教学与实地操作训练的物理环境边界，打破了学科体系课程的桎梏，将理论知识与实践知识在项目情境中实现一体化，并将知识与技能、过程与方法、情感态度价值观三个层次的教学目标统摄于评价内容中，最终通过具体主题任务的实施与达成来实现评价内容的多层化。因此，对主题教学的评价，必须体现对评价对象的各个方面进行全面的、有层次的综合考查。教学评价应着眼于学生学会学习、学会生存、学会做事、学会做人的高度，注重学生综合素质的考查。评价不仅关注学生的学业成绩，而且关注学生的康复状况、心理发展、学习兴趣、情感体验、审美能力等各个方面。

(四) 评价时机的适切化

评价时机诉求的是"什么时候评"的问题。传统论强调评价的静态性与终结性，故评价往往是在教学活动开始前或结束时切入。但主题教学将教学寓于真实的生活情境之中，关注教学过程的动态性，因此，具体工作任务所处的各教学情境阶段能凸显合适的评价时机，并最终以该教学模式的操作程序来确定评价的时机起点。与该教学模式操作程序相匹配的适切的评价时机主要分布于以下几个阶段：教学材料确定、教学项目重构、主题任务再构、主题任务分解、主题任务的组织与实施、具体工作任务的达成。在以上各阶段中，当评价时机适切时，主题教学评价不仅将促进整个教学活动的改进与良性发展，还将优化主题教学工作；当评价时机过早或过晚时，将不能为该教学模式下的教学活动提供全面而准确的评价意见，从而阻碍主题教学的改进与优化。

（五）评价标准的系统化

评价标准诉求的是"用什么尺度来评"的问题。培智学校主题教学评价以学生发展和康复要求为依据，以学生表现为评价观测点拟定评价标准。在评价标准拟定的过程中，既需仔细分析学生发展对项目主题式教学的要求，又需确定主题教学评价的性质，还需依据主题教学评价的目标确立评价指标以及对各项评价指标进行权重分配。以上影响评价标准达成的各因素间的内在联系、相互作用，是一个集中体现评价标准系统化的过程。通过评价标准系统化的达成，可提高主题教学评价的信度与效度，增强有效教学与有效学习的可能性，增强评价相关评价主体参与评价活动的积极性。

第三节 基于主题的班级教学设计的实践经验

一、基于主题的班级教学设计的案例

基于课程整合的主题教学在北京的培智学校中较为普遍，它跳出分科课程的思路，完全围绕主题来设计教学。主题是将分散的信息整合到一起的"黏合剂"，在跨学科主题单元的学习中，它有助于帮助学生发展有意义的知识框架。一个主题可以是一个代表重要意义的词，如"生存"；可以是一个短语或短句，如"人们可以在各种环境下生存"；也可以是一个问题，如"人们的行为是如何帮助他们在不同的环境中生存的"；还可以是一个以问题为中心

的探究活动，如"在一个不熟悉的环境中，什么可以帮助人生存下来"❶。

(一) 主题与主题单元设计

在实际教学中，通常将主题扩充为主题单元，开展一系列的教育。主题单元有助于事先考虑主题之间的相互关联，使教学内容有更好的连续性。主题单元是围绕一个中心主题组织课程，即这是一系列课程，整合了所有学科的主题，如数学、阅读、语言艺术、社会研究、科学等，这些都与单元的主题紧密相连。每一项活动都应围绕主题思想展开，主题单元不仅仅是选择一个主题。

第一步是根据学校或者地区课程的范围和顺序发展一个主题，如课程标准等，这些材料能够为主题教学提供每个年级的发展目标、要学习的概念，有助于保证设计的活动和教学是年级恰当的、内容适宜的。

第二步是评估潜在主题的有效性，主题需要：一是在学科内的有效性，所教的内容不仅是与学科相关的，并且对学生而言是适当的、重要的。二是对跨学科学习是有效的，跨学科教学加强了所教授概念的学习。三是超越学科的有效性，主题提供了识别和理解更大的问题的视角。❷ 如果潜在主题满足第二条和第三条有效性标准，则适宜发展为单元主题。通常不满足这两条标准的潜在主题可以通过缩放程序进行调整，如扩大或者缩小潜在主题的范围。

确定主题之后开发一组跨学科的活动，这些活动由主题组织和联系。下一步则由教师团队讨论每一项活动并评估每项活动是否合理可行，最终增加综合活动的平衡。

如"我是小学生"这一主题，又分设四个活动主题单元，包括：我上学了、我是小学生、我学会了新本领以及我是小学生，我是好孩子。每个主题单元的教学总目标、教学设计思路、教学准备及建议课时安排如表3-1所示。

---

❶ 张德红. 小学课程整合的个案研究——以山东省潍坊市×小学主题模式为例 [D]. 重庆：西南大学，2013：9.

❷ Ackerman, D. Intellectual and practical criteria for successful curriculum integration. In Jacobs, H. (Ed.), Interdisciplinary curriculum: Design and implementation. Alexandria, VA: Association for Supervision and Curriculum Development, 1989: 25-38.

表3-1 主题及主题单元(示例)

主题名称	我们的学校	单元名称	学校成员与设施
课题名称	我是小学生		
适用学生	低年级	设计者	肖老师
教学总目标	1. 知道自己所在学校的名称。了解学校的基础设施。例如,男女卫生间,操场,音乐教室,治疗室等 2. 认识各种学习用具 3. 知道自己所在班级的位置 4. 知道自己是小学生,应该遵守纪律 5. 学习本课书中的生字,认识基本笔画,能够熟练认读和描写生字 6. 能够简单地自我介绍,学说话:我上学了,我是小学生 7. 学习数前概念:认识大小(最大、最小),高矮(最高、最矮) 8. 在音乐中陶冶情操,听赏音乐《小公鸡》 9. 学习使用胶棒,摆好位置粘贴 10. 教育学生要爱学校、爱老师、爱同学,同学之间要互相帮助、互相谦让		
教学设计思路	一、教材的分析 (一)订立的理由 对于刚入学的新生,他首先应该了解的是所在学校的基本环境,知道基本设施的用途,了解他的老师和同学,知道自己是小学生,知道自己的班级,并能够遵守各项纪律。尽快地适应学校的生活 学会使用学习用具是学生必备的技能。我们根据教材对学生进行全面的教育,让学生能够全面地掌握基础知识。由于学生最基本的判断力很弱,所以教师从基本的比较大小和高矮来进行教学。所以让学生了解"大小和高矮"的含义是很有必要的。能够通过比较来判断"大小和高矮"的地方。使学生通过操作、观察,初步体验实物的大小和人物的高矮,激发学生学习数学的兴趣,体验学习的乐趣 (二)所含知识点 1. 知道学校的名称 2. 了解学校的基础设施,所在班级的位置 3. 知道自己是小学生 4. 比较大小 5. 比较高矮 (三)重难点 本课书的目的是让学生知道自己是小学生,了解所在学校。本课书的重点在于通过学习让学生知道自己的身份,遵守学校各项纪律。让学生理解"大小和高矮"的含义 二、教学安排建议:18课时 第一活动单元:我上学了 第二活动单元:我是小学生 第三活动单元:我学习了新本领 第四活动单元:我是小学生,我是好孩子		

续表

教学准备	1. 教室环境布置 2. 准备奖品等强化物 3. 准备图片	
建议课时安排	第一活动单元：我上学了（3课时）	第一课时 前测：是否上过幼儿园、有没有我是小学生的意识 点数10以内的数、学习用具的认识、知道学校干什么吗
		第二课时 1. 认识同学、老师 2. 学习问候语：老师好、同学们好 3. 听指令做动作：鞠躬、举手 4. 进行爱老师、爱伙伴的教育
		第三课时 1. 树立小学生的意识 2. 学习说话：我上学了 3. 完成看图说话：我上学了 4. 学习观察图片 5. 学习背书包
		第四课时 1. 知道班级所在位置。自己能从操场走回班中 2. 听指令做动作：起立、坐下 3. 熟悉班级环境 4. 进行爱集体和遵守纪律的教育
	第二活动单元：我是小学生（8课时）	第五课时 1. 复习听指令做动作：起立、坐下 2. 排队：快快 3. 熟悉校园环境和老师，复习问候语：老师好 4. 进行爱学校和遵守纪律的教育
		第六课时 1. 复习说话：我上学了 2. 认识学习工具，完成认一认 3. 进行爱护学习工具的教育
		第七课时 1. 复习：说出学习工具 2. 学习比大小 3. 完成比一比中第1题

		续表
建议课时安排	第二活动单元：我是小学生（8课时）	第八课时 1. 复习：比大小，完成练一练中第4题 2. 学习说话：我是小学生 3. 完成看图说话：我是小学生 4. 认读：小
		第九课时 1. 复习说话：我上学了，我是小学生 2. 完成读一读：我上学了，我是小学生 3. 描写：小 4. 听赏歌曲：《小公鸡》
		第十课时 1. 复习：比大小 2. 复习说话：我上学了，我是小学生 3. 认读：生 4. 听赏歌曲：《小公鸡》 5. 游戏：鸡的一家
		第十一课时 1. 学习高矮 2. 描写生字：生 3. 唱游：高和矮
		第十二课 1. 复习生字：小、生 2. 完成练一练第1题 3. 复习高矮 4. 唱游：一列小火车
	第三活动单元：我学会了新本领（4课时）	第十三课时 1. 复习 说话：我上学了，我是小学生 生活数学：大小、高矮 2. 认识学习文具：铅笔盒 3. 唱游：一列小火车
		第十四课时 1. 整理书包 2. 说一说各种文具的用途 3. 进行爱护学习用具的教育

建议课时安排	第三活动单元：我学会了新本领（4课时）	第十五课时 1. 整理学习文具：铅笔盒 2. 初步学习点数 3. 完成练一练第2题 4. 游戏：铅笔盒里的秘密
		第十六课时 1. 粘贴：铅笔盒 2. 复习：长短 3. 练习点数 4. 唱游：一二三四五六七
	第四活动单元：我是小学生，我是好孩子（2课时）	第十七课时 1. 评估表达：自我介绍 2. 评估说话：我上学了，我是小学生 3. 对学习文具的认识 4. 展板布置：我是小学生，我是好孩子
		第十八课时 1. 评估：高矮和大小 2. 评估：按大小个排队 3. 学习文具的整理

（二）主题教学的课堂实践

培智学校综合主题教学实施通常以学生生活为切入点，如西城区培智中心学校针对《培智学校义务教育课程设置实验方案》规定的一般性课程进行调整，将生活语文、生活数学、生活适应、劳动技能四门与生活密切相关的课程统整为综合课程，其在统整时以主题为抓手，将这几门课有机整合。以"盖杯沏茶待客"主题为例，这一主题教学开展所在班级由两名教师全面负责班级教育教学管理工作，具体承担认知、沟通、适应三个领域的教学工作，以综合课程为主要课程形态，模糊各领域之间的界限，教学内容绑定生活实用技能，开发和利用生活的资源作为课程资源，教给学生整合的、生活化的知识。

该课选自班级自编教材《我做小主人》。这一主题内容包括"招待客人"和"服务家人"两个单元。该课是"招待客人"这一单元中第一课时"用盖杯沏茶"中的教学内容。在这节课中，教学内容源自生活中，家里来客人要待客这样一个生活背景,从学生不会用盖杯沏茶待客的生活问题出发,选择了"用盖杯沏茶待客"的待客方式为教学主题,课堂教学中创设了一个客厅环境和在这个环境中发生的、需要沏茶待客的生活场景,这是主教材,使用盖杯沏茶的技能和礼貌送茶是教材中的重点。辅助教材是围绕着这个生活场景所做的物品准备。该课中涉及的认知领域的知识包括认识盖杯各组成部分,知道水量和茶叶量的多少;沟通领域的知识主要是学会使用礼貌的表达方式招待客人。整个课堂教学在这个生活场景中展开,教学内容从生活中来到生活中去,以生活为课堂。其设计思路为:

一是利用人物资源,设计真实的生活情境。生活中客人来访,沏茶是最常见的待客方式,学生家中常用的茶具就有盖杯。该课选择用盖杯沏茶待客的教学内容,需要设计一个客人来访的生活情境,而这个情境的真实程度则直接关系着学生对教学内容的理解和应用程度,其中最关键的因素就是作为课堂主教材构成的"客人"是否真实,是否是真正的客人。基于这样的思路,班级教师利用了班级中有客人教师来听课的情况,把陌生的教师作为教学中需要招待的"客人",利用这一人物资源,在真实的需要沏茶待客的生活情境中,引导学生有效学习。

二是开发环境资源,在生活情境中开展综合教学。真实的生活情境除了人物真实以外,还需要逼真的环境布置,前期准备时班级教师根据学校的现有条件,最大限度地开发了环境资源,布置了一间与家庭环境一致的家居室,室内除了电视、茶几、暖瓶、饮水机等必要的家庭设施之外,还根据教学需要,摆放了一套盖杯。所有的环境设计都力求真实,各方面的生活化设计,力争做到教学活动在接近生活或真实的生活场景中进行,课程内容的选择符合学生的生活实际,进行生活化的教学,以帮助学生更好地学习、掌握、应用知识,此外,该课以教授"沏茶"这一适应领域中的技能为主,将认知与沟通领域的知识自然融合,为学生呈现一节课堂氛围轻松活泼、知识学习连贯的综合课,力求协调处理好多重教学内容,贴近学生的认知基础,激发学习兴趣,使特殊儿童在轻松愉快的环境中增长知识。

三是开发学生资源,采用"学生中心"的教学方式。该课尝试在"以人为本"的教育理念下,采用以学生为中心的教学方式,充分开发和利用学生资源。在教学设计时,班级教师尊重学生的已有生活经验,分析学生在各个教学环节中可能出现的问题及解决方法,注重对学生的全面预设。课堂教学以学生为主体,每一个问题都抛给学生,启发学生去思考和解决问题,教师根据学习契机提炼和总结引导,用学生来推动这个教学环节,激发学生的学习主动性。在分组思路上,班级教师既有前测,形成初步分组的意见,又根据学生在课堂上的表现进行弹性、灵活的分组,满足个体的学习需要。同时,在课堂评价中,打破了课堂评价时只有教师发言的情况,充分利用学生互评的方式,引导学生利用已有的知识经验去发现问题,帮助其他学生生成新的知识,这种伙伴互助的合作学习方式避免教师的灌输教授,使学习变得更有趣味性。

基于上述考虑设计该课的问题框架(见图 3-1)与教学流程示意图(见图 3-2)。

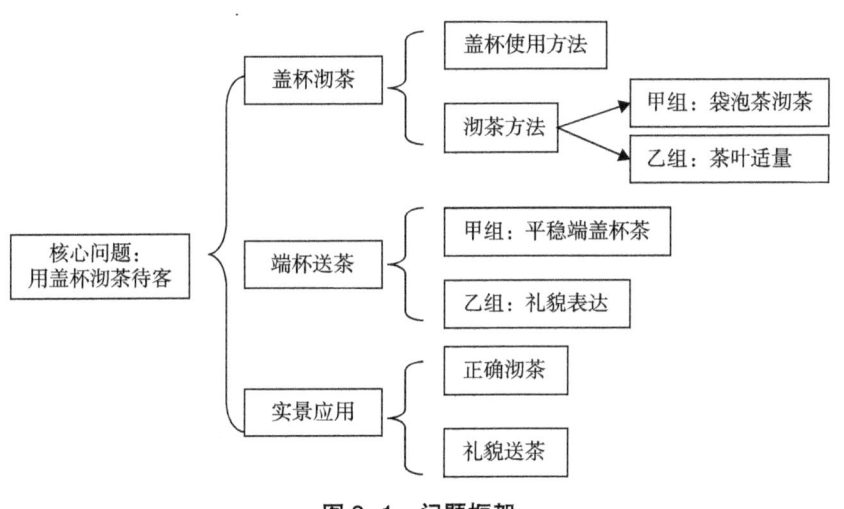

图 3-1 问题框架

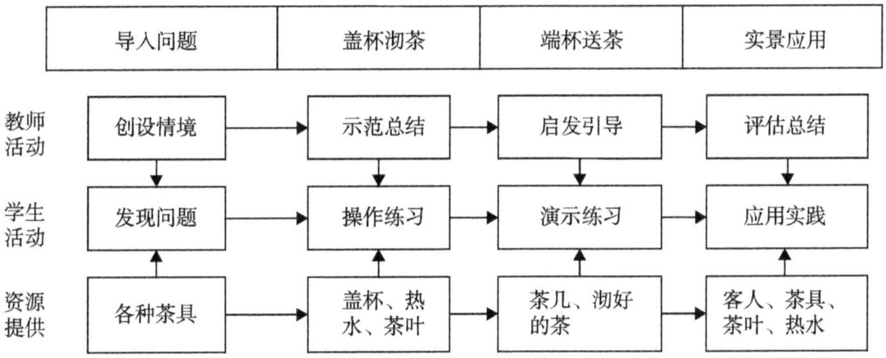

图 3-2 教学流程示意

并在课堂教学结束后以生生互评、社会性评价(来访"客人"的评价)、教师评价开展教学评价,其教学评价如表 3-2 所示。

表 3-2　教学评价

项　目	完全掌握=3	提示下完成=2	辅助下能完成=1	完全没掌握=0	评价结果
盖杯的材质、组成部分和各部分的名称	不需要提示，能够自己用语言表达	动作提示或物品类比启发下掌握	语言提示下能够完整表达	语言提示、模仿复习后仍不能说出项目答案	
用盖杯沏茶方法	能够独立正确完成所有沏茶步骤	部分错误在手势动作提示下能够自己纠正完成	在动作示范和辅助下能够沏茶	完全不知道沏茶的步骤和各步骤的方法	
把沏好的茶平稳、有礼貌地端给客人	能够端水走路不洒水、平稳送水不紧张	杯子有倾斜，但在语言提示下能迅速纠正	杯子倾斜较严重，水轻微洒出，需要动作辅助纠正	完全不知道如何端水，水洒得很严重	
体会学会用不同茶具沏茶待客的成功感，参与活动，投注热情	学生能跟随课堂教学节奏，积极主动回答问题，主动参与操作演示和练习	学生在教师的指定下，被动回答问题；能在要求下进行动手操作	学生不能在教师的引导下，积极主动回答问题，动手操作比较被动，需要不断提醒	注意力极为分散，需要不断提醒，没有学习的状态	
通过正确的方式表达客人来了之后高兴的心情，为客人沏茶招待	学生能主动沏茶待客，有礼貌	学生能主动沏茶待客，但礼貌欠缺	学生见到客人后，能够表现出很高兴的表情，但不知道如何招待客人	学生在客人来了之后没有语言、行为和表情上的反应，表现很被动	
甲　组					
用盖杯沏茶	能够完全独立操作，方法正确	能独立操作，但有部分环节出现问题，需要语言提示	步骤正确，出现问题时需要动作辅助才能纠正	完全不知道怎样用盖杯沏茶，好像没学习过一样	
端茶走路和端给客人					
乙　组					
茶叶和水量的多少	茶叶量和水量适量，且知道适量是多少	茶叶或水量稍微有点多/少，但提示下能够自己纠正	茶叶或水量偏多/少，不知道如何处理，需要辅助	完全没有茶叶量和水量适量的概念，量过多或过少	

续表

项 目	完全 掌握=3	提示下 完成=2	辅助下能 完成=1	完全没 掌握=0	评价 结果
在送茶时看着客人并使用几句礼貌用语	能够做到目光注视，清楚地使用礼貌用语	能清晰使用礼貌用语，但需要提示才目光注视	不能目光注视，礼貌用语需要提示才会使用	完全不会使用礼貌用语，不能注视客人	

最后，教师对该教学进行了教学反思，认为该主题教学的优势：一是在条件允许下，充分利用环境资源，以生活为课堂，用生活技能整合其他教学领域知识。该课利用学校现有的条件，尽可能地设置出一个真实的家居环境，在这个环境中设计生活情境。尊重特殊学生的学习特点，在生活现场学习和运用知识，缩小迁移难度。教学内容以"沏茶待客"作为核心技能，自然融入认知、沟通等其他教学领域的知识，避免知识之间的断裂与学习的生硬感，利于学生理解接受，体现培智教育新课标提出生活化课程的精神。二是重视学生已有经验，注重全面预设，为生成学习效果服务。生活课程具有开放性，加大了教师把握知识和把握学生的难度。为了解决这个问题，教师做了多方预设。灵活预设课堂分组，预设多种课堂可能出现的学习状况，确定教学方式，对教具学具准备的多种预设等，使教师及时体察到学生旧有经验与新能力建构之间的联系，从容应对。使不同能力的学生都能得到教师有目的、有计划的教育服务。探索了如何针对特殊学生"以学定教"的问题。三是开发利用学生、客人资源，运用多种评价方式，发挥评价激励作用。在这节课中，教师充分开发利用了学生和客人资源，运用多种评价方式，包括师生评价、生生评价以及作为服务对象的客人进行的社会性评价，打破了课堂评价时只有教师发言的情况，促进课堂教学的进程和检验学生的学习效果，同时注重评价语言的激励性，发挥评价的激励作用。在生生评价中，学生利用已有的知识经验去发现问题，帮助其他学生生成新的知识，这种伙伴互助的合作学习方式避免教师的灌输教授，使学习变得更有趣味性。在客人评价环节中，请了学校职教部的两位教师，学生都不认识，这使应用评估环节更加真实，学生的表现就是面对陌生客人时真实的表现，真正检验了学生的学习效果。

与此同时，提出了一些值得改进的方面，对于综合课而言，教师的配合极为重要，直接关系着整节课的教学效果如何。综合课上，两位教师协同教学，双主、主辅或者辅辅，在课堂教学中教师的位置在哪儿并不重要，重要的是教师要从学生出发，以学生学得好，学得到为目的进行灵活变动，教师在课堂上的作用不应该以主或辅的位置来划分,而应根据学生的学习需要进行灵活变动,这就需要包班教师之间默契的配合。此外,综合课包括认知、沟通和适应等多领域,在课时教学中要处理好各领域之间的关系,各领域教学内容不能完全平行,需要区分主要领域与次要领域。在实施的过程中各领域之间知识要素如何才能衔接得自然融洽,这些都需要教师对自己的教学特点和教学行为等各方面进行客观的研究,教师资源如何才能更为有效地开发、合理地利用还需要在今后的研究中做出进一步探索。

二、基于主题的班级教学设计的实践反思

(一) 主题教学实践的优势

《国家中长期教育改革和发展纲要(2010—2020年)》确立的课程实施改革的基本目标是:"改变课程实施过于强调接受学习、死记硬背、机械训练的现状,倡导学生主动参与、乐于探究、勤于动手,培养学生收集和处理信息的能力、获取新知识的能力、分析和解决问题的能力以及交流与合作的能力。其主旨在于构造出一个真正体现素质教育思想的教学新体系。"这一新体系从观念、形式与制度三个层面展开,明确规定了课程实施中的三大任务:以改革旧的教育观念,真正确立起与新课程理念相适应的体现素质教育精神的教育观念为首项任务;以坚定不移地推进教学方式和学习方式的转变为根本任务;以致力于教学管理制度的重建为重要任务。❶

观念是行动的灵魂,教育观念对教学起着指导和统率的作用,一切先进的教学改革都是从新的教育观念中生发出来的。新课程围绕教学是课程传递和执行的过程,还是课程创生与开发的过程?教学是教师教学生学的过程,还是师生交往、积极互动、共同发展的过程?教学是重结论还是重过程?教学关注学科还是关注人?新课程实施究竟需要树立什么样的学生观?需要什么样的新型师生关系?等问题展开了课程实施观念层的变革。

第一,在教学与课程的关系方面,主题教学突破了教师只是既定课程的阐述者和传递者的旧观念,学生只是既定课程的接受者和吸收者,教师和学生不是外在于课程的,而是课程的有机构成部分,是课程的创造者和主体,他们共同参与树立课程开发的过程的新观念。在教与学的关系即教学过程本质方面:突破把教学看成教师有目的、有计划、有组织地向学生传授知识、

---

❶ 袁顶国. 从两极取向到有机整合:主题式教学研究[D]. 重庆:西南大学, 2008:6-13.

训练技能、发展智力、培养能力、陶冶品德的过程这一既定观念,形成教学是教师的教与学生的学的统一,这种统一的实质是师生交往、积极互动、共同发展的过程的教学本质观。

第二,在教学结论与过程的关系方面,新课程明确了"重结论、轻过程"只是传统教学中一种形式上的"走捷径"策略,它排斥了学生的思考和个性、造成了对学生智慧与发展的扼制与束缚。主题教学明确提出学生的学习过程不仅是一个接受知识的过程,更是一个发现问题、分析问题、解决问题的过程。主题教学澄明了学科概念、原理、体系等结果性因素与探究、发现、参与等过程性因素的有机统一关系。

第三,在学科与学生的关系方面,明确了传统课程实施中,"学科本位"观造成的"心中缺人"的客观现实,及其对基础教育特别是义务教育的基本性质与神圣使命的背离。树立起"一切为了每个学生的发展"的核心理念,强调关注每个学生、关注学生的情绪生活与情感体验、关注学生的道德生活和品格养成等新观念。强调学生是发展的人,是独立的人、是具有独立意义与主体性的人,是积极、能动、超越与创造的人等新型学生观。倡导建立充分体现尊重,民主和发展精神的新型师生伦理关系,创设和谐、真诚、温馨、真善美交融的师生情感关系。

第四,在课程实施行为层面,倡导建立新型教师角色与教学行为。在教师与学生的关系层面要求教师成为学生学习的促进者;在教学与研究层面,要求教师成为教育教学的研究者;在教学与课程关系层面,要求教师成为课程的建设者和开发者;在学校与社区关系层面,要求教师成为社区型的开放的行动者。在新型教师角色的规范下,养成尊重与赞赏、帮助与引导、反思与研究、合作与协调等体现新课程理念与精神的行为方式。在学生方面,在培养创新精神与实践能力这一素质教育之核心思想的指导下,把学生学习方式的转变放到重中之重的位置上,强调培养学生发现学习、探究学习、研究性学习、参与学习、合作学习等体现时代发展趋势与学生主体性的新型学习方式。

第五,在学校教学管理制度方面,突破传统教学管理以"分"为本,盛行分数管理;以"章"为本,形式主义;以"权"为本,权力至上的"本本主义",提出建立学校教学管理制度,倡导建立以校为本的教学研究制度、建立民主科学的教学管理机制、建立旨在促进教师专业成长的考证制度,从而形成一个完备的、和谐的、充满活力的现代教学制度体系。

(二) 主题教学实践的反思

主题教学通过围绕某个跨学科领域的主题来实现学科知识和课程内容的整合，这可以更好地发展学生的思考能力，使学生的认知发生有效迁移，提高学生解决问题的能力和主动探究的能力，从而实现学生主体性、创造性以及综合智能的发展。但是，从主题教学的实践状况来看，国内培智学校的主题教学活动还存在不少问题，这些问题阻碍着主题教学目标与效果的实现。为了更好地实现主题教学的理念追求，我们必须对这些问题展开分析和矫正，以使主题教学实践回归于正确的轨道。

第一，主题教学理念在实践过程中一度产生了"轻视学科"的教学思想，最终导致主题学习的肤浅化、去学科化倾向。在主题教学实践中，很多教师以为主题教学就是要否定学科教学，就是要抛弃学科教学方法。事实上，这是一种错误的理解，因为主题教学与学科教学之间蕴含着辩证关系。主题性的合科教学不是否定学科教学，而是只有将各学科的思想方式掌握自如，进而融会贯通，才能进入跨学科思考的层次。跨学科的主题教学需要坚实的学科基础，教师在主题教学过程中对于学科教学和学科知识的忽略，只能导致主题教学的空洞化、肤浅化和无效化。因此，教师需要正确理解主题教学的理念，更好地处理分科教学和合科教学的关系，以提升主题教学的实践效果。

第二，主题教学的教学实践偏重于流程设计和方法选择，缺少对于主题教学的整体理解和把握。教师在进行主题教学的实践过程中，往往会过于注重流程和方法，认为只要有一个合乎主题教学的流程、步骤和方法，就可以实现主题教学的目标和效果，却忽略了主题教学中更为重要的方面，即主题教学所要达到的整体目标、主题教学所关涉到的知识结构和内容结构、主题教学如何与各个学科的知识体系相融合等。因此，教师在设计主题教学时往往会显得比较盲目、琐碎，缺乏整体性、自觉性。在这种情况下，主题教学很难有一个清晰的目标意识，也很难形成一个明晰的知识网络结构，最终也很难达到促进学生综合能力发展的教育目标，它对于学生的知识、智能和思维能力的促进作用是比较有限的。

第三，当前的主题教学在多学科性和跨学科性上体现得不够，主要还是停留于以单个学科为中心的主题教学模式，即属于"单学科—主题"的主题教学实践比较多，而真正的"多学科—主题"或"跨学科—主题"的主题教学实践比较缺乏。一方面，这使主题教学在很大程度上缺失学科整合和知识整合的功能，使主题教学无法突破学科教学的边界和限制。这种主题教学与学科教学有着太多的相近之处，甚至可能成为学科教学的"变种"，而失去真正主题教学的创新意义。另一方面，它也可能阻碍教师在主题教学中发挥创造力，使教师在思想观念上仍然难以突破传统分科教学的思维，依然停留于学科本位、知识本位的教学方式，而忽视了对学生主体性、探究性、创造性精神的培育，从而阻碍主题教学目标的实现。总而言之，主题教学作为一种新的教学形态，它符合新课程改革的基本精神，它所倡导的主体性、建构性、探究性和创造性的教学策略有助于学生综合素质和智能水平的提升。当然，主题教学在实践设计中依然存在着许多问题和弊端，这需要教育学理论研究者和实践工作者不断地进行自我反思、自我总结和自我革新，以此为基础更好地实现主题教学与新课程改革理念的有机融合，使主题教学不再是肤浅的、空洞的、形式化的主题教学，而真正成为体现出探究性、建构性、创造性和综合性的主题教学。

三、基于主题的班级教学设计的实施建议

（一）深化课程建设成果

培智学校的综合课程开发，是在培智学校课程发展的过程中，根据学生的现实需要、家长的需求和教师的困惑而做出的必然选择。从综合课程系统评估、学生个别化教育计划的制订，到班级教学活动的实施；从班级综合课程开发，到形成学校的综合课程体系，是自下而上、长期复杂的渐进式建构过程。综合课程的实践应坚持教学和科研相结合，以科研促教学，以教学深化科研，进一步进行脉络化的资料梳理，认真总结归纳这一教学方式的特点、规律及影响因素，进一步探究新课程标准背景下的实践方式。

（二）拓展可用课程资源

培智学校学生多样化的特殊教育需求，要求为其提供个别化的课程教材和教学资源。综合课程的教材和教学资源开发是为学生和教学服务的，因此，现有可推广的课程教材及配套资源不应该是静止、不变的，应随着教育对象的改变、社会的发展、国家课程标准的研制等变化在教学实践与研究中不断完善，并在更广泛的领域推广和拓展实践检验方法，实现全市综合课程资源的多级、多元开发。

(三) 构建课程开发的支持体系

培智学校综合课程研究并不是一项孤立的活动，受政府、学校、家庭、社会等因素的共同影响。政府的支持决定培智学校综合课程的发展方向；学校的研究氛围、课程开发团队建设、师资培训的力度和形式、为课程开发提供的时间和物质保障将直接影响课程研究工作的进展；家庭的协作、家校教育观念的共识是综合课程开发的基础；社会的接纳是培智学校课程开发价值得以实现的保障。因此，今后要积极构建以"政府支持、学校主导、家庭协作、社会接纳"为一体的培智学校综合课程的支持体系。

本章小结

在综合课程改革以及培智学校教育教学对象转变的趋势下，为促进学生知识的整合、全面发展以及个性化发展，基于主题的班级教学探索愈加丰富。基于主题的班级教学的主题产生来源包括学生的兴趣、生活问题、综合性问题；类型可分为单学科—主题、多学科—主题、跨学科—主题三种基本类型；在主题的选择上应注意主题的生活化、统领性、指引性、整体性。主题教学的流程包括引导活动、课程活动、主题活动；具体的教学策略包括合科教学与知识整合的策略、多元智能理论与尊重差异的策略、主体建构与探究的策略、信息技术化的策略。主题教学评价则应注意评价主体的多元化、评价方式的多样化、评价内容的多层化、评价时机的适切化、评价标准的系统化。

北京部分培智学校在多年探索下形成了较为成熟的区域实践经验，首先分析合适的主题及主题单元，在此基础上开发相关的教学资源，对具体的教学内容展开分析后形成问题框架、教学流程示意图、教学评价表，并在结束后教师反思改进教学过程。北京区域实践经验发现基于主题的班级教学设计的优势为突破教学与既定课程关系，重新审视了教学结论与过程的关系，从学科本位转向学生本位，引导教师转变角色和行为以及促进以校为本的管理制度形成。与此同时，在实践中也存在"轻视学科"的教学思想、实践偏重于流程设计和方法选择、多学科性和跨学科上体现得不足等问题，因此，后续教学设计应深化课程建设成果、拓展可用课程资源、构建课程开发的支持体系。

/ 第四章 /

基于学习的有效教学方法与策略

导 读

教学是教师针对学生所设计的一套传授知识的特殊形式,包含了对教学目标、内容、程序、方法、资源、学生参与在内的系统决定。特殊教育的教学从教学的起点、教学的过程到教学的重点和普通教育是一样的。但考虑到培智学校学生的身心特征,在选择有效的教学方法与策略的时候,学生身心发展的特点及个别化的学习需要成为教师最重要的参考依据,本章关注学生的学习过程及结果,对基于学习的有效教学方法与策略进行介绍。培智学校有效教学设计主要包括通用学习设计、差异化教学设计以及选择性教学设计,而适合培智学校课堂教学的策略有讲授法、小组学习、问题解决、角色扮演、情境教学、任务分析等。

第一节 培智学校学生有效教学设计

有效教学设计的基本原则是通过教学改革促进学生、教师与学校的发展。有研究者基于教学设计的视角对有效教学进行分析,认为有效教学的原则主要体现在:一般发展与特色发展相得益彰、共同发展与差异发展均衡协调;形成知己、知事与知人相统一的专长;实现可应用于具体学科领域的一般原则或策略的具体迁移;强调在学习中生成意义,以满足学习本质上内外协调、表里贯通的要求;坚持学教统一,调动师生两方面的积极性,努力做到从扶到放、扶放有度,逐渐撤除支架;同时致力于创设友好的学习环境,使之物理环境宜人、心理环境舒畅与技术环境通达；教学时应面向完成任务、聚焦解决问题，通过整体设计与有序设计的结合，真正实现教学目标、教学方法和教学评估三者匹配一致❶。本节主要介绍适用于培智学校的三个有效教学设计方法，即通用学习设计、差异化教学和选择性教学以及为促进教学设计有效性所常用的使学生集中注意力、知识呈现、促进学生积极参与的教学技巧。

一、通用学习设计、差异化教学与选择性教学

（一）通用学习设计

"通用设计"（Universal Design）这一术语最初用于建筑学领域，而后才被应用于教育领域。在学习环境中，个体的独特性是普遍存在的。如果课程设计是以想象中的"平均水平"学习者的需求为基础，就必然会忽视学习者客观存在独特性，这样，就无法为具有不同能力、背景和动机的学习者提供公平、平等的学习机会。好的教师应该不断地做出调整来满足各种学生的需求❷。在20世纪90年代初期，美国应用特殊技术中心（Center for Applied Special Technology，CAST）在实践与研究中逐渐发展通用学习设计（Universal Design for Learning，UDL）的理念致力于开发各种方法使特殊学生能够学习普通课程，他们的思路是使教学材料具有可选择性，以便更多的学生能够获取信息，并参与到相应的活动中❸。使用UDL形成多样性教学设计的三个主要原则❹如下所述。

第一，学习内容的呈现方式要多样化。对于相同的学习内容，不同的学习者在认识和理解方式上有所不同。例如，感官障碍（如盲人或聋人）、学习障碍（如阅读障碍）或存在语言、文化差异的人都可能需要使用不同的方式来处理所学的内容，有人通过视觉或听觉手段，有人通过印刷文本来更快或更有效地掌握信息。使用多种形式的知识呈现手段进行教学，学习和迁移才会发生，因为它允许学生在概念内部以及概念之间建立联系。简而言之，没有一种知识呈现的方式是对所有学习者来说都是最佳的方式，在教学中提供

---

❶ 盛群力. 论有效教学的十个要义——教学设计的视角 [J]. 课程·教材·教法, 2012, 32(4): 13-20.

❷ 颜廷睿, 邓猛. 全纳课堂中的学习通用设计及其反思 [J]. 中国特殊教育, 2014 (1): 17-23.

❸ 凯·M.普赖斯, 卡娜·L.纳尔逊. 有效教学设计：帮助每个学生都获得成功（第四版）[M]. 李文岩, 等译. 北京：中国人民大学出版社, 2016: 33.

❹ 霍尔, 等. 学习的通用设计：课堂应用 [M]. 裴新宁, 陈舒, 译. 上海：华东师范大学出版社, 2018: 15-20.

不同的表征方式是至关重要的。

第二，学习的体验与表达方式要多样化。学习者在学习环境中表达自己所学知识的方式有所不同。例如，有明显运动缺陷的人（如脑瘫患者）、在策略和组织方面有困难的人（如执行功能障碍患者）、有语言障碍的人等对学习任务的理解大不相同，有些人能够很好地通过书面文字表达，但不擅长口语表达，反之亦然。行动和表达需要大量的策略、实践和组织，而不同的学习者在这些方面都可能存在差异。事实上，没有一种行为或表达方式对所有学习者都最佳，提供不同形式的行动和表达方式供学生选择是至关重要的。

第三，学习的参与和激励方式要多样化。情绪反应是学习过程的重要因素之一，用以调动和激励不同的学习者的学习热情的方式差别迥异。一些学习者能够积极主动地参与到各种学习活动中，而另一些学习者则只能在要求下被动参与；一些学习者喜欢独立完成任务，而另一些学习者则喜欢与同伴合作。事实上，没有一种参与和激励方式对所有人都是适用的，提供多种参与和激励方式是至关重要的。

（二）差异化教学

差异化教学（Differentiated Instruction，DI）是一种让教师能够有策略地制订计划以满足每位学习者需求的途径，是以保障每个学生都能学习为目标的一种教学方法或体系，其前提是同一班级的学生对某一特定课程所做的准备及个人兴趣和学习偏好是不同的，因此，教师要调节教学以适应这些差异。差异化教学是以学习者为中心的教学设计模式，学生在摄取知识、理解概念和回答问题时能有多种选择。换句话说，一个具有差异性的课堂教学可以提供不同的途径来使学生获取知识、处理或理解概念，以及产出结果，从而使每个学生的学习更有效。一个完整的差异化教学过程兼容标准化与个性化的良方，通过前测了解每个学生的知识水平、学习风格、个人兴趣等关键特征；结合课程标准以及学生特性来设计教学内容和教学过程，强调学习诊断的重要意义，实施形成性评价，并将测评结果作用于其他环节；利用总结性评价对学生的学习结果进行评估[1]。

差异化教学强调教师务必使教学有利于学生取得重要的学习成果，也强调在教学中评估每个学生原有的知识水平、明确他们的兴趣、保持高标准并

---

[1] 颜廷睿，关文军，邓猛. 融合课堂中差异教学与学习通用设计的比较分析 [J]. 中国特殊教育，2015（2）：3-9.

增加挑战性的重要性。其基本信念包括：

①同龄学生在学习准备程度、学习兴趣、学习风格、经验和生活环境方面存在差异；

②这些差异具有重要意义，它们将对学习内容、学习步调、学习支持等方面产生重要影响；

③当具有支持作用的教师或他人推动学生稍微超越它们的现有水平，学习效果会更好；

④当学生在课程与他们的兴趣和生活经验之间建立联系，学习效果会更好；

⑤当学习机会是自然而然的，学习效果会更好；

⑥当教师和学校创建出相互尊重并有重要意义的共同体，学生将成为更加有效的学习者；

⑦学校的中心工作是让每个学生能力实现最大化发展。

从教师实施差异化教学的现实角度来看，差异化教学的需要在内容、过程、成果和环境四个方面进行调整，提供多种选择，使教学变得更有参与性、吸引性和舒适性。具体表现❶在：

第一，教学内容是指教什么，差异性内容意味着学生可以灵活选择课程主题，也意味着教师可以灵活选择教学内容，而选择的依据是学生的准备性、学习兴趣和学习偏好。比如，语文课上要求学生写一篇关于某位发明家的报告，教师让学生自己选择要报告的发明家而不是指定某一位发明家；再比如，编写数学应用题时将家长的职业引入问题中等。

第二，过程是教学活动环节，解决"如何教/如何学"的问题。学习过程是学生学会利用关键技能以理解核心观点的活动，学生只有在活动经验中才能获得，因此为了理解和掌握所学内容，学生需要参与一系列活动。此外，教师还要清楚地知道学生在进入教学过程时的现有水平，为他们提供不同水平的支架，进而帮助他们在原有经验上构建知识以改进学习。如一些学生制作心脏模型，一些学生阅读心脏解剖学的分析图表，还有一些学生与同伴口头讨论来加深他们对心脏结构的理解。

第三，成果是学习的最终结果，即学生能够展示的东西，回答"学到了什么"的问题，反映学生已经知道的、理解的或者能做的东西，学生需要用

---

❶ 凯·M.普赖斯斯，卡娜·L.纳尔逊. 有效教学设计：帮助每个学生都获得成功（第四版）[M]. 李文岩，等译. 北京：中国人民大学出版社，2016：37-38.

模型、表演、文件、测试或演示等适当的方式展示出来。如同时纸笔测验、口头汇报的方式对学生的学习结果进行评估。

第四，环境是教学活动得以顺利开展的支持性条件，主要明确"在哪儿学"以及"和谁一起学"的问题，即学生学习时所处的物理、人际、技术环境，心理氛围和文化背景等。面对学习者的诸多差异，教师要为每个学生创设积极的、安全的、结构化的支持性学习环境，让他们能够以多种方式灵活地参与学习。比如，在教室的布置上可以设置个人学习区和小组讨论区等。

综上所述，通过变换材料、进度、活动、分组、支架、成果展示方式等，教师可以灵活地将差异化教学应用于个体或小组的各种学科、单元或任务中，这些选择将会增加学生习得知识的可能性。

（三）选择性教学

选择性教学是针对一些学生的额外的调整和修改，这些调整可能并不适合所有人，甚至对有些学生是有阻碍作用的，比如，当只有一两个学生需要有关某话题的较为简单的阅读材料时，教师为班级中所有学生都提供这种材料就不利于班级中正常水平的学生的进步。选择性教学有两种途径，调整或修改。调整主要指改变教学方法，即教师期望所有学生都能达到相同的教学目标，但达成目标的方法可以是不同的，调整没有改变学习结果，只是单纯地改变了达到这种结果的方法。修改是指教学内容的改变，也可能是改变课程或预期结果。比如，教师会按照不同的难度水平来讲解同一个话题。需要注意的是，改变教学内容或降低难度的修改要慎重考虑，并且在做决定时征求家长的意见❶。

（四）通用学习设计、差异化教学、选择性教学的异同

通用学习设计和差异化教学有共同之处，主要表现在这两种设计的思路是相同的。由于每个班的学生不同，单一的教学方法和学习方法既不合适也没有效率，为了保证学生学习的效果，需要对课堂进行一些调整以适应学生的需要，而非让学生去适应课堂。选择性教学虽然是为特定个体所设计的个别化的教学，但其最终的目的也是保证特定个体的学习效果，因此，无论哪一种方法都是通过提供内置的选项和灵活性，即通过对内容、过程和结果的

---

❶ 凯·M.普赖斯，卡娜·L.纳尔逊. 有效教学设计：帮助每个学生都获得成功（第四版）[M]. 李文岩，等译. 北京：中国人民大学出版社，2016：109-110.

调整来保证学生的成功。但是，在具体实践方式上三者还是有着较大的差别。

差异化教学重在调整，这种调整贯穿于教学的始终，强调在教学互动过程中，教师观察学生的反应行为，弹性变化一些教学内容、教学方法和评估方式去激发学生的学习动机，从而达到引导学生的目的。可以说，差异化教学是根据学生不同的学习特点与方式，教师对课程做出相应的调整，包括教学内容、教学过程和教学成果，这种调整可能发生在教学过程中的任何时刻。而通用学习设计则更侧重于课程的顶层设计，主张在课程设计之初即考虑到学生所存在的各种差异以及可能遇到的障碍和困难，根据不同学生的需求，设计出弹性、多元的课程内容以及多样的表达与参与方式，以此减少随后在教学过程中课程改变的困难和代价，为学生提供选择与准入课程的多样化方式，增加学生学习的连续性。如果说差异化教学以调整型思维为理念基础，以教学调整来应对学生的差异，而通用学习设计则是以选择的多样性为理念基础，通过增强课程内容、形式、评价的多元化来适应学生的差异❶。

另外，通用学习设计依赖科学技术，差异化教学依赖教学能力。通用学习设计框架为创造灵活性的课程和教学环境提供了引导，主要是通过使用技术手段来使所有学生，包括残疾学生获得最大的成功，技术的发展使得其成为可能；而差异化教学更强调教师本人的教学能力、策略以及对学生的态度，在教学过程中教师更加注重对学生的辅助、分组。

二、使学生集中注意力的教学技巧

教师面临的最大挑战之一，是使学生保持学习兴趣并参与学习，有力的导入和总结、有效的提问技巧都是可以帮助教师使学生专注课堂、参与课堂的策略。

（一）导课

导课是教学或活动真正开始的一部分，用以帮助学生集中注意力，并将新旧知识联系起来，其最重要的功能是帮助学生做好学习准备。导课最有效的策略之一是直接告诉学生他们要学什么以及为什么要学这些，通常情况下，当学生知道他们要做什么和学习的价值时，他们会更积极地做出回应，需要注意的是，教师要用学生能理解的语言来阐释这些目标和意图。在确定导课

---

❶ 颜廷睿，关文军，邓猛. 融合课堂中差异教学与学习通用设计的比较分析［J］. 中国特殊教育，2015（2）：3-9.

内容时，教师要考虑各种变量，包括学生的背景、经验、以前的相关知识；前提技能和知识；内容是抽象还是具体；学生可能的兴趣和动机；可用的教学时间；等等。从导课的具体策略来看，既可以包含用来激发学习动机并使其集中注意力的特殊策略，又可以包含帮助学生了解新旧知识或技能之间联系的一般策略❶。

1. 激发学习动机并使其集中注意力的策略

①告知并展示教学目标，如写在黑板上；描述评价方式，如给出正确的例题或示范；

②告诉学生教学或活动目标的目的、基本原理、重要性和应用方式，如数学课上关于时间的学习会帮助学生合理安排自己的一日生活；

③使用与本节课直接相关的、能吸引注意力的"装置"来引起学生的兴趣，如笑话、故事、谜语、歌曲、诗歌、示范、视频片段等；

④预先告诉学生活动的顺序，如先阅读材料，然后小组合作，制订出下周出游的计划；

⑤为学生提供关键思路或概括，使其作为先行组织者，如根据颜色、形状、口味对水果进行归类；

⑥通过图形组织者来预习教学内容，如使用概念图解释某一概念的主要内容以及其与其他概念之间的关系；

⑦提供有趣的或个性化的实例，如使用学生自己的名字或照片。

2. 帮助学生了解新旧知识或技能之间联系的策略

①将学习与个人经历和先前的知识联系起来，如先进行头脑风暴将学生对某个概念的了解情况描述出来；

②构建背景知识，如介绍故宫之前，先播放关于故宫的视频；

③通过与早期教学和活动的联系，来激活背景知识，如在讲十位数的进位之前，先复习个位数的进位；

④为学生创造一种环境，如在有关环境保护的课上，使用环保材料的教具或废物利用制作的教具；

⑤预习即将开始的教学内容与活动，如提前学习明天阅读课上的词汇；

⑥给学生展示整个单元的提纲，如用表格系统地展示学生在"春天"这

---

❶ 凯·M.普赖斯，卡娜·L.纳尔逊. 有效教学设计：帮助每个学生都获得成功（第四版）[M]. 李文岩，等译. 北京：中国人民大学出版社，2016：45-48.

一主题单元中所要学习的内容;

⑦陈述当前学习和长远目标的关系,如学习沟通技巧如何帮助学生获得和维持友谊;

⑧与其他学科进行联系,如在社会适应课上,学生要帮助社区写一则通知,而写通知的格式和语言是生活语文课上学到的。

(二) 提问

提问在所有的教学与活动中都起着重要的作用,认真设计过的问题可以使学生的注意力集中在教学内容的关键部分。提问在有些课上发挥主要作用,而在另一些课上发挥支持作用。如探究课和讨论课很大程度上要依赖提问来促进学习而其他课上教师通过提问来复习、预习、丰富所呈现的知识或检查学生是否理解了教学内容。无论提问发挥主要还是支持作用,问题的类型和质量决定了提问策略是否有效地吸引学生的注意力并促进学生的学习[1]。

1. 问题的类型

(1) 聚敛性问题和发散性问题。

聚敛性问题也称为封闭性问题,通常只有一个正确答案且答案简短,考查低层次思维,即基本的识记和领悟,如"这是什么颜色?""亚马孙河位于哪里?"等。这类问题通常用谁、什么、何时、何地、多少等词语开头,经常在教师主导型课上出现,为学生提供预习和复习的机会,来促进学生积极地参与进而为教师提供了检查学生理解情况的方法。

发散性问题也成为开放性问题,有助于促进高层次思维和问题解决技能,通常会有较长的回答且答案不唯一,容易引起学生的兴趣。发散性问题一般用"如果……会发生什么事情?""为什么……?""还可能会是什么情况?"这样的方式提问。需要注意的是,发散性问题的答案不止一个,但也会有错误的答案,如学生答非所问或学生的回答与基本事实矛盾。

(2) 高层次思维和低层次思维问题。

低层次思维问题的形式通常是聚敛性的,包括对先前知识的重复或复述,通常用于基本技能的教学或早期教学,这些问题是高层次思维或发散性问题的重要基石。布鲁姆分类法中识记、理解、应用的目标可以使用这类问题促进学生对信息的回忆,判断学生是否理解教学内容以及促进学生用所学的知

---

[1] 凯·M.普赖斯,卡娜·L.纳尔逊.有效教学设计:帮助每个学生都获得成功(第四版)[M].李文岩,等译.北京:中国人民大学出版社,2016:48-54.

识来解决问题。

高层次思维问题要求学生进行推理、分析或评估,其形式通常是发散性的,要求学生更深入地思考。想要回答这类问题,学生必须具备基本知识,在此基础上对知识进行分析和评价,如比较、对照、区分两种不同的概念;设计、构建、创造某一概念;评估、评价、预测两种概念或想法等。

需要明白的是,一种问题类型并不一定比另一种好,即高层次思维问题并不比低层次思维问题"好",符合主题、学生年龄和背景的目标将决定问题的层次,即符合其设计目的的问题才是"好"问题。

2. 好问题的标准

好的问题要经过事先的设计,课堂中临时想出的问题很难符合教学目标,尤其是对新手教师或讲授全新的、有难度的内容时。设计问题时,可以参考以下原则:

①问题要简单明了;

②使用符合学生年龄和能力的词汇;

③问题尽量简短,以方便学生记忆,最好不要将几个问题合并成一个问题说出来;

④给学生提供思考的时间,提供足够的等待时间以便学生的回答更有意义和全面,如提出问题后给学生3~5秒的准备和思考时间以及学生明确回答完后,教师开始给其提示、点拨或继续下一问题之间的时间,足够的准备和等待时间使学生回答得更详尽,因为他们有时间补充或修改自己的回答;

⑤如果有必要的话,对问题进行提示、深究和再直接询问,这些线索帮助学生回忆信息,并形成更完整、更复杂的答案;

⑥要有真实的反馈,要认可或表扬正确的答案,及时更正不正确的答案以防止学生学到错误的知识。

(三) 结课

结课是教学或活动结束的部分,所有的教学与活动都应该包括结课,以此为学生提供再一次审视教学内容的机会,还有助于在两次教学或活动中建立过渡。结课可以帮助学生将知识串联起来,方式有多种多样,但需要明确的是,不要认为学生会自动应用或概括新学的知识或技能,要积极鼓励学生在教学与活动结束时进行总结,并将结课作为再一次练习的机会。一般来说,结课的内容包括❶：

①回顾教学或活动的重点；

②给学生提供总结的机会；

③引入下一步学习的内容，请学生预习；

④描述学生在何时何地应该使用他们所学的新技能和知识；

⑤留给学生展示作品的时间。

三、知识呈现的教学技巧

清楚地呈现知识的能力是指教师将自己理解的知识变成学生能够理解的知识的技巧，与教师的教学能力有关。只有具有广泛而整合的知识的教师，在课堂教学中才能够联系不同的知识点给予概念意义的解释，将内容知识转化为多种适合学生思维的表征形式。舒尔曼认为，这是教师特有的不同于研究者的教学知识，表征方式包括解释、类比、演示、图解、示范、展示等❷。

（一）明晰的教学指导语

教学是以教师为主导，学生为主体的互动过程，教师要成为学生学习的组织者、引导者与学习者就需要在教学过程中给出很多的指导语，如告诉学生如何遵守课堂规则、如何完成课堂任务、如何掌握必要的知识与技能等。清晰的指令对于教学的顺利进行有着重要的作用，当学生能够理解教师给他们的指导语时，就会避免将时间浪费在弄明白接下来要做的事情上。

教师给出指令的方式会影响其清晰程度，在给出指令时要保证：第一，语言简洁明了，不要使用不必要的词或学生不理解的词；第二，指令尽可能简短，避免使用冗长的学生听不懂的解释；第三，同时给出口头和书面指令或使用图片指令并演示学生将要做的事情；第四，使用口头指令时强调关键词，如重读、停顿、解释等；在书面指令中要突出关键词，如加粗、大字体或使用醒目的颜色等；第五，用数字来强调指令的顺序；第六，在给出指令后，通过提问来检查学生的理解情况，要使用设计过的问题请学生复述、解释或演示指令而不要只是问"大家都明白了吗？"

---

❶ 凯·M.普赖斯，卡娜·L.纳尔逊.有效教学设计：帮助每个学生都获得成功（第四版）[M].李文岩，等译.北京：中国人民大学出版社，2016：56.

❷ Shulman, L. S.. Those who understand: Knowledge growth in teaching [J]. Educational Researcher, 1986, 15 (2): 4-15.

另外，为了帮助有学习障碍或发展性障碍的学生理解指令，教师可以缩短和简化指令；一次只给少量指令并让学生重复或解释他们要做的事情；用数字和手势给指令提供线索；通过具体问题检查学生是否理解，如"你们要做的第一步是什么？"

（二）清晰的解释

解释是教师针对教学内容所进行的详尽的、易于理解的说明，能够给学生清晰的解释是高效教师的特征之一。教师不仅需要解释实施、想法、规则、策略、过程、概念和原则等知识相关的内容，还需要解释什么、何时、何地、如何和为什么等这些背景相关或策略相关的内容。好的解释包含很多要素，运用哪些要素取决于解释的内容和知识的复杂程度、抽象程度和学生对信息的熟悉程度。比如，对技能的解释可以从整体思路、规则、策略、概念或原则入手将技能分布呈现，并在每个部分之后提供练习；对语言的解释可以通过手势、面部表情、声音的变化、视觉提示等方式呈现；对不同文化背景的学生的解释要参考在其文化中惯用的表达或行为来解释；等等。

一般来讲，一个清晰完整的解释本身包括以下一个或多个要素：释义，使用同义词或可替换的句式进行澄清；定义，解释词汇或短语的意思，如数学是研究数与量及其关系的学科；描述，使用能够表达物品或感受的形容词解释，如大海是蓝色的；阐述，给出更多的细节和信息；说出特性或属性，即告知构成事物的具体特点，如三角形的特性是具有三条边；样例和反例，即用例子展示什么是什么不是，如苹果是水果，菠菜不是水果；与先前知识和个人经验的练习，说明教学内容是如何与已知内容相联系的；比较，说出像什么或不像什么。

（三）演示或模拟

除了对知识进行解释，教师还需要将知识演示或模拟出来，向学生展示他们要做什么。教师向学生展示如何擦桌子时先亲自做一遍，这就是演示；教师向学生讲解如何应对校园欺凌时，扮演其中的某个角色，这就是模拟。有效的演示或模拟在帮助学生更好地理解教学内容上发挥重要的作用。演示包括两种类型：

第一，成品演示。教师向学生展示一个完整的作品或其中的一部分，如端午节教师A设计了用彩泥做粽子的活动，在学生开始之前，教师A向学生展示一只用彩泥做的粽子以及做粽子的每一步骤中的半成品,这样,学生就可以看到做粽子过程中和最后完成的样子。除了操作类的演示,完成的概念图、范文、科学调查记录指南等都可以作为成品演示的样例。

第二,过程演示。教师向学生展示完成任务中步骤,如端午节教师 B 设计了缝香包的活动,教师 B 在学生面前完成缝香包的每一个步骤,一边做一边讲解他所做的事情。除了手工制作活动,角色扮演和小短剧也可以使用过程演示,如教师为学生表演地震演习时要如何弯腰低头按顺序撤离。

演示活动一般出现在教学早期阶段,有助于学生对学习任务有准确的理解,在演示中加入清晰的口头解释会使其更为有效,一般而言,演示的实际思路如下所述。

一是实际表演所教的技能,而不只是解释或让学生想象你想让他们做什么;二是边做边用有声思维进行讲解,即将自己的动作、思维用口头语言表达出来,让学生明白你为什么这样做;三是为演示补充视觉支持,如图片、表格等;四是对于新的知识和技能,需要多次演示;五是让学生适当地参与到演示中但注意不要在演示还未结束时直接要求他们表演;六是在教复杂的技能时,既要分别展示技能的每一步也要一起展示所有的步骤。

(四)有效的视觉支持

视觉支持在讲解词汇、说出指导语、建立背景知识、弄清难懂的概念和策略以及为新知识提供支架等方面都非常有帮助,是另一种重要的教学策略,可使教学变得更有效。视觉支持一般可以分为以下四种类型,教师在教学中可以单独或合并使用,并且考虑学生之间的个体差异为他们提供多种形式的满足其需求的支持。

第一,教具或图片,如真实的物体、动物、人、工作模式、模型、多媒体展示、视频、电脑图形、照片、地图等。在教学中使用这些教具有助于使新知识更真实和清楚,尤其当学生可以看见、听到和触摸他们所学的知识时。如数学教师想让购物的活动更有趣,并能与学生的生活联系起来,会带来学生喜欢的零食、一些零钱以及写了价钱的标签,请学生按照物品的价格购物。

第二,动作,如手势、演示或角色扮演,这类方法在讲解程序和行为技能时非常有用。例如,英文教师向学生展示如何使用校对策略时说"首先,我画出每句话的第一个字母,因为我要检查每个句子是否是以大写字母开头",在大声说步骤的过程中,教师和学生直接在书面作业上进行修改。

第三，书面形式，如海报、幻灯片、讲义、标签、书、杂志、报纸等。书面呈现可以使学生在听讲的同时看到教学内容。

第四，图形组织者，如提纲、概念图、图表、网页、地图、比较对照表、设计图、问题解决方案的效果图等。这些可用来描述各种想法之间的联系和关系，教师可以在教学过程中展示完整的图表或让学生填空作为头脑风暴的一部分。

四、促进学生积极参与的教学技巧

积极参与也叫积极的学生应答或投入，是一种使学生融入教学或活动的方法。积极参与策略是教师为了使所有学生都参与到课堂中而使用的技巧，受到教师对教学内容和学生的了解程度的直接影响。根据学生参与的方式，积极参与策略可以分为笔答、口述或示意；根据参与策略的目的，积极参与策略可以分为参与策略、练习策略和加工策略三类。在大部分课堂中，教师都能够因人而异地选择参与的方式使学生不同程度地参与到课堂教学活动中，但教师对积极参与策略的目的并不是十分了解，因此，以下将以第二种思路介绍促进学生积极参与的教学技巧。需要注意的是，相同的策略依据教学情境与内容的不同，其目的可能会有所不同，在策略的选择上可以综合考虑学生的反应类型和参与的目的来确定合适的、符合教学目的的策略❶。

（一）参与策略

参与策略可以用来保持学生在课堂上的注意力，对于需要简单回答的问题，教师可以采用以下三种策略：

第一，让全班一起或整组、整排作答，但要确保每个人确实都做出了反应。如"这个城市是……大家一起说！"每个学生都声音洪亮口齿清晰地说"北京！"。

第二，让学生用卡片/图示/动作来应答。如"当你在故事中听到生词时，举起绿色的卡片"；"当你想要去卫生间时，举起卫生间的卡片"；"当你认为是对的，请用手做出√，当你认为是错的，请用手做出×"；等等。

第三，让学生写出答案。

另外，课堂上教师还可以采用以下几种策略：

---

❶ 凯·M.普赖斯，卡娜·L.纳尔逊. 有效教学设计：帮助每个学生都获得成功（第四版）[M]. 李文岩，等译. 北京：中国人民大学出版社，2016：74-78.

第一,在讨论课上让学生站起来分享答案,如果其他同学有不同的答案,可以继续站起来说出自己的想法进一步讨论,直到大家找到解决问题的办法或达成共识。

第二,在听课的时候请学生做笔记,并定期分享笔记。

第三,提供不同的参与策略辅助学生,如要求学生想一想、写一写等,让学生采用自己喜欢的方式参与。

(二) 练习策略

练习策略是给每个学生提供机会来实践或练习新知识或技能。当回答较为简短且时间不允许逐个提问的情况下,可以请两位同学一组,一个提问一个回答、轮流提问或轮流总结、定义术语或举例子或演示。另外,还可以请所有人将答案写在纸上、黑板或白板上举起来,教师可以看到每个人的回答并做点评;让学生用应答卡片或手指来回答问题,如"请用手画一个三角形","请将生字'年'书写三遍"等,这些策略除了能让学生积极参与练习外,还能够帮助教师检查学生的理解情况。在课堂中,大部分练习需要教师的监督与及时反馈,为了满足学生多样化的需求,在设计练习的过程中,教师首先需要提供更多的结构和线索,如提纲等;其次在练习初期,从相似的例子开始逐渐变为更有难度的或不相似的例子。对于总是犯同一个错误的学生,要给予反馈并让他们按照正确的方式进行多次练习,但不要在个别学生身上花费太多的时间。

当学生能够准确理解所学的知识,教师应该立刻开展其他练习活动来帮助学生更加熟练地运用知识,这对于新背景和情境中的知识迁移非常必要。这种以提高熟练程度为目的的拓展练习不需要密切监督,一般以家庭作业的形式进行。教师可以通过多种方式让学生进行拓展练习,需要注意的是,拓展练习是让学生额外练习新知识或新技能,而不是学习新知识,家庭作业是练习,不是教学的延续。教师需要考虑学生在家里可用的资源,确保学生对新知识的理解足够准确,以便学生能够独立完成作业。最重要的是教师要给予反馈,这样学生能够知道自己的学习进展,同时,教师也可以了解其所使用的教学方法是否有效。

(三) 加工策略

加工策略是给学生提供加工新知识的机会,使他们能够将新知识和原有知识经验相联系,是实现教学目标的最重要的环节。教师在课堂上想要完成这一目标,需要为学生提供思考、讨论的机会。如让学生思考问题的答案,再与同伴进行讨论并分享答案;请两人一组共同完成作业并相互检查或一位同学读问题另一位同学来回答等。对于学生行为、学习能力的差异,教师要增加一些策略来增强学生的兴趣和动机,允许学生在课堂或活动中使用更多种手势和符号。比如,为那些无法口头回答问题的学生提供非口述的回答方式,为有书写困难的学生准备好应答卡片,或延长等待的时间等。

第二节 培智学校学生有效教学的策略

对有效教学策略的研究一般有三个不同的思路,即从目标管理的教学流程出发,以教学准备、教学实施和教学评价等方面为主要内容进行探讨;从促进学生发展的角度对激发学生学习的主动性、积极性、个别差异和全面发展等内容进行探讨;从教师的教学行为入手对教师教学语言的运用、教学环境的创设等内容进行探讨❶。本节主要结合前两个思路,对培智学校常用的能够提高教学有效性的具体策略进行讨论。

一、讲授/直接教学

讲授法也叫直接教学法,指教师作为知识的传授者在课堂中采用解释作为主要的教学策略,以知识产生和发展的过程作为主线对知识本身进行详尽的介绍。使用讲授法作为教学策略,教师的关注点在于学生是否能够达到短期的记忆型的目标,为了达到这样的目的,教师在教学开始之前就清楚地向学生陈述教学的目标,并利用多种示例来解释或演示将要学习的知识或技能;在教学的过程中,教师能够组织和控制学习活动的顺序和时间。伴随着教育教学改革进程的加速推进和建构主义知识观、学习观和教学观的兴起,讲授法受到了前所未有的批判,然而,在如今的课堂中,仍有教师坚持讲授法作为最直接、有效的教学策略。

---

❶ 王鉴. 课堂教学的有效性问题研究 [J]. 宁夏大学学报(人文社会科学版),2006(1):110-114.

（一）适合讲授法的内容

讲授法作为教师最习惯使用的教学策略，对某些特定的内容来说是最为适合的。比如，当学生需要进入一个新的学习领域，在调动学生的能动性去发现新知识或解决新问题之前，教师需要对该领域最为基本的概念或技能进行介绍，为学生提供主动参与教学活动的思路、线索等。学生在短时间内无法对非正式的生活学习经验进行结构化，他们需要在指导下对其学习经验进行有意义的解释，而讲授法就是最适合的引导工具。另外，高度结构化的事实性知识也是适合直接教学的，因为在对事实的解释中学生不需要太频繁地使用工作记忆，减轻其认知的压力，学生就会更愿意去尝试使用新的知识或技能解决问题。教师采用讲授法对特定领域的专家名人进行介绍，有助于为学生树立一个值得学习或模仿的榜样，让他们从专家名人如何发现问题、思考问题、解决问题的过程中学习知识技能，培养对该领域学习的热情与积极性。

讲授法被广泛应用，教师除了考虑到时间成本与课堂管理的便利性，还因为讲授法不受班级规模的限制，无论在大班额还是小班额都可以顺利地使用。特别是，对于理解困难或阅读困难的学生来说，当教师将精心组织的知识通过直接教学的策略进行有意义的诠释，他们才能够获得新知识与已有知识的联系，进而对新知识进行理解或转化来丰富自己的知识体系。让缺乏学习经验与技巧的学生在短时间内掌握人类发展过程中积累的知识与经验是不科学的，通过教师细致的讲解与强有力的引导，大部分学生才能够对特定领域获得深刻的理解。

当然，讲授法在使用的过程中也会受到很多限制。首先，讲授法作为教学策略是以教师为中心的，教学的效果在很大程度上依赖于教师对特定知识的理解，如果教师不能很好地理解所讲的概念并用学生能够理解的方式将这些概念组织起来，学生会因无法将自己已有的经验与听到的知识进行联结而感到无聊或不能够集中注意力。其次，讲授法在短时间内为学生提供大量的信息，学生听课的能力、观察的能力和记笔记的能力将会直接影响其学习效果。再次，由于直接教学缺乏丰富的活动，学生在课堂中的主动性被忽略，也不能够照顾到每个学生个别化的学习需要，学生容易丧失对学习内容的兴趣与积极性。最后，复杂的、抽象的概念或情感态度价值观的目标很难仅仅通过讲授清晰呈现。

(二) 有效使用讲授法的关键要素

讲授法是否能够有效地促进教师的教和学生的学,必须考虑以下几个因素。

第一,教师对所讲授内容是否有清晰的理解。对教学内容有清晰且深刻理解的教师,能够以学生容易理解的方式组织和呈现教学内容,具体表现为:告诉学生将要学习的知识或技能;采用一定的逻辑对教学内容进行排序;以适合学生认知的节奏呈现教学内容;为学生提供有意义的解释;强调核心概念或重要信息使学生能够抓住重点;使用学生熟悉的例子进一步解释;通过提问检查学生的理解,如果学生感到困惑,换种方式解释;对相关术语进行解释并给学生一些时间去理解或提问;对学生的疑问进行回应并对教学内容进行总结。

第二,教师对特定概念表征的多样性。学生带着各自的经验和知识进入课堂,为了满足学生不同的学习需要、能力和学习风格并且避免学生对学习失去兴趣,教师需要丰富的表征从不同的角度解释所讲授的内容。比如,通过罗列学习该内容的好处、提问、讨论、采用实物激发学生的好奇心等方式开始教学;通过小测验、头脑风暴或调查问卷来检查学生的已有理解;通过讲座、知识清单、影像资料、小故事等让学生获得信息。

第三,让学生充分参与到学习中。采用讲授法的课堂,学生不是被动地听而是使用教师所呈现的内容积极地去思考或用自己的话去解释来形成深刻的理解,学生学习的效果取决于积极理解的程度和时间而非被动听课的时间。为了保证学生的充分参与,教师可以采取一些措施,比如,制定参与课堂的规则使学生在课堂教学的过程中可以根据意愿提出问题而不需要经过教师的允许,学生有听不明白的地方可以立即举手示意而不用等到教师询问的时候才能回答;在讲解后,给学生一些时间能够消化所讲的内容。另外,教师可以采用一些策略,如使用学生提出的想法或问题来引起学生的兴趣,通过重复、调整、应用、比较、总结等策略使学习的目标变得容易实现。

(三) 教学前的准备

为了保证教学的有效性,在使用讲授法之前,教师的课前准备至关重要,对于新教师而言,可以遵循以下几个步骤。

第一,写出教学目标。教学计划开始于清晰的教学目标,教师要保证每一节课目标的达成是为了帮助学生实现某个长期目标,即教学目标不是教师要做什么,而是学生要做什么。另外,一节课时间有限,每一节课的教学目标要具体且能够实现,一个个小目标的实现最终帮助学生实现一个较大的或较难的目标,而教师需要做的是帮助学生将这些小目标联系起来。

第二,选择教学内容。教学内容是帮助学生实现教学目标的载体,因此,教学内容选择的首要依据便是是否与教学目标匹配,另外,还需要考虑所选择的内容是否符合学生的认识水平。在选择教学内容时,教师要同时考虑如何表征该内容使其变得容易理解,如在讲解某一概念时可以举哪些学生熟悉的例子等。需要注意的是,用来帮助学生理解的实例要确保是学生常见的、熟悉的,而不是教师所熟悉的,比如,在培智学校一堂关于"时间"的教学中,教师选择使用闹钟作为看时间的载体,而学生更熟悉的却是 iPad。当不得不使用学生不太熟悉的例子时,教师需要解释使用这个例子的目的,如"这个例子可以帮助大家了解为什么……""这个例子与同学们所熟悉的例子有所不同,因为我想让大家看看……有变化时会发生什么"……

第三,组织教学内容。使用讲授法最大的优势就是教师可以决定组织教学内容的方式和顺序来尽可能地帮助学生理解特定的内容,因此,教师在计划中最重要的部分便是考虑如何搭建教学框架、组织教学内容、安排教学顺序,使学生系统地接触新的观点并鼓励他们使用特定的方式去思考,清晰且有逻辑的结构更能激发学生想要学习的欲望。在组织教学内容时,教师首先需要考虑所教内容本身的学科逻辑,但这不是唯一需要考虑的,教师还需要结合学生已有的经验和知识、学习风格、可获取的学习资源等综合做决定。一般而言,教师在组织教学内容时可以从以下几个方面着手:

①由简入难,从学生容易理解的内容开始,逐渐过渡到较难的内容;

②搭一座桥,在学生已知的内容与将要学习的内容之间建立联结,在将要学习的内容与现实生活之间建立联系;

③有意义的片段,为学生提供的学习材料要被分解为有意义的片段,让学生有信心去了解而不是面对大量的材料无所适从;

④强调重点,强调最重要的概念并且帮助学生将这些概念联系起来,形成概念图;

⑤使用类比、例子等加深学生的理解;

⑥在适当的时候总结所学的内容,并且给学生一点时间去思考所学的内容并鼓励学生提问;

⑦合适的时候，使用视觉支持来帮助学生理解，如图片、图表、模型等。

第四，准备教学笔记。提前准备教学笔记可以帮助教师顺利地实施教学计划。教学笔记有两种形式：一种是适合新教师的教学逐字稿，即教师将课堂上所要讲的每一句话都写下来，在写的过程中，教师可以重新思考教学内容与目标是否匹配，内容组织是否符合逻辑和学生的认知特点等，使用教学逐字稿可以减少新教师对教学的焦虑，但是也会带来一些麻烦，如教师过于依赖逐字稿，教学活动就变成了读笔记而非讲解，教师在读的过程中很难关注到学生的反应，学生很快会因为无法参与到教学活动中而失去兴趣。另一种是适合有经验的教师的教学大纲，教师将所要呈现的重点罗列出来，在讲解这一重点时对所需要的例子、材料进行备注，这样既可以提醒教师按照计划开展教学，同时也可以给教师根据学生的反应进行教学调试的自由。

第五，帮助学生掌握术语。任何学科或领域都有其特定的术语，这些术语可能是专业人员所使用的专业术语，也可能是人们生活中常常用来表述特定概念的生活术语，相同的词语在不同的学科或领域中有可能表达不同的意义，因此，在正式开展某一领域的学习之前，为学生解释一些表达该领域的术语或唤醒学生生活中用来描述该内容的常用词汇是非常有必要的。

第六，训练学生记笔记的能力。以教师解释为主的课堂，学生在从教师的讲解中获得大量的信息，但学生需要将重点记录下来方便复习、讨论以及预习，将教师的板书、讲义一字不差地抄写下来并不能够帮助学生学习，学生需要使用对自己来说有意义的笔记来促进学习，而学生很少会主动学习记录自己思考的有效方法，因此，在使用讲授法之前先帮助学生掌握快速记笔记的方法会起到事半功倍的效果。同时，教师在教学过程中要时刻保持重点突出、逻辑清晰，必要的时候给予提醒，让学生能够将重要的内容记录下来。

(四) 评价教学效果

教师对教学过程理性的反思能够提高教师的教学能力，对于以讲授法作为主要策略的课堂，教师可以从"我做了什么？"和"学生做了什么？"两个问题出发进行反思。

1. 关于"我做了什么？"的问题

我是否充分地解释了教学内容的内涵和价值？
我是否为学生提供了自我评价学习效果的标准？
为了帮助学生将新知识和已有知识联系起来，我都做了什么？

我是否按照教学计划开展我的教学？如果没有，为什么？

教学中是否发生了我预料之外的事情？

我所使用的术语中是否有学生难以理解的？而我又是如何确定他们最终理解了这些术语？

我讲解的时间和学生思考的时间分别有多长？

我组织和安排的教学内容是否让学生的学习更加有效？

我是否为学生提供了提问的机会？

我关注学生学习效果的频率是？

我是否对我的教学充满信心与热情？

为了让学生对所学内容感兴趣，我做了什么？

这节课中有哪些事件证实了我的教学观念，又有哪些问题与我的教学观是相违背的？

如果我要重新讲这节课，我会做哪些调整？

2. 关于"学生做了什么？"的问题

我基于哪些证据评价学生的学习效果？

是否所有的学生都达到了教学目标？如果没有，为什么？

学生是否用我期待的方式回应我的教学？

这节课的内容对学生来说太多？太少？还是刚合适？内容组织的逻辑对学生来说是方便理解的吗？

学生对重要概念的理解程度如何？

我基于哪些证据判断学生是否喜欢这节课？

在教学结束时，学生是否对接下来的学习内容表示好奇？

这节课对学生的学习观产生了怎样的影响？我是如何知道的？

对于这节课来说，讲授法是不是最好的方法？学生能否通过其他教学策略学得更好？

二、小组学习

小组学习是指同一组内学习成员之间分工合作，共用资源，彼此谈话讨论、交换思想、互相支援，每个人尽力表现出最大的潜能的一种学习方式。小组学习的过程中，学生要能够自由主动地参与讨论，教师从教学主导者变成小组活动的监督者和资源。小组学习能够增进学生彼此的沟通技巧和理解能力；培养学生的合作能力；养成学生善待他人的态度，建立良好的人际关系。小组学习的执行包括四个步骤：课前准备、教学实施、评价、反思。

(一) 适合小组学习的内容

在小组学习的过程中，学生有更多的时间和机会发表自己的观点。当我们的教学目标倾向于通过教学活动使学生获得与同伴互动的经验与能力或通过与同伴合作解决问题时，小组学习就是最好的选择。小组学习可以帮助学生共同解决生活中个人无法独立解决的复杂问题，并且在解决问题的过程中锻炼学生口语交际的能力、协商的能力。小组学习也可以帮助学生在学习中由被动的学习者逐渐转变为积极的参与者。因为在小组学习的过程中，教师是学生获取信息的资源之一，通过其他渠道收集信息以及将这些信息进行整合分析的过程，使学生有更强烈的成就感。小组学习还可以帮助学生激活原有的知识和经验，并且在合作的过程中进行重构。

当然，但凡学生可以通过其他教学策略轻易达到教学目标，没有必要为了讨论而开展小组学习，因为，在采用小组学习作为教学策略之前，除了考虑教学目标，教师还需要综合考虑学生的特点、独立学习的经验、可使用的资源以及教学内容。比如，学生更加习惯由教师主导学习，在小组学习的过程中会感到不知所措或不愿意分享自己的感受与观点。再比如，受到学生社会交往能力的影响，有些学生不能够很好地与同伴进行合作。还有，在小组学习中，小组成员之间的经验、能力的不同所导致的讨论无法开展或讨论与学习目标无关的话题，任务分配不均衡等，都会使学生无法从小组学习中受益。

(二) 有效使用的关键要素

在课堂中有效使用小组学习策略，受到诸多因素的影响，对这些因素进行总结可以发现，以下几点尤其重要：第一，小组学习要有明确的学习目标；第二，学生对于小组学习的内容和方式要提前熟悉；第三，教师要为学生制定清晰的学习指导手册（Guideline）；第四，教师要用心营造小组学习的氛围；第五，教师要引导学生开展讨论而非指导；第六，所有学生要有参与小组学习的意愿；第七，教师要监控学习的过程并及时反馈；第八，有效的时间管理；第九，教师主导面向所有学生的总结。

（三）教学前的准备

在使用小组学习作为主要的教学策略之前，如果教师希望学生能够获得积极的学习经验并且达到教学目标，教师需要做好充分的准备。

第一，教师需要明确在什么时候开展小组学习，学习的目标是什么，小组学习的流程以及需要的时间等。要想保证学生在小组学习时能够有所收获，教师需要提前将小组学习的任务进行分解与澄清，并且准备好帮助学生理解的材料以备不时之需。

第二，教师要帮助学生熟悉小组学习的方式。如果学生没有任何小组学习的经验，可以从两人一组解决简单的问题开始，逐渐增加小组的人数和任务的难度。

第三，教师要决定如何分组。一般而言，教师根据班级人数、空间大小以及学习任务分解的情况决定组别和小组人数并采取适当的分组方法决定每组的成员。分组的基本原则是异质分组，即组员在学习能力、动机、成就及行为特质等方面能够相互补充。当学生对教师指定的分组不满意时，教师可以让学生选择一名好朋友先进行讨论，然后将两位同学同时分配到某一个更大的小组中。

第四，教师要准备或收集与教学内容与目标相关的资料并且将这些资料提供给学生。

第五，教师需要为学生制定详细的小组学习指导手册，内容包括小组学习的目标、学生需要完成的任务以及评价的标准。对学生而言，只有了解了他们要做什么，为什么要做，学生才会有动力去做。

第六，在小组学习之前，对任务和问题进行解释与讨论，让学生熟悉他们将要完成的任务、可能使用的工具和资料。教师通过让学生提问、复述等方式来确保学生了解学习的任务，方便他们后续的选择，使小组学习进展得更加顺利。

第七，学习小组建立后，帮助每一组成员选出负责人并且制定各个小组的学习规则，让每一位小组成员明白自己的角色和分工。另外，教师要对教室空间进行安排，如每个小组的活动区域、使用的资源等，尽可能避免小组之间的互相影响和冲突。

（四）评价教学效果

评价小组学习的效果，最要回答的问题就是学生是否在小组学习中达到预定的学习目标？为了回答这个问题，教师可以通过对以下问题的回答来判断：

是否所有的学生都积极参与到小组学习中？如果没有，为什么？
所有的小组和任务都是可监控的吗？如果不是，为什么？
小组活动对学生是否具有挑战？通过小组学习，学生的思维能力是否得到提高？
每一个小组是否都有足够的时间完成任务并进行小组总结？
学生是否开展了有意义、有深度的讨论，还是只是泛泛而谈？
小组负责人是否有效地领导小组开展学习活动？如果没有，为什么？
小组其他成员是否都按照计划完成了自己负责的任务？
学生是否能够很好地与同伴进行合作并保证每一位成员都参与到小组学习的整个过程中？

三、问题解决

问题解决是指个体面对问题情境时，以合理的过程综合运用知识技能以期达到解决目的的思维活动，是一个运用已经掌握的知识和技能解决问题的过程，包括问题解决的计划及解决的执行。问题解决常常是一个试错的过程。问题一般有两种类型，一种是结构性问题，按照程序性的思维方式进行思考推理即可获得答案，教材中呈现的一般都是这种问题；另一种是非结构性问题，指情境因素不明、影响因素不确定、不容易找出线索的问题，解决此类问题并无任何固定程序可循。一般而言，在教学中问题解决的步骤包括确定问题、分析问题的意义与性质、试探可能的解决问题的方法、找出可能的最佳解决方法、执行解决方案及验证。

（一）适合问题解决的内容

在生活中，通过解决问题的过程所获得的信息远比通过阅读或被告知所获得的信息更加便于理解和实用。问题解决作为教学策略是要解决学生在真实的生活中所面临的重要的、复杂的问题，包括解决问题的知识和技能两个方面的内容。适合采用问题解决的策略开展教学的内容一定是在学生生活中起到重要作用的问题，这些问题都具有现实的意义，如果不予解决，将会影响学生进一步的学习，并且学生对这些问题的答案都非常感兴趣。当需要解决的是学生所面临的真实问题，问题本身就是潜在的动力，激励学生开展学习。使用问题解决作为教学策略，能够发展学生的推理能力，即根据现有的知识和能够获取的资源解决自己生活中所面临的问题的能力。如果教学目标是希望学生能够解决这些真实存在的问题并对这些问题中所涉及的核心概念产生深刻的理解或将已有的知识与新的问题产生联结，那问题解决的策略无疑是非常有效的。然而，如果学生缺乏基本的独立学习的技能，缺少解决问题所需的先备知识与技能或者教师不能够很好地为学生解释为什么以及如何解决这一问题，盲目地使用问题解决的策略只会让学生看起来很"忙碌"却没有收获。

（二）有效使用问题解决策略的关键要素

成功使用问题解决的策略需要大量的准备，需要解决的"问题"必须是真实的、适合学生的且精心组织的，问题解决的目标是清晰但过程是有诸多不确定的。一般而言，一个真实的问题具备以下三个特征：首先，学生知道他们为什么要努力去解决这个问题；其次，学生需要学习一定的新知识和技能去解决这个问题；最后，问题的答案是不唯一的且没有最优的答案，只有更适合学生的答案。需要注意的是，问题解决中所说的"问题解决"的过程与一般教学中所做的"练习"不同。在"问题解决"的过程中，学生需要去思考问题、选择策略、尝试并评价这些策略，最终找到解决问题的答案。而"练习"仅仅是为了加强对已知的知识和策略的熟练程度和理解而做的重复工作。

（三）教学前的准备

使用问题解决的策略作为主要的教学方法，教师需要谨慎地选择一个真实的适合学生的问题，然后尝试将这个问题分解为若干个小的问题并按照解决问题的顺序进行组织，最后，教师需要考虑如何建立鼓励学生探索问题的学习环境。在准备采用问题解决作为主要教学策略时，教师可遵循以下的步骤进行准备。

第一，教师需要明确采用问题解决作为教学策略的目的，深刻地认识到在这样的教学活动中对学生的期待具体是什么。

第二，发展一个或一系列的问题来帮助学生达到既定的目标。一般而言，这些问题以重要的概念为基础，以学生认为的重要情境为背景，适合学生的年龄。

第三，识别解决这些问题的前备知识和技能，如有必要，需要教学生掌握一些前备知识。需要注意的是，问题解决不是对这些前备知识的简单应用，而是要通过这些前备知识学习新的知识和技能。

第四，考虑如何鼓励学生参与到问题解决的过程中。

第五，如有必要，教学生一些问题解决的程序性知识，如在让学生采用问卷调查法解决问题之前，需要先让学生具备编写和分析问卷的能力。

第六，预测学生在解决问题的过程中可能会遇到的困难，如有必要，帮助有困难的学生发展一些解决问题的策略。

第七，尽可能地想到学生可能会使用的策略并对每一种策略中需要的辅助进行准备，这样，在教学中教师就能够识别学生所采用的策略并适当地进行鼓励。

第八，在教学的过程中，确保教师的计划给予学生足够的自由去思考、讨论、发现、试错，通过提问等让学生专注于解决问题并记录学生的表现，还要帮助学生一起进行总结。

(四) 评价教学效果

在评价以问题解决为主要策略的教学是否有效时，除了一般的评价策略，我们还可以通过以下问题进行评价：

"问题"是学生生活中急需解决的吗？

学生在解决问题的过程中学到了重要的概念、原则还是仅仅找到了问题的答案？

学生在解决问题的过程中是否愿意尝试不同的策略？他们是否能够接受自己的失败和其他人的错误？

学生是否有能力找出关键的信息和数据来解决问题？

你是否鼓励学生说出他们的想法并坚持下去？

你是否总是愿意去理解学生提供的想法并探寻原因？

你是否给学生足够的时间对他们解决问题的过程进行总结和汇报？

四、角色扮演

角色扮演是教学中常用的玩、游戏和模拟的延伸，在教学中可能是正式的，如话剧表演；可能是高度结构化的，如辩论；也可能是自由发挥的，如即兴扮演、游戏等。无论哪一类扮演活动，都有一个共同的特征，那就是参与其中的学生需要承担一个角色，因此，将这些活动统一称为角色扮演。角色扮演有多种多样的形式，一般而言，研究者对角色扮演有四种不同的解释。第一种是最常见的，将角色扮演看作一种未经排练的戏剧化表演，个人即兴表演来说明在特定情况下人们所期望的行为。这种角色扮演是最容易设计并实施的，主要用来帮助学生理解在特定的情境中别人的感受和观点，进而帮助学生思考并应对现实生活中的特定情形。第二种是将角色扮演看作帮助学生发展某项特定技能的手段，如学习面试的技巧或如何向陌生人介绍自己或如何向陌生人寻求帮助等。这种角色扮演一般会让学生轮流扮演不同的角色进行练习。第三种是将角色扮演看作发展某项职业技能的手段，在这种情形下，学生长期扮演某一个特定的角色来体验该角色在工作中需要面临的问题并进行解决。第四种是将角色扮演看作检测学生理解的一种手段，学生在课堂中进行模拟的角色扮演，扮演的对象可以是有生命的也可是无生命的物体。无论哪一种形式的角色扮演，教师都要精心地计划、组织，使之顺利地进行并且引导学生在扮演之后开展讨论，这样，角色扮演的活动才能够成为学生的一种学习经验而非简单的表演。

（一）适合角色扮演的内容

通过角色扮演可以使学生获得知识、通过应用知识加深理解以及改变观念。在面对有争议的议题时，如果教师期望学生通过阅读、研究、选择和组织相关的材料来增长知识或加深理解，进而进行分析整合不同的观点，并用这些观点展开讨论，最终选择适合的、相关的社会行为或形成富有逻辑的决策或达成一致，角色扮演将是值得尝试的教学策略。该教学策略可以针对整个班级中所有的学生也可以以小组为单位开展，适合任何年龄和任何学科。

（二）有效使用角色扮演的关键要素

角色扮演不适合教授程序性知识，如解决文字题的步骤等。同时，在使用该策略时，教师一般会将复杂的问题简单化，这会导致学生低估解决真实问题的困难程度。另外，时间也是影响角色扮演的策略是否成功的关键，一般而言，采用该策略开展教学本身就会耗费大量的时间。还有，学生的态度、个性以及在角色扮演过程中对情绪的识别与控制能力等都会影响该策略是否有效地使用。最重要的是，角色扮演要求学生对特定角色进行个性化的诠释，因此，如何流畅地、有效地使用该策略对教师的挑战很大，特别是没有经验的教师。同样地，对于年幼的生活经验相对不丰富、理解能力也有限的学生来说，采用角色扮演很可能会产生很多意想不到的麻烦。

（三）教学前的准备

采用角色扮演作为主要的教学策略，教师作为"导演"，要提前考虑到活动、目的、活动发生发展的顺序、角色、角色之间的互动、产生冲突的情形等，具体而言，第一，当教师在计划时需要考虑参与角色扮演的学生（Role-player）的学习目标和其余同学，如观察者、点评者和记录者的学习目标；第二，要为每一位同学准备所需要的道具和材料；第三，选择参与扮演的同学并且对每一个角色进行说明；第四，向每一位同学解释教师在整个角色扮演活动中对他们的期望；第五，将表演的每一个阶段/场景进行划分。

在使用该策略时，教师需要明白不是每个学生都能够勇敢表现自己，如有些学生不愿意在同伴面前做夸张的表情或动作、表达自己的观点，还有些同学不愿意自己的行为被评价等。因此，在采用该策略之前，教师需要一段时间的努力增强学生的信心，让每一位同学为角色扮演做好准备。比如，向同学们解释所有人在当众表演时都或多或少有些不自在、循序渐进地锻炼学生扮演的技巧和能力，选择一些愿意表演的同学做示范，鼓励学生的努力而非评价他们的表现等。

（四）评价教学效果

角色扮演与其他教学策略不同，因此，在评价教学效果时，除了要考查"学生是否通过角色扮演达到既定的学习目标？"之外，还须考虑以下方面：

是否所有的学生都理解教师为什么采用该策略？
扮演者对角色本身的理解与诠释程度如何？
有没有学生因扮演某个角色而陷入困境？
学生是否能够顺利区分"角色"和真实的自己？
表演者和旁观者有没有认真对待这个活动？
表演者和旁观者的收获分别是什么？
如果选择不同的学生表演，教学效果是否会有所不同？
如何提升资源、道具等让学生对所表演的角色有更加深刻的理解？

如果表现的内容关于道德和价值观，学生在表演后是否有更多元的观点或改变？

另外，教师还可以通过学生自我反思和同伴互评等方式来对教学效果进行评价。学生自我反思可以通过回答诸如"当我扮演某角色时，我的感受是？我觉得最困难的地方是？最容易的地方是？这次活动我的收获是？"等问题开展。而同伴互评可以通过回答诸如"我观看时的感受是？让我印象最深刻/思考最多的场景是？这次活动我的收获是？"等问题开展。

五、情境教学

情境教学法是指在日常生活、学习、工作的人、事、物当中实施教育教学。对培智学校的学生来说，教学活动要尽可能在真实或自然情境下进行，而且使用真实的材料，最好能够考虑学生所处的生活环境和使用的材料。与学生生活较为接近的主题，如生活适应、劳动技能、生活数学中关于人民币、时间等内容的教学都适合采用这种教学策略。

准备情境教学的第一步便是选择情境，情境要依据教学目标与内容，选择与学生的生活或经验最紧密的情境。第二步需要教师调查所选的情境，即教师对所选定的情境进行实地调查，调查的内容包括实施情境的时间、条件、地点，涉及的人、事、物等。第三步需要教师分析所选情境，教师从情境对学生的要求以及学生处于该情境中的需求两个方面进行分析。第四步是设计安排教学活动，需要教师提前与相关人员联系，明确教学活动的目的、开展的方式和程序等，寻求与相关人员配合；同时教师需要提前准备好教学所用的材料。

六、任务分析

任务分析教学法也叫工作分析教学法，是对特定的复杂的学习行为和技能进行分析、评定的一种方法，旨在使学生能逐步有效地掌握该行为或技能。任务分析法的适用范围广泛，复杂的工作、学习者感到困难的工作都可以用任务分析来教学。

由于培智学校学生的观察力、理解力和记忆力相对较弱，因此，在学习比较复杂的操作性技能时，不能对操作步骤进行有效观察、分析和记忆，而最终导致操作困难。为帮助学生看清楚并掌握正确的操作步骤、规范操作程序，教师常常对复杂的技能进行动作技能的分级，即将复杂技能分解成若干个容易观察、模仿的操作步骤，帮助学生一个环节一个环节地操作实践，使他们掌握完成技能的要点，最终将每一细小的步骤连缀成完整的操作技能。

使用任务分析教学法的准备主要是设计任务分析，教师根据教学目标，分析学习任务所包含的各个部分以及各部分之间的联系，将一个活动依据动作的开始到结束的过程编排顺序，分解成多个小步骤，每个步骤的说明力求简单明了，每一步只能包括一个独立的动作以便于观察。例如，"学会独立使用热水壶"的任务。教师首先确定工作的最终目标是"让学生能够独立使用热水壶烧水"。其次分析"独立使用热水壶烧水"的步骤有哪些？再次将分解出的目标与儿童的感知觉、认知、动作、语言、态度等方面的能力进行匹配，找出目标所需能力与儿童现有能力、尚未发展能力的匹配度。最后排序并设计检核表在课堂教学中使用。

第三节　培智学校有效教学的实践案例

概念教学、行为技能教学和学习策略教学分别需要较为专业化的设计，是培智学校教学内容中较频繁涉及的内容，因此，本节将结合教学设计案例，对这些内容的教学进行解释与说明。

一、概念教学

概念是知识的范畴，无论从事何种学科的教学工作，都会涉及概念教学。教师有时会在教学或活动中来教概念，有时则需要设计独立的教学或活动来教概念。教概念比仅仅教具体的例子更有效，因为教概念能够让学生泛化知识，如果学生能够理解概念，他们就能够通过一些必要的特点，判断一个新的例子是否属于这个概念。

（一）概念的种类

在决定如何进行概念的教学时，考虑一下概念的类型是很有必要的。概念因其具体或抽象程度、广义或狭义程度，以及定义类型的不同而有所区别。有些概念是很具体的，如鲜花或桌子；有些概念很抽象，如爱或真理；还有很多是介于二者之间的，如多边形、家庭或副词。一般来说，越具体的概念越容易讲授和理解。有的概念很广，如生物；有的概念又很窄，如大象；介于这两者之间的还有系列的层级概念,如生物、动物、哺乳动物、陆地哺乳动物、大型陆地哺乳动物、现存的大型陆地哺乳动物、大象。

在教某一概念时,确定其属于广义的还是狭义的概念很重要。例如,"我们已经学过了几何图形的概念。今天,我们将继续学习一类几何图形——三角形。在今后的教学过程中,我们还将学习不同种类的三角形,如等边三角形"。通常情况下,教师不应该通过一节正式的概念教学来讲授狭义的概念。所以,在众多的概念中,有必要选择那些最重要的且对学生有用的来学习。

同时,概念也会随着对它们的定义不同而有所不同。有些概念属于合取概念(Conjunctive Concept),如将"桌子"定义为具有同一属性的一套物品——桌子有一个平面和至少一个桌腿。有些概念是析取概念(Disjunctive Concept),这类概念具有选择属性,如公民可以是一个国家本土的成员,也可以是后来加入国籍的成员。第三类概念是关系概念(Relational Concept),这种概念是基于事物间的比较而得出的定义。比如"大"的概念:老鼠与蚂蚁相比是大的,而与狗相比就不大了。所以,如果没有与其他事物进行比较"大"的概念则毫无意义。在准备教学时,分析一个概念或选择解释概念的样例或非样例的同时,能够辨别所讲授的是合取概念、析取概念还是关系概念也很重要。

(二) 概念的有效教学模式

以独立的教学或活动来教概念时,直接教学或引导发现式教学是常用的两种模式,前者是演绎法,后者是归纳法,两种模式在最初阶段会有所不同,但最后两个阶段是相同的。

1. 运用直接教学模式教概念的步骤

①教师给概念命名或下定义;
②在呈现样例和非样例的同时,教师陈述此概念的关键和非关键属性;
③教师提供新的样例和非样例,让学生从中进行区分;
④教师让学生解释他们的答案,即分析其是否具有关键属性。

2. 运用引导发现式教学模式教概念的步骤

①教师给出概念的名称;
②教师展示样例和非样例;
③教师让学生研究样例和非样例,并辨认出关键属性和非关键属性;
④教师让学生给概念下定义或解释概念规则;

⑤教师提供新的样例和非样例,让学生从中进行区分;
⑥教师让学生解释他们的概念,即分析其是否具有关键属性。

直接教学模式教概念能够减少学生的困扰和误解,同时还能够节省时间。所以,在学生对概念原有知识很少时,该模式很有用。引导发现式教学模式教概念,能够激发学生的学习动机,为他们提供一种更有趣的学习途径,并能锻炼他们逻辑归纳的思维技能。此模式有助于学生完善他们对于熟悉的概念的理解。

(三) 设计概念教学的核心要素

首先,教师要进行精细的概念分析。概念分析包括该概念的定义、关键和非关键属性以及概念的样例和非样例。教师需要考虑如何阐述概念。对概念的解释要适应学生的水平,最好参照教材相关内容的词汇表。例如,给一年级学生讲述"正方形"的定义,要不同于讲给十年级的学生。教师要列出关键和非关键属性,这对于区分相似概念是很有帮助的。关键属性是某一概念的本质特征,而非关键属性则不是必需的。比如,"四边形"就是正方形的一个关键属性,这四条边还必须是等长的,而边长是3米还是3寸并不重要。教师要精心挑选样例和非样例。"好"样例是最直观、最明白、最好理解的例子,在不同的教学阶段使用不同的例子可以确保学生不仅记住例子还理解了概念及其属性。另外,呈现例子的方式需要突出关键属性,如下画线、着色或箭头等。

其次,教师需要认真考虑学生需要学习什么才能够理解和使用所要讲授的概念。概念教学的目标可能包括:概念的定义;列出概念的关键属性;辨认概念的样例和非样例;陈述属于样例和非样例的理由;举例;陈述相关概念的相同点和不同点;以一种新的方式使用这一概念等。

最后,导课与结课。在概念教学的导课环节,教师要评估学生对概念已有的知识,发现学生是否对概念有错误的认识以及帮助学生将要学习的概念与他们的个人经验联系起来。但是,在发现教学模式的过程中,概念的定义不在导课的环节出现。概念教学结课方式有很多,可以通过回顾概念的定义、关键属性和典型例子等。

(四) 概念教学举例

运用直接教学模式讲授概念举例:比高矮

以人教版《培智学校义务教育生活数学教师教学用书》一年级下册第一

单元对"高"和"矮"这两个概念的教学设计为例。因为"高"和"矮"是关系概念，因此教师对这两个概念的学习制定的教学目标是"学生知道前、后，初步建立方位概念；学生知道两个人之间的相对位置关系"，并分析教学的重点和难点分别是"知道前、后，初步建立方位概念""知道两个人之间的相对位置关系"。

在导入的过程中，教师通过"乐乐和天天排队的图片"作为样例，请学生根据观察和经验来回答"谁在前面？谁在后面"引出"前"和"后"的概念。然后通过带领学生观察、交流来引入"前"和"后"的关键属性，即"两个人之间的位置是相对的，当参照的物体不同了，位置也会不同"。此时教师采用"参照"这个词语，培智学校一年级的学生是否能够理解，有待进一步的讨论。随后，教师给出"排队活动""跑步比赛""座位照片"等样例，让学生进行判断，并说出判断的理由。接着，教师使用"贴照片""排队"等游戏检查学生对"前""后"概念的理解。最后，教师通过让学生总结进行结课。

运用引导发现式教学模式讲授概念：认识圆

以人教版《培智学校义务教育生活数学教师教学用书》一年级下册第二单元"认识圆形"教学设计为例。教师以真实的生活情境引起学生兴趣，选择在超市餐具区拍摄圆形餐具的视频并准备颜色不一、图案各异的圆形盘子作为教具。在教学中，首先，让学生对这些视频中的盘子和实物盘子进行观察，从颜色、大小、形状分别来找盘子的共同点，请同学们来描述这些物品共同的特征就是形状相同，都是"圆圆的"，引导学生对该形状进行命名，即引出"圆形"的概念。其次，教师提供新的样例，让学生通过区分、比较、分类等活动来进一步加深对"圆形"的感知。再次，教师通过"围圆圈"的游戏加深学生对"圆形"的感知。最后，进行总结。考虑到培智学校学生的特点以及本节课的目标，教师并没有对"圆形"的关键属性进行进一步的教学。

二、行为技能教学

行为技能是高于学术和学习技能，且在学业上达到一定成就所必需的技能。这些技能是遵守规则和常规，以及达到行为期待所必需的前提条件。行为技能包括与他人交往或控制情感所需要的重要社交技巧。广义的社交技能包括认知—行为技能，如人际关系的处理、情绪的控制，以及移情。狭义的社交技巧则指具体的人际交往技能，如接受别人的赞美或问候他人等。

(一) 行为技能教学的必要性

一方面，在学校中共处一个教室的孩子们所具有的经验和阅历大不相同，有的学生刚来到学校就可以安静地坐着，能够使用各种设备，认真听讲并且能够独立完成工作，而一些学生需要学习才能做到这些，有的学生善于交友，乐于与成人相处，可以自如地表达情感并理解他人的感受，而另外一些学生则需要别人的帮助才可以听指挥，与他人一起玩，解决冲突或控制情感。还有极个别的同学是不受他人欢迎的、极具危险性的或相对内向的，这些学生都迫切地需要得到帮助，发展其社交技巧。另一方面，无论学生背景如何，他们都要学习课堂的行为期待、规则、常规，以及相应的社交技巧。

(二) 行为技能教学的模式

讲授行为技能与讲授其他原理、程序或"怎样做"的课程相类似。教师先以这一技能的原理陈述或任务分析作为开始，然后运用直接教学的方法，教这一技能的组成部分或步骤。就像所有的直接教学一样，在教学设计的过程中，教师需要提供对每一部分或步骤的解释及示例，还要演示怎样使用行为技能，并让学生通过表演的方式进行练习。最后，通过学生个别独立地表现这些技能的方式，对其进行评价，以确定是否每个学生都掌握了这一技能。

值得注意的是，在讲授行为技能时，对其加以泛化是至关重要的。基于这一点考虑，最重要的就是要将最初的直接教学和设计好的活动相结合。这样就能为学生提供在多种情况下应用这一技能的机会。例如，讲解在被别人拒绝时如何有礼貌回应之后，教师可以设计一系列的情境让学生运用这一技能。

(三) 行为技能教学举例

以《培智学校义务教育生活适应课程标准》中"个人生活""心理卫生"高段目标"正确接纳别人的评价，调控自己的情绪"为例。

第一，教师要以书面形式，图文并茂地呈现这一行为技能的标题。

第二，教师通过描述、详细阐述等解释这一技能。如"如果大人跟你说'不'，你要用礼貌的声音回答'好吧''行'"，其中"礼貌的声音"意味着声音要平和。随后教师要为这一步骤提供样例，如分别用礼貌的声音和粗鲁的声音说一次"好吧"。接下来教师需要对学生的理解进行检查，如让学生判断这一声音是否礼貌，或让学生用礼貌的声音回应等。

第三，教师要再次进行示范，如"受到别人拒绝→停下来深呼吸→看着那个人说'好吧'"。

第四，教师监督学生进行练习，学生可以通过角色扮演进行实践。

第五，教师通过在学校进行后续练习和家庭作业的方式促进技能的泛化。

三、学习策略教学

策略是一种特殊类型的程序，是用来帮助学生理解怎样成为高效学习者的技巧。掌握有效的学习与研究策略的学生更容易在学业上有所成就，而缺少策略或低效的策略往往会导致学生在学业上的失败。策略教学的真正目的是帮助学生以一种更为有效的方式进行学习与研究，以期在学业上取得更大的成功。

（一）策略的类型

学习策略（有时也叫认知策略）和研究策略（有时也叫研究技巧）是两种基本的策略类型。这两种策略的重点各有不同，学习策略能够促进较高层次的思维活动的运用，如决策、自我激励和自我监督等。例如，使用找到主题句的策略，要求学生能够对所阅读的内容做出判断。这种决策一般通过自问的方式确定，如"这一思想涵盖了本段落所有的重要细节了吗？"而研究策略则更像是标准的程序。学生通过一系列有序的步骤进行操作，而这些步骤又要求限制使用高层次思维技能，如决策或自我监督。例如，学生在完成每步骤时的校对策略可以看作研究策略，如"检查每句话的开头字母是否大写"。所以，学习策略是要达到认知目标，而研究策略则是要达到程序目标，二者都很重要。

各种策略的教学都有助于学生的学习与研究，认真思考各种策略的功能，则有助于教师选择较为合适的策略。有些策略是用来帮助学生从课文或教师的知识呈现中收集信息的（如指导学生如何记笔记或进行阅读理解的策略）；有的策略是帮助学生储存信息以备后用（如学习如何使用记忆策略或编制概念图）；还有一些策略是帮助学生展示他们掌握的知识的策略（如学习如何做校对或做多项选择测试）；另外一些策略是帮助学生发展个人组织管理习惯的策略（如如何保存任务日程表或完成任务）。教师可以通过仔细分析学生在完成任务的过程中所遇到的问题来决定讲授何种策略。

(二) 策略教学的模式和核心要素

对于策略教学来说，直接教学可谓是一种有效的教学模式。因为在直接教学模式中，教师会为学生提供一种运用某种策略的样板，所以学生能够较为顺利地学会运用这种策略。

在策略教学之初，首先，教师应该强调所教策略的价值以及希望学生知晓什么。

其次，教师应利用任务分析对策略的内容进行分析并对策略的步骤进行陈述与解释。

再次，教师可以采取有声思维的教学技巧对策略进行示范，让学生了解每一步骤是如何使用的。在这一步骤中，要尽可能确保教师示范的动作和想法明显。

最后，为学生提供大量练习的机会，帮助学生熟练掌握这些策略并使之泛化。这些拓展练习一般在课上进行，教师可以结合多种材料以及使用这一策略的提示，为学生提供不同的练习情境。

本章小结

本章主要对适合培智学校的有效教学设计和教学策略进行介绍。第一节对适合培智学校的有效教学设计，如通用学习设计、差异化教学与选择性教学的概念、理念和异同点，对有效使用这些设计的教学技巧等举例说明。第二节对适合培智学校学生的有效教学策略，对讲授、小组学习、问题解决、角色扮演、情境教学、任务分析的适用内容、有效使用的关键要素、教学前的准备以及评价教学效果的依据进行介绍。第三节在前两节的基础上，通过具体的教学案例对培智学校所涉及的概念教学、行为技能教学以及学习策略教学的主要内容、模式、核心要素进行解释说明。期望通过本章内容的阅读，读者能够了解培智学校有效教学的设计思路与具体策略，进而通过教学实践来提高培智学校教与学的质量。

第二篇

培智课程校本化的生动实践

第五章　北京市培智学校的课程设计
第六章　北京市培智学校的课程实施
第七章　北京市培智学校的课程评价与管理
第八章　北京市培智学校的课程实施效果、反思与改进

/ 第五章 /

北京市培智学校的课程设计

第一节 课程资源分析

近年来，培智学校的生源发生了很大变化。2016 年，教育部制定《培智学校义务教育课程标准（2016 年版）》，如何在新课程标准指导下践行个别化教育的理念是当前培智教育改革与发展的当务之急。新课程标准是对我国多年来培智教育发展和教育教学改革经验的集中总结，是"十三五"以及今后一个时期特殊教育教学改革的顶层设计，是指导、规范教学行为的基本根据。考虑到地域学生差异，教育部要求各地要结合本地实际，针对特殊学生的特殊需求，加大特殊教育课程开发力度，不断丰富特殊教育课程体系以及课程资源。课程建设成为学校发展的核心竞争力。新课程标准明确规定了10门学科的课程性质、基本理念，说明了每门学科的课程设计思路、目标及内容设置。从学段目标与内容中，知识循环上升的系统中为培智学生规划了一条清晰的成长之路。在每一学科的实施建议中，均强调尊重学生差异的个别化教育、服务于生活质量的生活化教学、着眼于学生独立的支持性策略等。

一、课程资源及其重要意义

随着我国新一轮基础教育课程改革的不断推进，课程资源的开发与利用问题逐步引起了课程理论界的重视。人们越来越深刻地认识到，没有课程资源的合理开发与有效利用，教育课程改革的宏伟目标就很难实现。可是，什么是课程资源？课程资源有哪些特点？怎样来把握课程资源？课程资源的开发与利用应该坚持哪些基本原则？教师作为课程资源的开发与利用主体，可以采用哪些可能的途径与方法？

课程是人才培养的施工蓝图，是组织教育教学活动的最主要依据。课程资源是相对于课程而言的，但是，任何课程又都是以一定的课程资源为基础和前提的，没有课程资源也就没有课程。因此，我们可以把课程资源认为是课程设计、实施和评价等整个课程编制过程中可资利用的一切人力、物力以及自然资源的总和，包括教材以及学校、家庭和社会中所有有助于提高学生素质的各种资源。课程资源既是知识、信息和经验的载体，也是课程实施的媒介。因而，课程资源的合理开发与有效利用是任何课程目标顺利达成的必要条件。

教育教学活动可以开发与利用的资源多种多样，既有来自自然界的，也有来自社会的；既有显形的，也有隐形的；既有校内的，也有校外的；既有人力的，也有物力的；既有文字的和实物的，也有活动的和信息化的；等等。多种多样的资源，为学校和教师因地制宜地开展教育教学活动提供了广阔的空间。尽管如此，我们应该看到，并不是所有的资源都是课程资源，只有那些真正进入课程，与教育教学活动联系起来的资源，才是现实的课程资源。所谓课程资源的开发，实质上就是探寻一切有可能进入课程，能够与教育教学活动联系起来的资源；所谓课程资源的利用，实质上就是充分挖掘被开发出来的课程资源的教育教学价值。所以，课程资源的开发与利用是密切联系在一起的，开发是利用的前提，利用是开发的目的，而开发的过程也包含着一定的利用，在利用的过程中也会促进进一步的开发。从这种意义上看，一切可能的课程资源都具有价值潜在性的特点。具体说来，课程资源的潜在价值体现在课程设计、实施和评价的全过程。由于课程设计受设计者对材料依据的选择的影响，课程资源便成为课程设计的基础和依据。同时，选择哪些资源作为课程设计的基础和依据本身，也反映了设计者一定的价值倾向，而这直接影响着课程的实施和评价。

课程实施需要课程资源提供人力、物力等方面的条件支持和保证，因此，课程资源的开发与利用对课程实施必然起着促进或限制的作用。课程资源影响着课程设计和课程实施，课程资源的评价成为课程评价的重要内容。可能的课程资源虽然呈现出多样性，但是任何可能的课程资源则因地域、文化传统、学校以及师生各自的差异而不同，因而课程资源又具有具体性的特点。不同的地域，可资开发与利用的课程资源不同，其构成形式和表现形态各异；不同的文化背景下，人们的价值观念、道德意识、风俗习惯、宗教信仰等具有独特性，相应的课程资源各具特色；学校性质、规模、位置、传统以及教师素质和办学水平的不同，学校和教师可以开发与利用的课程资源自然有差异；学生个体的家庭背景、智力水平、生活经历的不同，可供开发与利用的课程资源必然也是千差万别。

不仅如此，同一资源对于不同课程有不同的用途和价值，课程资源因而具有多质性的特点。例如，动植物资源，可以成为学生学习生物学知识的资源，也可以成为学习环境学、生态学知识的资源，还可以成为学生调查、统计的资源。学校附近的山，既可当作体育课的场地进行体育锻炼，也是劳动技术教育中植树绿化的场地；既可以在艺术教育中陶冶学生的情操，也可以在此进行生物课调查动植物的种类。课程资源的多质性，要求教师慧眼识珠，善于挖掘课程资源的多种利用价值。只有高素质的教师才不会有课程资源缺乏的困扰，才能够化腐朽为神奇，变无用为有用，使课程资源的潜在价值得以充分发挥和显现。❶

课程资源的概念有广义与狭义之分。广义的课程资源指有利于实现课程目标的各种因素，狭义的课程资源仅指形成课程的直接因素来源。本书所使用的是相对广义的课程资源概念，指的是形成课程的因素来源与必要而直接的实施条件。❷

按照课程资源的功能特点，可以把课程资源划分为素材性课程资源和条件性课程资源两大类。其中，素材性课程资源的特点是作用于课程，并且能够成为课程的素材或来源，比如，知识、技能、经验、活动方式与方法、情感和价值观等方面的因素，就属于素材性课程资源。条件性课程资源的特点则是作用于课程却并不是形成课程本身的直接来源，但它在很大程度上决定着课程的实施范围和水平，比如，直接决定课程实施范围和水平的人力、物力和财力、时间、场地、媒介、设备、设施和环境，以及对于课程的认识状况等因素，就属于条件性课程资源。当然，把课程资源划分为素材性资源和条件性资源更多地是为了说明问题的方便，两者并没有绝对的界限。现实中的许多课程资源往往既包含着课程的素材，也包含着课程的条件，如图书馆、博物馆、实验室、互联网、人力和环境等资源就是如此。

按照课程资源空间分布的不同，大致可以把课程资源分为校内课程资源和校外课程资源，它们都可以包括素材性课程资源和条件性课程资源。校内外课程资源对于课程实施都是非常重要的，但它们在性质上还是有所区别的。

---

❶ 徐继存，段兆兵，陈琼. 论课程资源及其开发与利用 [J]. 学科教育，2002 (2)：1-5, 26.
❷ 吴刚平. 课程资源的理论构想 [J]. 教育研究，2001 (9)：59-63, 71.

就利用的经常性和便捷性来讲，校内课程资源应该占据主要地位，校外课程资源则更多地起到一种辅助作用。以往我们忽视了对于校外课程资源的开发利用，今后应该加以足够的重视，但绝不意味着在整个基础教育范围内，从根本上改变校内为主、校外为辅的课程资源开发与利用的基本策略。按照美国课程论专家泰勒的说法："① 要最大限度地利用学校的资源；② 加强校外课程（the Out-of-curriculum）；③ 帮助学生与学校以外的环境打交道。"❶ 我们应重视建立校内外课程资源的转化机制，一方面学校要善于合理发掘和运用社区及其他兄弟学校的课程资源，另一方面校内课程资源也可以向社区和其他学校辐射。各级行政部门有责任加强管理，在政策上建立健全校内外课程资源的相互转换机制，强化各种公共资源间的相互联系，从而在很大程度上使课程资源特别是素材性课程资源的广泛交流和共享成为可能。

由于划分标准的不同，课程资源还可以划分出许多不同的类型，在此很难一一涉及。不过，按照功能特点和支配权限对课程资源进行分类，足以帮助我们建立课程资源的基本概念框架。

课程资源与课程存在着十分密切的关系，没有课程资源也就没有课程可言，而课程必须有课程资源作为前提。课程资源的外延范围远远大于课程本身的外延范围，因为一方面条件性课程资源并不能作为素材成为课程的组成部分，另一方面素材性资源也不能直接构成课程，它还只能是备选材料，它只有在经过加工并付诸实施时才能成为课程。课程实施的范围和水平，一方面取决于课程资源的丰富程度，另一方面更取决于课程资源的开发和运用水平，也就是课程资源的适切程度。

不同教育情境下的课程资源状况可能存在着相当大的差别，一般的情况是，经济发达的东南部地区课程资源的状况比中西部地区优越，城市比农村优越。从理论上讲，条件相对落后的西部地区、农村地区，课程资源特别是素材性课程资源也是丰富多彩的，但缺乏的是对于课程资源的识别、开发和运用的意识与能力。课程资源存在两方面的问题，一方面课程资源特别是条件性课程资源的严重不足；另一方面却是由于课程资源意识的淡薄而导致大量课程资源特别是素材性资源被埋没，不能及时地加工、转化和进入实际的课程，造成许多有价值的课程资源的闲置与浪费。

因此，进行课程设计的首要任务就是要对学校开发课程可利用的课程资源进行分析，强化课程资源意识，提高对于课程资源的认识水平，因地制宜

---

❶ 拉尔夫·泰勒. 课程与教学的基本原理 [M]. 施良方，译. 北京：人民教育出版社，1994：123.

地开发和利用各种课程资源。

二、课程资源分析实例

（一）北京市西城区培智中心学校

北京市西城区培智中心学校自 1981 年开始办学，是全国最早为智力残疾儿童提供特殊教育的学校。2009 年 10 月成立了展览路幼儿园，是附属融合幼儿园，2013 年晋升为北京市一级一类幼儿园。

2016 年，西城区培智中心学校与宣武区培智中心学校合并成立新的北京市西城区培智中心学校，分三址办学，总占地面积 14028 平方米。现有教学班 37 个，分培智部和学前部。培智部学生 161 人，年龄从 6 岁至 18 岁，分别就读在 11 个小学班、10 个初中班和 3 个高中班。学生中度、重度智力残疾占 50%，精神残疾占 24%，肢体残疾（脑瘫）占 2%，多重残疾占 22%。学前部有小中大班 12 个，共计幼儿 244 人，其中有 6 名特殊儿童。

西城区培智中心学校是全国最早开展特奥运动的学校，是中国残联授予的全国唯一的"特奥社区示范活动点"，中国特奥运动在此起步；与普校开展的"手拉手"活动，被国际特奥会称为"世界创举及典范"。西城区培智中心学校着眼于智力残疾孩子的未来，让每个学生拥有"双学籍"，让孩子们自信、快乐地成长。

学校的附属幼儿园展览路幼儿园在"融合共享成长"的教育理念引领下，努力探索融合教育新途径。为每个特殊幼儿建立成长档案，设计个别化教育计划，开展语言、运动、蒙氏等个别训练，挖掘潜能，补偿缺陷，使他们接受全面的、系统的、有计划的早期干预。幼儿园还共享学校资源，开展了轮滑、足球、国画、魔术、七巧板等兴趣活动。

学校现有在职教师 119 人，其中行政人员 19 人，专任教师 93 人，教辅人员 7 人。党员教师 45 人，特级教师 1 人，市级骨干教师 2 人，首席班主任 3 人，区级学科带头人 7 人，区级骨干教师 20 人。学校重视教师队伍的专业化发展，打造复合型特教教师团队，实现学前融合与培智教育"两条腿走路"。教师参与语言康复、动作治疗、行为矫正、支持教师等方面的培训，努力成为多学科、多领域、多学段的贯通式的全能教师。

（二）北京市密云区特殊教育学校

北京市密云区特殊教育学校（原密云县聋人学校）建校于 1977 年，主要招收听力障碍、智力残疾等学生。2013年9月搬入新址，招收的学生也从轻度智力落后转变为中度、重度智力落后，孤独症、脑瘫、多动症等多种残疾类型的学生。

与前几年的学生情况不同，近年来，学生的问题行为越来越多：攻击行为、自伤行为、多动、打闹……原有的教学模式对他们并不适用，为了将学生在校安全隐患降低到最低；提高习惯养成及适应生活的能力；有针对性深化个别化教育计划教育以及根据学生实际需求灵活安排学习时间内容和方式等，从2017年开始，学校调整新的教学模式，将低年级学生重新分班，成立综合课程组，试行包班制主题教学。

（三）北京市顺义区特殊教育学校

顺义区特殊教育学校地处城乡接合部，学生一直保持在190人左右，而且都是中度、重度孤独症，智力残疾学生，50%以上学生来自农村，经济能力和城区有一定差距，还有少部分贫困家庭。学校周边有着丰富的课程资源，在落实国家、地方、校本三级课程的过程中，有着独特的地区优势。

学校课程建设走过了三个阶段。

1. 自编教材，校本实施

2007年前的学生中度障碍居多，该校根据学生的情况先后编写了三套校本教材，从手写手绘到电子打印手绘相结合，再到全部电子打印、绘画，历经近10年的时间，最终编写出了"生活语文、生活数学"等1~9年级36册校本教材，配套练习手册，电子教材。

2. 综合课堂，适应学情

2010年以后，随着学生障碍程度的逐渐加重，类型增多，原有的自编教材和课程已经不适应学生的教育康复需求，为此该校在充分调研的基础上，借鉴宣武区培智中心学校综合课程经验，于2013年初，开始进行综合课程实验改革，将原来的生活语文、生活数学、生活适应、休闲娱乐、劳动技能等学科纳入综合课，保留音乐、体育、美术等学科课，实行学科课与综合课并行的课程模式。

3. 落实课程标准，对接主题

2016年，《培智学校义务教育课程标准》颁布实施后，新教材陆续投入使用，该校的综合教学面临着挑战，在学习的过程中，该校开始了新课程标准、新教材和主题教学对接的实践研究，并在专家的指导下，结合新课程标准对个别化教育计划和教学设计进行了新的调整。

(四) 北京市延庆区特殊教育中心

2006年建校时,延庆区特殊教育中心的学生大多以轻度、中度智力残疾的学生为主,他们具备学习学科知识的技能,也有一定的学习能力,因此,学校一直实施分科教学的方式,在集体授课的课堂教学中能够落实学生的目标,学生的表现很积极踊跃,教师进行集体教学毫不费力,只需要适时地提醒、指导相应的学生,或是进行分层活动,或是提供精心准备的教具、学具等支持,教学活动能够满足学生的需求,进而达成一节课的教学目标。近几年来,延庆区特殊教育中心接收的新生障碍程度越来越重、障碍类型越来越复杂多样,在集体授课中,学生坐不住、听不进、说不出,尤其是在不同课程的转换过程中,学生的情绪、行为等方面均存在问题,教师也觉得分身乏术,同时自身的专业知识和技能无法支撑一节完整的课堂教学。

延庆区特殊教育中心在专家的多次培训中逐步认识到,分科教学是主题教学的基础,教师对学科体系、学科目标有整体掌控的能力,可以使主题教学的效果最大化。该中心有13年分科教学经验,教师了解学科教学体系,能够比较准确地把握不同学段的学科教学目标。可以这样说,该校具有实施以综合主题为核心教学的基础和优势。

(五) 北京市大兴区特殊教育中心

大兴区特殊教育中心成立于2003年,位于大兴区黄村镇,主要招收大兴区户籍的特殊儿童,学校建校以来一直以培养残疾学生树立自尊、自爱、自立、自强的精神和社会适应能力为主要目标,遵循"以残疾儿童的成长需要为本,以生活适应为核心"的教育理念。以教育部颁布的《培智学校义务教育课程设置实验方案》《培智学校义务教育课程标准(2016年版)》为指导。学校尊重和保障每一个孩子的生存权和发展权,给每个孩子提供最适切的教育,旨在所有的学生都能够在原有的基础上得到适宜的发展,努力让每个特殊儿童的生命绽放光彩。

近几年来,该校面对的生源发生变化:一是特殊学生的残疾程度从以前的轻度生向中度、重度生转变以及从单一残疾到多重残疾的转变。二是在融合教育的大背景下,对特殊学生需要具备的能力及特殊教育提出了新的要求。

(六) 北京市朝阳区安华学校

从 2014 年到 2019 年，在北京市朝阳区安华学校义务教育招收的学生中，精神残疾学生所占的比例从原有的 44% 上升到 66%，多重残疾和脑瘫学生所占的比例也从原来的 2% 上升到 5%。原有的针对中度、重度智力残疾学生开展的目标——主题课程，已经不能满足学生的个性化教育需要。课程建设和实施过程中的深层次问题逐渐凸显，主要表现为：第一，评估内容不够全面，体系不够健全，不能完全满足学生评估的需要；第二，个别化教育计划的制订与课程不能很好地结合，多流于形式；第三，课程的实施针对性不强，对学生的差异性照顾不全面；第四，以分科教学为主的课程设置形式，不能满足学生的多元教育需求；第五，个别化教学缺乏各种资源的保障，难以实施。

北京市朝阳区安华学校从 2006 年起，开始了第一轮课程改革。到 2014 年，该校已经建立起比较完备的课程体系，包括学前教育、义务教育和职业高中教育阶段所有的课程。从 2014 年起，学校相继开始了第二轮课程改革，努力构建以个别化教育为基础的培智教育综合课程。

(七) 北京市东城区特殊教育学校

东城区特殊教育学校在实践与探索中，紧紧围绕《培智学校义务教育课程设置实验方案》和《培智学校义务教育课程标准（2016 年版）》，秉承"有爱无碍、教育康复、和谐发展"的办学理念，"为残疾学生一生成长和生活奠基"的办学宗旨以及"适合的就是最好的"教育理念，从现实社会生活及特殊学生的需求出发，挖掘学校的办学特色，并结合学校的课题研究、教师特长，生成符合残疾学生发展需要，提升生命质量的智通生活课程。

东城区特殊教育学校始终把课程建设作为核心工作，积极探索内涵、特色发展之路。2002 年，学校合并以来，就成立了中度智力残疾儿童课题组，进行学科课程教学研究。历经五年，教师分别编写了符合当时学生使用的生活语文、生活数学、音乐、美工等二十余本教材。2011 年，学校开始推进个别化教育计划的研究，由原来的分科教学课程模式转变为主题综合课程模式。教师统整学科内容，进行综合评估并制订个别化教育计划，再依据全班学生的个别化教育计划统整班级教学计划，自主选取教学内容。教师既是教学内容的制定者，又是实施者，工作繁重。但由于缺乏系统性，有时会出现重复选取教学内容的现象。由此可见，学校急需课程重构，即以课程标准为依据，以学校办学理念和培养目标为出发点，充分整合校内外资源，重新构建学校课程，形成相对稳定的主题和教学资源。

学生的兴趣以及发展性方向是课程资源开发的前提，同时也是课程资源开发的目的。近几年来，学校接纳了越来越多的中度、重度障碍儿童，有智力残疾、孤独症、脑瘫、多重残疾等。面对种类繁多，程度不一的残疾学生，课程、教材难以满足个别化教育的需求。为此，学校只有在新课程标准的指导下研制开发范围宽阔、实用性强、富有弹性的校本课程才能体现学校办学目标。该校对学生家长及部分学生进行了访谈。智力残疾儿童个别康复类课程，被列为第一需要，95%以上的家长都有强烈的需求。此外，从对学生的访谈中，该校发现学生非常喜欢体育类、艺术类课程。在此基础上，学校开始国家课程校本化实践研究。

（八）海淀健翔学校

在新课程标准出台后，学校在近二十年个别化课程运作经验的基础上，细化了课程标准内容，梳理了课程标准各科各学段的目标体系，形成了学科课程本位评估工具，为科学规划学生发展提供了依据。课程标准为个别化教育计划的目标选择提供科学系统的依据，而课程实施的效果依赖于个别化教育计划制订和实施的水平。如何在班级学科教学环境中落实个别化教育计划目标，如何对课程进行整合，使新课程中各个学科形成教育合力，使学生通过各学科的学习获得解决实际问题的能力，成为该校不断探索的课题。

随着融合教育的发展，在培智学校就读的学生残疾程度越来越重，单一障碍类型的学生越来越少，残疾程度重、残疾类型多样是目前培智学校的学生特点。面对学生差异大，需求不一等实际情况，再加上国家出台课程标准及教材等，学生教学目标如何确定，在集体上课时如何关注学生的个体需求，教材如何使用，等等这些问题为学校的课程改革提出了新的挑战和要求。

多年来，学校教师不断研究课程及教学，相关课程、教学、教材及做法在全国范围内被广泛推广和借鉴，教师因多年的个别化教育工作实践及积累，发展出较强的专业进取态度和专业技能。一批批骨干教师具备先进的教育理念，能为学生进行课程规划；具备丰富的评估经验，能准确地把握学生能力；具备过硬的教学组织能力，能有效地组织适宜的学生活动；具备指导和支持其他教师的热情和意识……

学校每年也会不断有新教师的加入，新入职的教师往往还没有自己的专业积淀和专业发展方向，入职之初往往对自己的特长、发展方向甚至学科定位显得茫然无措，新教师的专业发展需要过程及专业指导。

综上所述，怎样通过课程整合拉近课程目标与学生发展之间的距离；怎样发展适当的机制，使教师间的专业传递更加畅通切实，专业间的合作更为有力，进而促进课程的有效实施是该校近年来不断探索的重要课题之一。

（九）北京市通州区培智学校

通州区培智学校是区唯一一所专门为智力残疾、脑瘫、孤独症及多重残疾学生提供教育、康复的全日制九年寄宿制公办特殊教育学校。占地11320平方米，建筑面积7249平方米。现有16个教学班，150多名学生，其中95%的学生来自当地（80%来自农村），5%来自外地来京务工的农民工家庭，现有住宿生30人左右。

学校始建于1984年。2005年通州区人民政府批准在培智学校基础上成立"通州区特殊教育中心"，对全区残疾学生进行"义务教育""康复训练""职业培训""就业指导"，并对随班就读学校教师进行"科研培训""业务指导"等。2008年学校下属的"同享阳光成年智障职业康复站"（庇护性就业）顺利通过市残联的检查、验收。该康复站主要吸纳学校毕业生，在教师指导下学习制作红领巾、被罩、彩旗和多种工艺品，通过农疗、商疗等方式提高学生的生活水平和质量，为学生走向社会做好铺垫。2018年成立了孤独症儿童教育康复训练基地，为全区孤独症儿童和家长以及学校提供评估、指导、训练、培训等服务。

自建校以来，学校一直秉持"以学生为中心"的教育思想，大力开展生存教育，提出了"自尊、自信、自强、自立"的校训。随着社会的发展与进步，中度、重度智力残疾和多重障碍儿童逐渐成为学校主力军，其中低功能孤独症学生的数量约占40%。面对这些越来越复杂以及差异越来越大的特殊学生，满足他们的个别需求，使其得到最适合的发展和教育，促其生活质量提升，成为该校育人的奋斗目标。为此，2008年学校明确提出了"生活化"教育特色和"仁爱"文化的建设愿景，确定了"以人为本，以爱为源，一切为师生的健康发展"的办学理念以及"尊重需要，有效支持，学会生活，快乐成长"的校训，开展了"康教结合、按需施教、开发潜能、人人有所发展"的课程改革。2017年，学校在继承"生活化"特色以及"仁爱"文化传统的基础上，在"目标"上再进一层，提出了"让生命绽放色彩"的办学理念以及"培养自强奋进的温暖少年"育人目标。

（十）北京市丰台区培智中心学校

北京市丰台区培智中心学校创建于1991年，是一所九年一贯制的培智学校，学校一直紧跟国家培智教育的发展趋势，不断探寻、完善本校培智教育的课程实施。现在丰台区残疾学生类型越来越多，且孤独症儿童已经占到了残疾学生总数的一半。随着学生生源的变化，以及社会环境的影响，该校在新课程标准颁布时，就开始了培智学校课程实施的研究，之后进一步明确了课程实施的方向。但传统的培智教育已不能完全满足现有学生的需求。为了更有效地满足学生需求，该校需要探索，需要变革。

2017年4月，教育部在2017年中小学教学用书的通知中明确要求：特殊教育学校义务教育阶段相关学科起始年级使用特殊教育新编教材。2017年7月，教育部颁布了《第二期特殊教育提升计划（2017—2020年）》。随着这些文件的颁布，培智学校的课程建设及实施迈进了新的历史时期。有些学校走"综合课程"，有些学校走"分科课程"，而该校不纠结于"综合课程"还是"分科课程"，更多的是结合本区的地域特点及学生实际情况，认真探寻并完善适合该校培智教育的课程实施。

（十一）北京市昌平区特殊儿童教育学校

昌平区特殊儿童教育学校成立于2009年8月，2010年9月正式招生办学，学校地处山区，空气清新，自然环境宜人，硬件设施完善，是一所九年一贯制的全日制公办特殊儿童教育学校。教师队伍年轻化，富有朝气、爱岗敬业；家长配合度较高，家校沟通顺畅；学生障碍类型多样。目前在校生以智力发育迟缓、孤独症、脑瘫、多重障碍为主，中度、重度障碍和极重度障碍学生为主。学校依据学生的年龄结合智力残疾程度，将学生分为9个年级9个教学班，实行包班制教学管理模式，课堂教学以协同教学为主。不利条件是，学校交通不便，周边社区资源匮乏。

综合学校各方面的现有条件，结合学生发展需要，该校以"启迪心智，快乐成长"为理念，开展"快乐教育"特色办学。

（十二）北京市平谷区特殊教育中心

北京市平谷区特殊教育中心前身是1976年始建的平谷区聋人学校，1994

年始招收智力残疾学生，增挂"平谷区特教中心"牌；1995年成立北京市第二家地市级语言康复部，增挂"平谷残疾儿童康复指导中心"牌；2007年成立平谷区第一家智力残疾成年人职业劳动康复站。学校是集听力障碍、智力残疾两类特殊儿童学前康复、九年义务教育、成人职业技术教育、全区随班就读和送教上门师资培训指导、教科研于一体的综合性寄宿制特殊教育学校。学校以"学生自助发展、教师专业发展、学校特色发展"为办学目标，努力实现残疾学生"能自理、会生活、有技术、可就业"的教学目标。学校地处远郊区，学生层次多，家长支持能力有限，因此学校课程建设尤为重要。

（十三）北京市房山区特殊教育学校

北京市房山区特殊教育学校于2016年8月2日成立，2017年9月正式开学，学校为九年一贯制学校，主要接收中度、重度智力残疾、精神残疾及多重残疾的学生。学校始终以培养学生自理自立为育人目标，推进学校课程建设，提高课堂育人效益。构建了"全员课程""全过程课程""全方位课程"的"生活适应+出彩课程"。

学校秉承"让每一个生命都精彩"的办学理念，围绕"为学生人生出彩创造机会，为教师人生精彩搭建平台，为家长人生幸福提供保障，为社会和谐发展注入动力"全面推进办学特色。将办学理念和办学目标落位需要两大因素：教师和课程。该校建校初始，特殊教育专业的教师仅占1/3，2/3的教师来自普通学校，没有从事过特殊教育工作。面对这种现状，如何促使学校行走在特殊教育发展的路上，如何形成自己的办学特色，如何让特殊孩子享受优质有效的康复及教育。学校将"让每一个生命都精彩"的文化建设纳入学校整体工作中，并将其逐步完善，通过"出彩党建""生活适应+出彩课程""凤凰博彩养成教育课程"，努力实现师生素养的提升，促进学校办学质量的提高，力争让每一名特殊孩子都成为最美的自己，实现人生出彩！

（十四）东城区培智中心学校

东城区培智中心学校是一所以智力残疾儿童为主要招生对象的特殊教育学校，是北京市首批创建的实行九年义务教育的培智学校之一。学校始建于1987年，原校址建在锦绣三条9号，称崇文区培智中心学校。2000年迁入崇文区清华街46号，2010年迁入新址体育馆西路33号，同年北京行政区域重新划分，故更名为北京市东城区培智中心学校。

学校强化全员育人意识，从精神文化、物质文化、制度文化三个方面全面开展学校的文化建设。提出"为学生的快乐成长服务、为教师的专业发展服务、为社会的和谐文明服务"的办学理念。学校以"融和育人"为办学特色，即在融合一切可利用的教育资源的基础上，和谐发展学生个体与社会群体的关系，进而促进学生核心素养的发展。

学校目前在籍学生76人，分为八个教学班一个送教班，学生残疾类型多样（智力残疾、精神残疾、视力残疾、多重残疾）。根据学生年龄、类型和程度综合考虑分为三个教学段，课程总目标是"把学生培养成一个快乐、分享、自信、自立的社会公民"，并结合学生不同的阶段特征，细分为三段教学目标。教学一段目标：我要做一个好孩子，能照顾好自己。教学二段目标：我要做一个好家人（学生、伙伴），能帮助别人。教学三段目标：我要做一个好公民，能服务社会。

（十五）石景山区培智中心学校

为了深化特殊教育课程改革，认真贯彻《北京市中小学培育和践行社会主义核心价值观实施意见》《北京市基础教育部分学科教学改进意见》《北京市实施教育部〈义务教育课程设置实验方案〉的课程计划（修订）》和《石景山区实施北京市〈义务教育课程设置实验方案〉的课程计划（修订）》，落实新课程标准，制定了《石景山区培智中心学校课程设置方案》。

（十六）门头沟区特殊教育学校

在特殊教育中，由于学生身心方面存在障碍，造成了教学活动实施中的种种困难。面对有些教学内容，学生并不是从心理层面上不想参与，而是生理层面上很难参与，所以，有些内容学生学不会，并不是学生主观能动性不够，而是学生天生生理层面由于某种缺失、障碍所造成的学习困难。

音准、节奏感等能力，是进行音乐活动的重要关键词，而特殊儿童却鲜有能达标的。一方面是从小缺乏系统、连贯的音乐学习，更重要的一方面是由生理原因造成的。即便如此，这些因素却丝毫不影响学生们喜爱音乐，可以从他们兴奋的、充满表现欲的、骄傲的演唱、律动中发现，学生们乐在其中，享受音乐所带来的积极体验。

因此，在此系列课程建立之初，学校首先思考的问题就是如何避开学生的弱项，并且不是在围绕着音乐学科的"外围"，而是，真真切切地带学生去体验音乐本身，带学生体验组成音乐的各种元素，比如，音高、音色、强弱、节奏型、调式等，体验音乐本身的各种变化，去感受、表现音乐给该校带来的不同体验，继而去表达、创作音乐。学生在课程中的角色不仅是一名聆听者、模仿者，而且是音乐的欣赏者、参与者、表现者、创造者，他们可以对音乐做点评，可以用自己的方式表达对音乐的理解，可以自由地改编歌曲，可以创作自己的音乐，就像一名真正的音乐家一样。

音乐教育的理想也绝不仅仅在于教会学生学习几首歌，演奏几首曲子，而是教师与学生在音乐学习的实践过程中，所获得的那些音符以外的素养。基于此，该校开始进行"我是小小音乐家"系列课程的研发设计。

（十七）怀柔区培智学校

怀柔区培智学校创建于1989年，是怀柔区唯一一所以招收智力残疾学生为主的九年制特殊教育学校。学校现有教职员工36人，25名教师经过北京市特殊教育中心组织的专业上岗培训，持证上岗。学校现有教学班7个，在籍学生89名，在校学生60人，其中送教上门学生14名，重残在家康复学生7名，双学籍学生9名。开设生活语文、生活数学、生活适应、劳动技能、品德与生活、唱游与律动、运动与保健、绘画与手工、康复等科目。由于学校的教育对象发生了明显的变化，重度、多重障碍、孤独症增多。教育对象的变化给该校的培养目标、课程设置、教学策略、教学方法的选择等带来一系列的问题。面对多元化的残疾学生，培智课程改革势在必行。依据新课程标准，结合该校现有的教师资源和远郊区地域特色，结合远郊区特殊学生实际情况，通过探索、总结、发展和创新，不断调整、修改和完善课程，使课程更适合远郊区学生发展的需要，学校进行了课程改革重新构建的实践研究。

第二节　课程设计理念分析

课程即独特的生命体验。一百个孩子，一百个世界。每一个孩子对世界的认识都不一样，课程就是要认可每一个孩子的生命体验，并尊重他们的选择和体验。课程也是可选的发展标志。每一个孩子都有自己的发展高度，每一段路都是一个人生标杆。课程就是要依据孩子的不同实际，开发适合他自己的独特的"生命图景"，让课程真正回归儿童。美国课程学者小威廉姆·E.多尔提出的以 Rich（丰富性）、Recursive（回归性）、Relational（关联性）和 Rigorous（严密性）的"4R"课程设计理念，让学校课程变革更符合生命成长的诗性节律。课程设计理念就是课程开发和设计所遵循的基本原则、目的、思路和理论性指导。在不同的课程设计理念的指导下，培智教育呈现出多主题的课程形态。

一、个别化教育理念

当前国内无论是特殊教育还是普通教育的基本方式都是班级授课制的集体教学。而随着医疗技术的日渐进步，聋校能招收到的学生多重残疾的比例越来越大，造成同一个班内学生的基础层次越来越丰富。基于同一台阶的发展目标则越来越不能满足学生的学习要求，也就是说班级授课的有效性越来越差。那么个别化教育计划就被提上了台面。由于特殊教育不能脱离普通教育，学生仍然必须达成普通教学中的教学目标，先通过分层教学的集体授课方式，再通过学生的个别化教育进行补足，有效节约时间成本，提高教学有效性。

个别化教育理论是一种为了满足每个学生不同教育需要的理论。实施个别化教育也是当今世界各国特殊教育发展的一个必然进程。在特殊教育教学实践中，个别化教育主要是通过个别化教学实现的，因此，做到真正的个别化教学是关键。课程在构建和实施中，始终遵循个别化教育的理念，力求满足每个学生的个别化教育需求。学校课程以建构主义理论为依据，以培养"生活适应能力"为核心，强调学生在学中做，在做中学。面对中度、重度残疾学生，采用的综合课、主题教学更有利于学生对知识的建构。学校以生活质量理论为依据，强调课程要注重学生的自我期望和潜能，注重学生的独立性与自我决策，注重学生的社区参与，重视家长参与；注重学生具有幸福感和满意度，提升学生的生活品质。支持性教育强调教育安置的弹性化、教育资源的多元化、教学方法的差异化；建立以社会支持为主导的，自然支持为主体的，多学科整合的，专业支持为后援的支持系统。支持性教育课程的核心是"为每个孩子制订个别化教育计划"。通过制订个别化教育计划，在个人层面、组织层面和宏观层面所构成的生态化环境中开展支持性教育，并将提升残疾学生生活质量作为课程的终极目标。

北京市朝阳区安华学校的课程以个别化教育、建构主义、生活质量理论和支持性教育理念为引领，依据《培智学校义务教育课程设置实验方案》《培智学校义务教育课程标准（2016年版）》及北京市相关文件精神，以更好地满足每个学生的个别化教育需求和促进教师专业发展为目标，努力构建满足学生个别化需求的综合课程体系。

大兴区特殊教育中心以"培养学生生活适应能力，提高学生生活质量""关注学生生活实际，帮助学生融入社会""尊重学生个体差异，促进学生个性发展"等个别化教育理念作为课程的原则和基本理念，始终把培养和提高学生的生活适应能力作为出发点和归宿，围绕学生当前和未来生活的需求构建课程体系。着重发展学生生活自理，从事简单家务劳动，自我保护和适应社会的能力，提高其生活质量。该校立足于学生生活实际，将个人生活、家庭生活、学校生活、社区生活等内容进行有机整合，帮助学生认识自我，处理好与他人、社会的关系，提高学生解决生活实际问题的能力，促进其融入社会。尊重学生的个体差异，依据其身心发展特点和生活实际，设置合适的教学目标，采用不同的教学方法，因材施教，满足其个别化教育的需求，最大限度地开发潜能，促进其个性发展。在此基础上，该校确立了以下课程设计原则。

1. 主体性原则

主体性原则是指在教学过程中，要正确认识教师和学生的主体地位，使教师和学生两方面的主动性、积极性和创造性都得以充分发挥，让教学过程处于师生协同活动、相互促进的状态，促进学生全面发展。主体性原则要求该校坚持为每个学生创造幸福和价值，尊重学生的主体地位，尊重学生的需求，保证学生积极、有效地参与，促进他们全面而有个性地发展。

2. 协同性原则

课程设置涉及学校师生、家长、社会等方方面面，要充分发挥各方力量的优势和作用，形成合力。

3. 个别化原则

个别化原则是指要充分尊重学生的差异性，为每个学生制订个别化教育计划。要求该校在课程实施过程中，要与学生个别化教育计划紧密结合，尽量满足每个学生发展的需要。

4. 支持性原则

支持性原则是指课程实施在教学内容、方法和教具等方面体现支持性，要求该校利用现代科技及辅助手段，支持学生掌握知识和技能，让他们适应学习、生活及工作的要求，实现提升生活品质的人生目标。

5. 生活适应与潜能开发相结合的原则

生活适应与潜能开发相结合的原则是指强调学生积极生活态度的养成，注重对学生生活自理能力和社会适应能力的培养与训练，要求该校关注学生潜能的开发，培养学生的个人才能和职业技能。

海淀健翔学校在课程构建过程中始终坚持个别化教育的理念，在这个理念的指导下，既关注培智学校学生发展的共性，又兼顾学生的个性发展的需求。通过评估描绘每个学生的成长轨迹、规划每个学生可能发展的未来。在个别化教育理念指导下，不断探索实践课程改革，在分科教学中进行主题教学、注重优势、搭建平台、提升潜能的优势教育。教育形式随着学生的需要而不断调整：从单一的集体教学模式灵活地向以集体教学为主，小组教学、一对一教学为补充的综合模式转变。

北京市通州区培智学校认为，课程构建应努力满足残疾学生个性化教育需求。《培智学校义务教育课程设置实验方案》中明确指出："学校应全面推进个别化教育，为每个智力残疾学生制订和实施个别化教育计划。"在《培智学校义务教育课程标准》中几乎每个学科在课程理念或课程实施建议中都明确提到"个别化教育"，如生活语文在"教学建议"第一条中就指出"尊重学生个体差异，实施个别化教育"。学校课程构建应当能满足每一位特殊儿童的发展需要，课程的实施也须在个别化教育计划制订的基础上进行。课程构建要跟上时代的步伐不断完善。"差异教学""个别化教学"等先进理论是该校课程构建的重要理论基础、科学支撑，该校还要不断学习、吸收一些先进的方法、技术，让该校的课程实施更加科学、高效。

二、综合课程理念

中华人民共和国成立 70 多年来，我国课程研究与其他事业一样，取得了长足的进步。综合课程的探索与研究是其中的典型。特别是改革开放以后，综合课程研究渐入正轨并迅速发展。1992 年《九年义务教育全日制小学、初级中学课程计划（试行）》颁布，首次提出小学、初中"以分科课程为主，适当设置综合课"。2001 年，《基础教育课程改革纲要（试行）》（以下简称 2001 年《纲要》）明确指出："改变课程结构过于强调学科本位、科目过多和缺乏整合的现状，整体设置九年一贯的课程门类和课时比例，并设置综合课程……"这些课改举措背后都以综合课程研究成果作为重要支撑。

综合课程的开展，加强了知识的整合，简化学科头绪，建构整体性的知识基础；加强了知识与技能的联系，通过知识与社会实践、生活实践的联系，来构建学生自己的知识及综合素质。综合课程无论是课程形态、教学目标，都与传统的分科课程有很大的不同，不可能完全沿用传统分科课程的教学模式，必须根据课程特点与目标选择来构建相应的教学模式。

北京市密云区特殊教育学校采用结构化的教学理论，以固定的模式框架对学生进行教学和训练，让学生先从熟悉中得到安全感，逐步从中找到规律并建立学习知识的正确模式。

在进行结构化教学之前，综合课程组的教师将教学环境进行了结构化的布置，包括对教室进行环境的区分，设立了学习区、游戏区、冷静区等区域。对学生的作息时间进行结构化的提示，用视觉图卡来表示作息时间，让他们知道接下来该到哪去，该做什么。同样，在教学中，教师根据学生各自能力的不同，安排一定的训练内容，制作不同的工作单，让学生的工作组织结构化。结构化的教学模式，让三位教师形成统一的教学模式，避免了一个教师一套自己的"结构"，减少了学生的"不知所措"。

海淀健翔学校为确保每门学科个别化目标有效实施，并有机服务于实际生活，在个别化课程实施的全程中，针对各个环节进行整合化处理。整合（Integration），又称统整。国内普通教育的课程整合主要从以下三方面进行：学科知识整合、课程内容与学生经验的整合、学校课程与社会生活的整合。[1]在培智学校课程实施过程中，教师可做调整的部分更为广泛，因此，与普通课程中的课程整合不同，本书中的整合，既包含了以上三方面的课程整合，还包括评估、目标制定、教学规划、教学实施等多个环节的整合，同时包括环境设计与调整、支持系统建立等环节外相关服务的整合。相对应的，本书中的整合模式，则是指在个别化课程过程中进行整合而形成的一套较为稳定的实施程序。

北京市丰台区培智中心学校实行"分科下的主题课程"。培智教育不同于普通教育，培智教育的课程实施受到诸多因素的制约，但该校始终都应以学生为本，以课程标准为纲，以个别化教育计划为实施的主线。该校不纠结是综合课程还是分科课程。因为对于该校所面对的教学对象，可能"举手投足""一点一滴"都需要学习，学科之间不可能没有关联，也不可能只是单纯地开展单学科教学，学科之间的关联性比普通学校要紧密得多。但该校始终认为，

---

[1] 冯加渔. 教师课程整合的实践意蕴 [J]. 教育学术月刊, 2012 (7): 73-75.

尽管学科间的关联非常紧密，但每种课一定要有他自身的特点，每节课都应该有主线、有魂、有学科性。

三、建构主义理论

随着多媒体、计算机和网络在教育中的应用日益广泛，建构主义理论正愈来愈显示出其强大的生命力，并在世界范围内影响日益扩大。建构主义理论在教学研究中的主要观点：承认由于个人经历的不同，对于客观事物的理解不可能完全相同，它主张学习者在新知识的学习过程中结合个人先前的经历和已有的知识来加深对事物的理解。学习不是由教师向学生进行简单的知识传递，而是学习者个体进行自我知识建构的过程；学生在课堂上不是信息的被动接受者，而是对外部信息进行主动地选择和加工，并在改造和重组原有经验的基础上主动建构新信息；学习过程不是简单的信息输入、存储和提取，而是新旧经验之间双向的相互作用过程；教学过程不是单纯的知识传递，而是知识的处理和传授。

北京市东城区特殊教育学校以陶行知的生活教育理论和建构主义理论作为课程设计理念，形成了立足学生生活、重视主动探索的课程形式。建构主义理论是在认知理论基础上形成的一个理论分支，与认知理论相比，建构主义理论更强调学生的主观认识，更重视学生主动探索知识的情境。儿童建构智慧的重要基础是他们已有的生活经验和学习经验而并非是该校成人眼中的逻辑体系。

四、快乐教育理念

"快乐教育"课程旨在营造轻松愉悦的教育氛围，引导学生独立思考，课程内容紧密联系学生生活，全学科渗透康复教育理念，搭建各类融合平台。教师乐教，爱岗敬业、专业精通；学生乐学，自信乐观、自理自立；家长乐意，真诚沟通，携手共进。最终得到社会认可，为特殊教育交一份满意答卷。

北京市昌平区特殊儿童教育学校以"快乐学习、快乐融合、快乐生活、快乐成长"作为课程设计理念。快乐课程强调在快乐教育的理念引导下，遵循特殊儿童心理、生理发展规律，为特殊儿童创设轻松愉悦的教育氛围，强调兴趣是学习和求知的最大动力。快乐课程强调各类融合能力的培养，搭建融合平台，联盟融合、普特融合、家庭融合、社区融合、社会融合等，让融合活动常态化，在和谐融洽的氛围中提升孩子的沟通意愿和社交技能。快乐课程强调关注学生实际生活需求，将学生个人生活、学校生活、居家生活和社区生活等内容依据评估结果有机整合，教授学生生活化主题内容，培养学生生活自理能力、居家劳动技能等能力，不断提升学生生活品质。快乐课程强调尊重学生个体差异，以学生为中心，使用多元化的教育方法，生活化课程强调尊重学生个体差异，包容所有学生的个性，在教学设计中充分体现以学生为中心，为学生搭建展示平台，多元化的教学方法，因材施教，最大限度地开发学生的潜能。

门头沟区特殊教育学校致力于课程的愉悦性、实践性、发展性、治疗性和创造性。"我是小小音乐家"系列课程是根据门头沟区特殊教育学校学生现有能力水平及发展需要，通过一系列的音乐活动发展学生的音乐素养，促进学生全面发展的特色课程。该课程是一门通过实践活动让学生去感受、体验、创作、表达并获得审美体验的系列课程。其主要目的是让学生通过音乐实践，学习如何聆听、如何歌唱、如何演奏、如何表现，主动体验，主动表达自身的感受等，更重要的是学会如何让音乐融入自己未来一生的生活实践中。该课程最主要的特点在于它的发展性。在系列课程内容的选择和设计上，学校坚持与学生发展共进的方针，采用动态设计的方式，在一个主线任务下——"我"作为一名音乐家，该怎么做才算合格、优秀？我要学习此时此刻我最优先需要补充的内容。学生沿着情境中的主线任务进行不断地自我提升，而教师不断地根据学生教学活动中的反馈，随时设计并更新课程，即本课程是随着学生的发展而不断发展的。课程在内容方面的选择和设计上，都是为了改善和发展学生某种能力和技巧，如听觉、视觉、触觉、记忆力、注意力及身体的协调性等。学生在有组织的音乐活动中获得各种经验，去弥补他们在情绪、生理、心理、沟通、认知等方面的不足。在教学过程中，教师极力鼓励学生的自我创作与自我表达。课程目标是增强学生的自我肯定意识，使特殊儿童有较高成就感，逐步提高特殊儿童的自信心和自尊心，提升自我价值感。本课程使学生在愉快的活动中宣泄情绪，与伙伴共同分享愉悦的经验，感受音乐带来的安全感和幸福感，激发学生学习、参与音乐活动的积极性，使特殊儿童在闲暇之余多了一些自娱自乐的方法，以正向行为取代或消退问题行为，减少问题行为出现的概率。音乐能够调节人的身心，这一点已经得到了医学的验证支持，学生在认识、探索音乐大千世界的过程中，发展对音乐的表现力和感受力，在音乐活动中学习正确的、适当的人际互助技巧，使特殊儿童最大限度地适应社会，提高生活质量，促进身心健康地发展，弥补他们在情绪、生理、心理、沟通、认知等方面的需要。因此，在音乐的选择上，不仅要结合学生的兴趣，更要注重音高、音色、力度、速度等对学生情绪方面的影响。当某些学生的听觉体验区别于普通人时，可能就需要一些尖锐的、不协和的音程来唤醒特殊儿童，吸引他们参与到音乐活动之中。在音乐活动的设计中，应避开特殊儿童的弱项，使其在不厌倦和不拒绝的状态下自愿学习和成长，最大限度地让学生体验音乐带来的幸福感。通过即兴的创作可以将自身的情感用音乐的形式表现出来，而这种情感宣泄的方式能够降低或替代问题行为的发生，缓解学生的心理压力。同时，音乐的非语言性也给学生提供了一种新的沟通交流的形式，在创作之中，不仅可以表达自我，也可以与同伴或教师共同研究，不断丰富自我的表达，增强自我肯定意识，取得成就感，提升自我价值感。

五、教育适应生活理念

教育适应生活，即发展学生的生活技能。生活技能类内容，即与个人卫生、着装等基本生活自理能力相关的操作性技能内容，是培养和锻炼培智学校学生生活自理、自我服务等能力的重要方面，也是培智学校生活适应课程的重要组成部分。《培智学校义务教育课程设置实验方案》对生活适应课程的界定如下："生活适应以提高学生的生活能力为目的，以学生当前及未来生活中的各种生活常识、技能、经验为课程内容。培养学生具有生活自理能力、简单家务劳动能力、自我保护能力和社会适应能力，使之尽可能成为一个独立的社会公民。"新课程标准是对方案的具体化，在内容上也涵盖了生活常识、自理技能、行为习惯、道德品质等领域，以全面助力学生的成长与进步。作为课程标准落地的媒介和桥梁，生活适应教材编写组力图根据课程标准的内容与要求，培智学校学生的心理发展特点，对知识、技能、情感态度等不同维度的学习内容进行整体思考与建构。

北京市房山区特殊教育学校的"生活适应+出彩课程"课程设计理念根据《培智学校义务教育课程标准（2016年版）》和市区教委培智学校课程改革的要求，结合该校所在区域特点、教师结构特点、学生发展趋势，借鉴目前各地特殊教育学校的课程改革的经验，从挖掘内容潜力入手，围绕课程标准、课程、课堂和评价四大要素完善教学管理体系，强化对课堂教学的过程性管理，突出康复训练和教育的结合，落实个别化教育计划（一生一案）。合理设计并开展学生课外活动和社会实践活动，形成以个人、班级、年级和全校不同层面的特色专长，形成"生活适应+出彩课程"方案。最终培养知感恩、有爱心、懂礼貌、守规矩、会沟通、可自理、讲卫生、勤健体、能自护、能自立的小公民。

北京市东城区特殊教育学校以陶行知的生活教育理论和建构主义理论作为课程设计理念，形成了立足学生生活、重视主动探索的课程形式。"生活即教育"是陶行知生活教育理论的核心。陶行知认为，真正的生活教育是"以生活为中心的教育"，是"供给人生需要的教育"。生活教育主张以生活为中心组织课程与教学内容，强调"教学做合一""社会即学校"等。该校课程正是基于这种理论，以家庭、社会为大课堂，遵循智力残疾学生的学习规律，帮助学生掌握生活知识，发展生活技能，立足于学生的生活，为学生现在的、未来的生活服务。

北京市西城区培智中心学校的课程设计理念在"让每个人都有尊严地生活"的办学思想指导下，围绕"挖掘潜能差异，发展服务生活，着眼未来"的教育理念，致力于智力障碍儿童的教育、康复等多方面的实践和研究。在近40年的实践中，学校一直以生为本，积极推进培智学校课程的改革。从2001年起，随着该校中度、重度及多重障碍儿童的比例的上升，分学科的课程体系已不适应该校学生的认知水平与发展状况，因此，该校探索研发了适应目前学生发展的综合课程。智力残疾儿童接受教育的首要目的是更好地生存，让每个智力残疾学生最大限度地融入社会，使之适应社会、生存于社会、立足于社会。无论教育内容、教育过程、教育策略如何变化，都离不开生活这条主线。选择贴近生活的教育内容，帮助他们形成基本的生活能力，使他们能够从容地走向社会。该校的课程设计以学生的生存需要为主线，把生活所需的知识技能作为主要内容，充分体现以学习者为中心的教育原则，针对学生的个体差异，为每个智力残疾学生制订其最需要、最有生活意义的个别化教育计划，并在实施中灵活调整，为智力残疾儿童最终成为适应社会生活、自食其力的劳动者打下基础。

六、特殊的课程设计理念

部分学校在进行课程开发时，根据自身具体的课程实践情况，形成了具有学校特色的课程设计理念。

顺义特殊教育学校以"爱慧教育"为办学理念，遵循"尊重差异，珍视生命"原则，引领师生张开爱的怀抱，放飞智慧的翅膀。经过多年的实践探索，该校逐渐形成符合学校长远发展，适合学生教育康复需求的"爱慧教育"课程体系。

东城区培智中心学校紧跟时代的步伐，构建具有东城区和学校特色的"融和课程"体系，全面落实"立德树人"的根本任务。学校以推进特殊教育发展，提升特殊教育水平，进一步保障特殊儿童的受教育权利为己任，积极探索课程的方向，帮助特殊儿童更好地回归生活、融入社会，使特殊群体共享改革发展成果，在全面建成小康社会、实现"两个一百年"奋斗目标和中国梦的进程中实现幸福人生。学校自1987年发展到现在，经历了由"社区融合"到"融和育人"的探索过程。在北京市率先提出了"社区融合教育"的办学理念，并在理论与实践两个层面进行了探索与研究。在国内外大的融合教育趋势下，学校进一步提出"融和育人"的办学特色，真正做到融合各界资源，达到育人目的，最终促进社会的和谐发展。

北京市石景山区培智中心学校全面贯彻党的教育方针，以绿色教育理念和可持续发展教育理念为引领，坚持以人为本，遵循残疾学生身心发展和特殊教育的基本规律，促进残疾学生的自身协调发展，平等参与社会生活，拥有尊严，实现人生价值。坚持立德树人，落实课程整体育人的基本理念，培育和践行社会主义核心价值观，为残疾学生的终身发展奠定基础。积极推进素质教育，以提升教育质量为核心，加强课程建设，深化课程教学改革。充分发挥课程在学生培养中的核心作用，促进学生、教师和学校的全面、和谐、可持续发展。

北京市怀柔区培智学校通过30年的办学实践，坚持以残疾学生为本，通过系统而科学的方法，针对残疾学生的心理与生理特征，充分发掘学生的潜能，通过缺陷补偿、智能开发、扬长避短，训练和指导学生掌握基本的劳动技能和生活技能，使他们像常人一样生活，使他们有尊严地、体面地就业，享受与常人同样的社会、经济和政治待遇，使之最终能适应社会生活，成为残而不废的社会公民，为家庭减负，为社会减负。学校教师立足本校实际，不断进行教学研究与探索，最终确立了以"个别化教育为手段，以生活化教育为特色，以适应社会为目标"的办学思路，落实国家课程标准，实现每个学生有适宜的学习目标和课程。

综上所述，课程设计理念是学校课程设计纲领性的理论指导，决定了课程设计、实施、评价的方向和落点。各学校在进行课程设计之前应明确在当前课程资源中可采用何种课程设计理念作为指导，并依据课程设计理念确定课程的培养目标、课程设计思路、课程内容和实施、评价的具体方法。

第三节 课程设计思路实例

一、西城区培智中心学校的课程设计思路

《培智学校义务教育课程设置实验方案》明确了培智课程分科课程与综合课程相结合的基本原则。对于分科、综合不同的课程实施模式,生活适应都处于核心位置。该校综合课程实施模式以多个细化小课题内容、跨学科的方式开展多学科的交叉、串联、应用式教学,从学生认知水平出发,科学设置课程内容。

综合课程:以生活适应为核心,有机地将生活语文、生活数学、劳动技能、唱游与律动、绘画与手工、艺术休闲、信息技术整合在一起,以单元主题的形式开展教学。

一般性课程:运动与保健,保留课程设置中的课时安排,结合课程标准内容,统整班级学生个别化教育计划的长短期目标进行设计和教学。

展能课程:康复训练、艺术、技能类社团活动;根据学生的潜能和不足,结合课程标准目标和内容制订计划,有针对性地开展训练和教学,使每个学生得到最合适的教育。

二、海淀健翔学校的课程设计思路

该校低年级在分科评估为学生制订个别化目标的基础上,在课程实施过程中进行了整合课程的探索。课程打破了原有固定时间课堂教学的界限,将学生的一日活动划分为若干常规活动和主题教学活动。通过学校课程与社会生活的整合,形成常规活动的形式与内容;通过学科间知识的整合,形成主题教学活动的形式和内容;通过课程内容与学生经验的整合,形成一系列丰富而灵活的教学策略,支持以上两种类型的活动;另外还通过多专业教师的合作实现了个别化课程流程过程的整合及支持服务的整合……

由学校的校长、教育教学处、教研及年级组长、教师代表、家长代表组建课程领导小组,负责学校课程开发的组织与管理工作,监督相关政策落实,推进学校课程整体实施规划,评价课程实施情况。

（一）以年级组长带领不同专业领域的教师形成课程运作核心，保证个别化课程有效进行

依据学生发展需要和该校人员条件，每个多专业团队由多位核心骨干教师和若干班级教师组成，跨专业合作团队的核心教师分别为特教骨干教师、作业治疗骨干教师、运动训练骨干教师、行为教学骨干教师。核心教师依据尊重差异、平等参与的理念共同推动组内的课程规划、课程建设和跨专业支持，具体分工如图5-1所示。

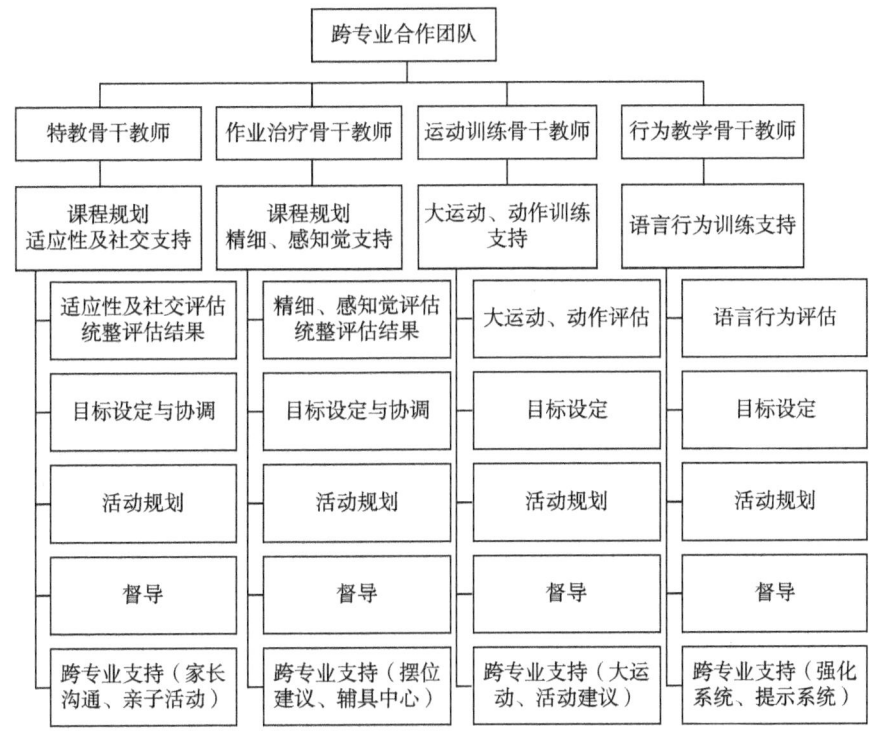

图5-1 跨专业合作团队示意

核心骨干教师负责个别化教育过程中最重要的几个环节的把关，起到提纲挈领的作用，从关键着手保证学生个别化教育计划的准确性和实效性。

（二）以学生学科个别化目标为依据，团队研发整合式课程

根据不同的专业，课程设计有不同的分工。如常规活动的规划和整理主要由课程骨干教师进行，在学校常规活动中提炼出对学生非常重要的技能和

习惯，由此设定目标，再统整其他专业骨干教师的评估和教学意见，将这些整合到活动中，形成一套可操作、可评量的教学规范。

以加餐时间为例，由于学生普遍对食物具有极强的动机，且在进餐中有许多可以学习和训练的目标，因此该校利用这些机会，规划了洗手、排队、要求、等待、进食、清洁等一系列的教学要求。在这个过程中，语言行为骨干教师指导教师怎样使学生更好地理解和服从于教师的指导、帮学生养成良好的习惯，作业疗法骨干教师给出让学生更顺利地打开餐盒、包装，减少食物掉落等的训练方案，运动疗法骨干则在其中加入更多运动挑战，如可以要求××从低柜里帮忙取出加餐食物，或请××从高处取下加餐食物，以提高学生在自然情境中运动身体解决实际问题的能力。通过多位骨干教师合作，一个简单的加餐时间成为孩子们同时获得美味和多方面成长的学习时间。

（三）通过示范、教研、实践督导、提供支持等方式实现专业辐射

在整合式课程中，骨干教师教除了教学与规划之外，他们还将承担示范、专业教研、实践督导、提供其他领域专业的支持等工作。其他新教师则依据评估结果和课程框架，在骨干教师的建议下进行教学设计和教学实施。

通过人员的整合、时间的整合、专业的整合，该校整合了个别化教育计划目标、整合了课堂内外，最终使学生接触整合的活动、习得整合的技能。相信对这种模式的探索会对新课程的良好实施提供参考。

三、东城区特殊教育学校的课程设计思路

智通生活课程是在新课程标准的指导下，学校自主开发研制的一套校本课程体系，智通生活课程框架设计见图5-2。

课程的设计遵循残障儿童身心发展的特点和规律，坚持以生为本，适应社会发展的要求，充分利用现有的教学特色以及丰富的资源优势，以培养学生的实践能力、全面实施素质教育为核心；以尊重差异、开发潜能、补偿缺陷为思路，形成了以《培智学校义务教育课程标准》为依据、地方课程和校本课程为补充的三级课程体系；完善了国家课程标准的校本化实施，开展了地方课程的探索，开发了艺术、体育、文化、科技等潜能开发类课程，感统训练、认识训练、沟通与交往、动作训练、行为干预等康复类课程。三级课程体系的探索，为学校的可持续发展、为促进教师专业技术水平的提高、为学生个体的康复、个性的发展提供了广阔的舞台（见图5-3）。

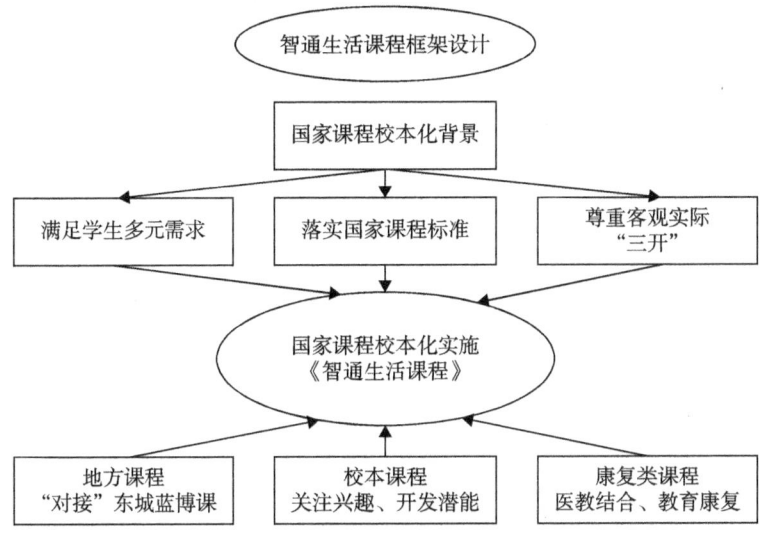

图 5-2　智通生活课程框架设计

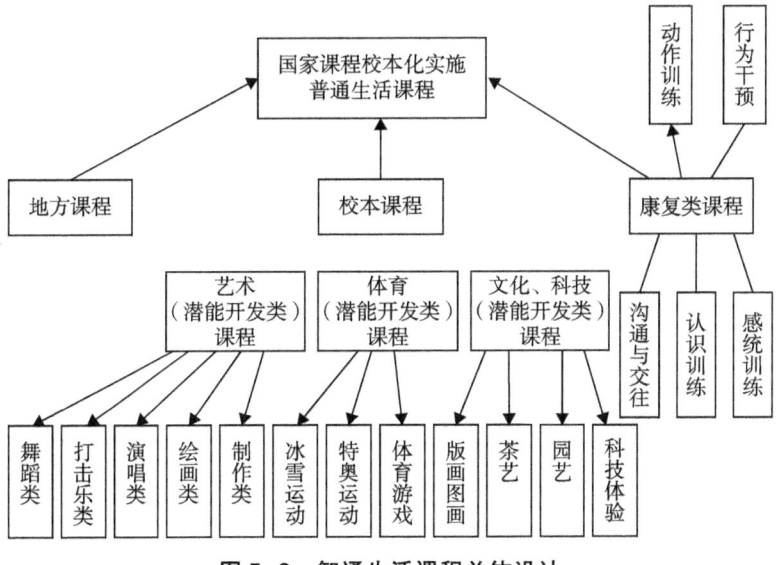

图 5-3　智通生活课程总体设计

1. 国家课程校本化实施目标

智通生活课程是根据国家课程标准自主开发研制的校本化实施体系。该体系体现了"生活适应+"的特色，以"生活适应"课程标准为主线，将生活适应、劳动技术课程、生活语文、生活数学等课程标准整合，作为开发研制课程的标准和依据。

智通生活课程基于学生的生活特点，培养"生活智慧"，通过丰富的教育方法和手段，实现多元生活能力的获得，打开学生走向生活的"绿色之路"；从生活中来，到生活中去，帮助智力残疾学生掌握生活能力，学会生活本领，提高生活品质。

2. 智通生活课程研制思路

学习、整理、整合新课标；研究培智学校未来课程发展趋势；搭建课程框架；选取以往培智学校主题课程中的精华；结合社会发展、学校发展和学生发展的现实充实教学素材；搭建智通生活"主线+植入+适配"的课程主体框架，形成以生活为中心的主题教育课程体系，智通生活课程研制思路见图5-4。

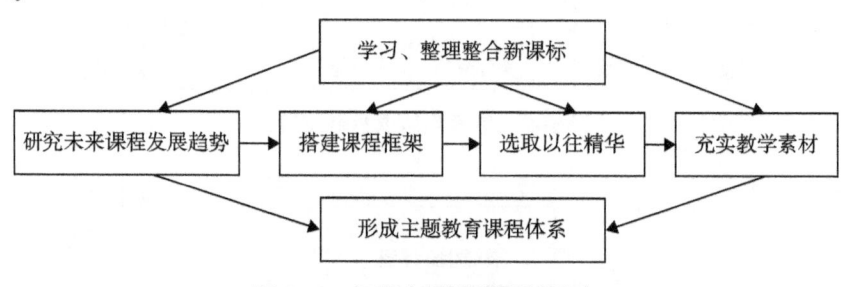

图5-4 智通生活课程研制思路

四、东城区培智中心学校的课程设计思路

东城区培智中心学校的课程由基础课程、拓展课程、综合课程、特色课程四部分组成。基础课程包括生活语文、生活数学、生活适应、劳动技能、绘画与手工、唱游与律动、运动与保健；拓展课程包括信息技术、康复训练以及艺术休闲；特色课程包括传统文化、职业体验、音乐治疗、运动康复等；综合课程包括课后实践活动、特奥主题、融合文化节、德育等课程。并且根据学生发展核心素养的三个方面"文化基础、社会参与、自主发展"，将课程分为"健康发展类、文化基础类、社会参与类"三个板块。东城区培智中心学校的课程结构如图5-5所示。

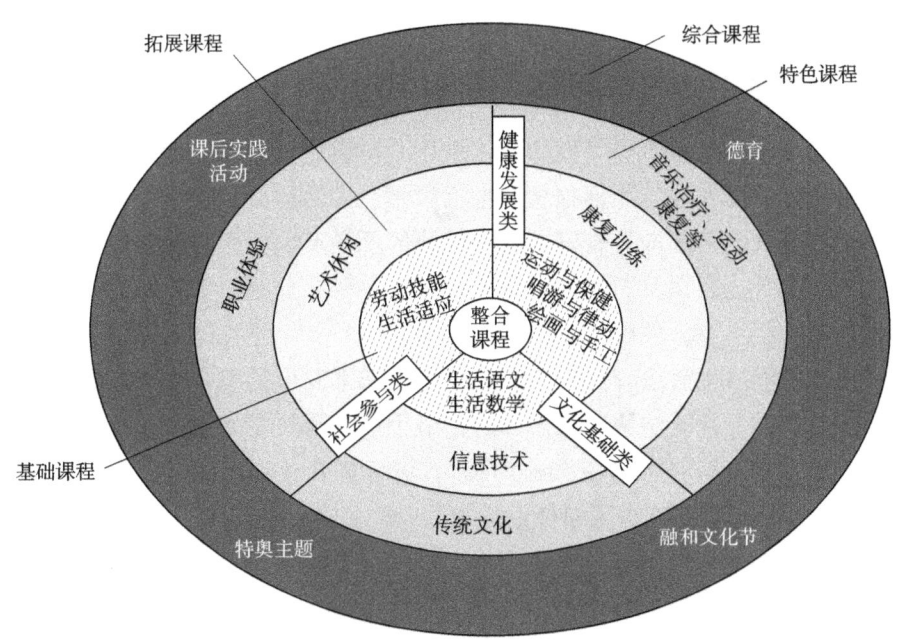

图 5-5 东城区培智中心学校的课程结构

五、朝阳区安华学校的课程设计思路

该校以"尊重生命，提升品质，营造和谐"作为核心办学理念，以"有生命就有希望，有希望就不放弃"作为教育信条，以"满足特殊需要，提升生活品质"作为教育宗旨，以"尊重、关爱、健康、快乐"作为校训，以绿底儿、白色牵牛花为校旗，以《我是一朵牵牛花》为校歌，不放弃每一个残疾孩子，努力满足每一个孩子教育与康复需求，提升每一个孩子的生活品质。学校的课程构建以国家的教育教学法规、新课程标准为基础，以课程目标、办学理念和教育宗旨为引领，构建满足学生个别化需求的综合课程。

六、石景山区培智中心学校的课程设计思路

该校充分发挥课程的整体育人价值，加强课程整合与融合，关注学生生命的价值和意义，注重以人为本背景下的学习，尊重、利用特殊学生的主体需求，选择丰富的课程内容和多样化的手段，满足学生个人自由发展和自我实现的需要，加强全科育人、全程育人、全员育人和实践育人；提升教师课程开发、实施、评价的能力，促进特教教师专业发展；凸显学校的特色课程，

落实学校"健体、育心、启慧、塑魂"的课程培养目标。

七、丰台区培智中心学校的课程设计思路

丰台区培智中心学校课程的总体设计严格遵照国家课程标准。总体设计以"分科"教学为主。生活语文、生活数学、生活适应,三大主科的切合性很高,如果只把某一科的知识点进行单独传授是不现实的,因为生活中的每一点可能都是他们学习的内容。所以这三大主科在分科教学的基础上,又结合共同的主题实施。该校的课程结构建立在"7+5"分科体系下,将生活语文、生活数学、生活适应进行主题整合,但又不完全是综合课,是在主题单元下进行教学,且有学科特性。同时,由于该校孤独症学生占比很大,控制情绪非常重要,结合"自主交往训练",该校整合运动与保健课、康复训练课,将运动康复课纳入课程总体设计中。

八、通州区培智学校的课程设计思路

根据学校课程构建的原则、要求、思路,该校建立了"生活化"课程体系。

学生所处阶段不同,课程的侧重点也有所不同。

第一阶段康复教育阶段(1~3年级)以"补偿缺陷,发现潜能"为宗旨,以"学会自理"为重点,根据新课程标准通过生活语文、生活数学、生活适应、劳动技能四大学科在四大生活板块下的整合开展综合主题活动,以学会基本的生活知识和技能为主,为进一步学习打下基础。音、体、美课程单独开设,分科主题与综合课主题相呼应。同时开设以补偿缺陷为主的康复类校本课程,主要包括动作康复、语言康复、孤独症康复训练课等;对其中不需要康复训练的学生进行潜能开发。

第二阶段智能教育阶段(4~8年级)以"增长知识,发展潜能"为宗旨,以"学会生活"为重点,开设七大学科一般课程以及以发展潜能为主的兴趣类校本课程。七大学科在四大生活主题下进行,学科之间的主题相互呼应;并对其中有康复需求的孩子进行康复,随着年级的增长,适当增加职前训练课程。

第三阶段职业教育阶段(9年级为主、康复站)以"提高能力,学会应用"为宗旨,以"学会生存"为重点。开设职前训练课,主要有家政、缝纫、烹饪、洗车、超市等职业训练内容,对个别学生开放潜能开发课程。

课程从低到高逐步推进，充分体现了课程设置多元化以及从学生实际需求出发的生活化教育理念，引领学生的知识和生活能力向纵深发展，逐步实现让智力残疾学生"会生活、会生存"的目标。

九、昌平区特殊儿童教育学校的课程目标设计思路

（一）课程目标设计

依据国家培智课程标准，统筹规划，顶层设计课程目标

1. 总目标：快乐学习，快乐生活

能生存，会生活，适应校园生活，融入家庭，回归社会，让特殊儿童有自信、有品质地快乐生活。

2. 分段目标：自理、自立、自强

低学段目标：初步养成一定的行为规范，有基本的自我照顾能力，能够适应校园生活。

中学段目标：养成良好的行为规范，掌握一定的居家生活技能，形成良好的品格。

高学段目标：掌握居家生活必备技能，掌握一定的社交技能及社区使用技能。

（二）课程原则设计

该校课程原则设计的总要求是"五化"，具体内容如下：

1. 快乐课堂"结构化"

每节课的课堂结构一致：暖身环节—新授环节—巩固环节—总结环节，每节课包含集体—分化—个别—集体四种教育形式，确保学生熟悉课堂流程，养成良好的学习习惯。

2. 快乐课堂"趣味化"

每节课至少有一个与学生康复目标一致的康复小游戏，充分调动学生的学习兴趣，同时在游戏中增加学生沟通交往、语言表达、动作计划等多方面的能力。

3. 快乐课堂"情境化"

每节课堂都要精心为学生创设情境，让学生在真实的情境中进行知识或

技能的探索，能够较好地激发学生的学习动机，调动学生的求知欲望，发展创造思维，培养发现精神。

4. 快乐课堂"生活化"

每节课内容要关注学生共性和个性需求，选择最贴合学生实际生活的内容进行讲授，使学生能够在日常生活中学以致用，为适应校园、融入家庭和回归社会生活打下坚实基础。

5. 快乐课堂"信息化"

每节课都需要使用现代化信息手段，让学生能够感受到科技对生活的影响，能够更加便利地学习生活，同时在潜移默化中习得一定的能力，提升生活品质。

十、大兴区特殊教育中心的课程设计思路

大兴区特殊教育中心设置了综合课程+分科课程+康复训练课程相结合的课程模式。采用集体课和个训课两种形式授课。

结合新课程标准、家长意愿、学生实际情况制定课程总体目标，再根据总目标制定年级段目标。

1）总目标：以提高智力残疾学生的生活能力为目标，结合学生生活实际，引导学生学习初步掌握个人生活和社会生活的基本知识和实际技能，培养乐观进取的精神、与人合作的态度和良好的品格，以适应日常生活和进入社会的需要，形成热爱祖国，热爱人民，热爱中国共产党的情感和态度，培育和践行社会主义核心价值观，使之尽可能地成为合格、独立的公民。

2）该校将以上目标按照年级段分层设立：

①低年级："生活自理、融入校园。"

低年级以生活自理为主，在适应校园集体生活的过程中逐步提高学生的生活自理能力，培养学生良好的生活习惯。

②中年级："生活自立、融入社会。"

中年级以自我服务劳动为主，学习日常生活基本常识，适当地参与公益劳动等，逐步融入社会生活，培养学生的社交能力。

③高年级："生活自强、回报社会。"

高年级以学习简单的职业技能和生活兴趣为主，养成有规律的生活习惯，培养学生的社会适应能力。

十一、顺义区特殊教育学校的课程设计思路

顺义区特殊教育学校遵循"爱慧教育"理念，尊重生命的多样性和独特性；以回归生活为基点，坚持教育无痕；建爱慧乐园，育爱慧学生，塑爱慧教师。通过德育体验式课题研究，梳理出特教学校"爱慧之树"德育课程体系，在落实新课程标准的过程中有效整合各种资源，实现全方位育人。

1. 浸润生命情怀的"爱慧之树"

1）依托传统节日开展实践活动。对接学校教学主题，挖掘"端午节、中秋节、春节"等传统节日的教育内涵，开展丰富多彩的教育活动。

2）依托主题展示开辟教育途径。把教育主题落实到每个月，按月开展主题教育活动，做到及时评比、及时展示、及时表彰，凸显效果。

3）依托社会实践扩大教育职能。依托 10 个社会教育基地和社会大课堂活动，增加学生和社会多层次、多角度、多方位的接触，培养社会适应能力。

4）依托行为规范落实常规活动。抓住升旗仪式、卫生检查、文明餐桌评比等活动，规范学生一日行为，促进良好习惯养成。

2. 体现学生生命发展的课程体系

基于"爱慧教育"理念的支撑，着眼于基本生活技能、生活常识的培养，关注每一个生命的成长，经过认真研究，反复推敲，结合新课程标准，该校以"尊重生命"为起点和归宿，构建起"生长课程、生活课程、生存课程、生成课程、生态课程"的基本框架，以"生命与生活"为核心，涵盖基础性课程、拓展性课程、体艺课程、校本课程、家本课程的多元爱慧课程体系。

十二、房山区特殊教育学校的课程设计原则

学校课程的设置在新课程标准的指导下，运用"传承借鉴与发展创新"的原则，依据规定性与自主性开发"生活适应+出彩课程"。

①均衡性原则。均衡设置一般性和选择性课程，各门课程比例适当并按照国家、市、区学校实际和学生的不同需求进行适度调整，保证学生和谐全面发展。依据不同类别、不同年龄段学生成长的需要、认知规律和适应社会的要求均衡调整，体现一般性与选择性课程相结合的原则。

②灵活性原则。灵活设置分科课程和综合课程，既遵循学生身心发展的基本规律和认识理解事物的普遍特点，较全面满足学生的一般性需求；又促进学生对知识的整体理解和运用知识解决实际问题的能力。鼓励学生学以致

用，把所学知识运用到解决实际生活问题的实践中。体现分科课程与综合课程相结合的原则。

③康复性原则。课程注重吸收现代医学和康复技术的新成果，融入动作训练、物理治疗、言语治疗、游戏治疗等相关专业课程，促进学生健康成长，体现教育与康复相结合的原则。

④兴趣性原则。在课程设置中，注重学生潜能的开发和兴趣的培养，力求实现每个学生的人生精彩。

十三、平谷区特殊教育中心的课程设计思路

该校以新课程标准为依据，以科研为先导，以"因材施教、分类教学、缺陷补偿、全面发展"为指导思想，开展分科下主题的基础课程、兴趣课程和发展课程三类课程。形成信息技术教学、特奥运动、艺术教育、康复训练和职业劳动等教育教学特色。努力探索室外课堂教学模式和特奥体育特色品牌课程，组建特奥体育、舞蹈、音乐、美工等12个校本课程，为0~7岁孤独症、脑瘫、学习障碍、语言发育迟缓、智力发展迟缓等特殊儿童制定个案训练方案，对大龄智力残疾学生开展烹饪课，建蔬菜大棚，生产制作销售中性笔，足疗等多种技能培训。

十四、门头沟区特殊教育学校的课程设计思路

"我是小小音乐家"系列课程的设计主要依据新课程标准中唱游与律动课程的基本理念，并结合教育学、心理学、音乐心理学和音乐治疗学的前沿理论和优秀的实践经验。

课程结构将"感受与欣赏""演唱""音乐游戏""律动"四个学习领域有机结合成一个整体，设计适合学生特点的、活泼生动的教学形式。以唱游、音乐游戏、创作、表演为主要活动方式，课堂教学强调学生的参与性与创造性，将音乐以外的知识借助音乐活动传达给需要不断提高社会适应性的特殊儿童。

课程为学生创立了一个情景，即学生作为一名在舞台上演出的音乐家、表演者，从这一情景出发，沿途带学生去体验组成音乐的各个要素，如音高、时值、节奏、速度、旋律等元素，通过聆听、感受、体验、创作等过程，解决作为一名音乐家、表演者遇见的实际问题，再利用学习的内容去进行即兴的创作以及表现，最终不断地提升自我。

十五、怀柔区培智学校的课程设计思路

课程的总目标在于保障所有适龄智力残疾儿童少年的受教育权利，尊重其个别差异，发掘其潜力，康复其功能，促进其智能发展，推进其社会化进程，提升其生活实践能力，最终将他们培养成为自立自强、适应生活、服务社会的公民。该校课程设置以新课程标准为指南，借鉴国内外特殊教育先进理论和成功实践，结合该校实际和特殊学生需求，以生活课程为核心，整体设计符合该校特点的培智课程。体现培智教育的生活性、基础性、实用性、整体性和连贯性。围绕智力残疾学生的生活自理、生活适应、生活情趣、生活技能、生活常识，在低、中、高年级各有侧重，形成一个螺旋上升的、整体的、系统的课程结构；构建一般性课程、选择性课程及校本化课程体系。课程设置立足于学生的发展需求，注重学生的潜能开发和缺陷补偿，关注学生发展的共同需求与本校特色。该校从学校实际和学生需求出发，开发了多元化的课程，包括国家规定的"7+5"课程，立足于学生实际、富有鲜明特色校本潜能活动课程，创设情境化、体验式社会实践活动课程等课程体系。

十六、密云区特殊教育学校的课程设计思路

综合课程组从学生的成长需要出发，依据培智学校课程设置实验方案、多元智能理论、最近发展区、个别化教育理念、生活教育理念，进行课程设计。设置综合课程和康复个训课程相结合的课程模式。

1. 主题教学

综合主题教学指课程内容以主题单元的形式来组织教学，即课程的进程和顺序以一个个的主题单元为单位，每个主题中包含不同的科目内容，即主题单元将不同的科目串起来，而不同的科目承担同一主题单元的不同部分的教学。

组内班级每天 3 节综合课，教学内容主要是由本班包班教师根据人教版教材（一、二年级）结合学校安排制定相应的月主题，根据课程标准需要达成的目标及学生的个体变化教育目标设定班级的单元主题和具体教学内容。

2. 个别化教育

对于综合课程组的学生，该校执行"一生一案"方案，即对每个学生制订个别化教育计划。

测评量表《四好评量表》：以新课程标准为评量标准，拟定评价目标。

前测：开学初前两周根据评量表完成个别化教育计划的前测及制订工作，每名学生选取 3~5 个训练目标，以生活自理及情绪管理为重点。

执行：在教案中体现，在课堂中落实（根据个别化教育计划结合教材及开学初设定的教学内容达成学生的训练目标）。

后测：学期末后两周根据个别化教育计划目标的达成情况对学生进行后测。制作本学期个人成长视频，召开家长会。

3. 康复个训

个训课程是指在原有班级教学基础上，增设个别训练项目。康复中心的教师根据学生现有能力，结合自身研究方向，每班选取 2~3 名学生进行个别训练。教师根据学生特点及学习偏好，以学生兴趣为出发点，为学生提供最小受限制环境进行语言训练、知动训练、感觉统合等训练。

十七、延庆区特殊教育中心的课程设计思路

随着新课程标准的颁布、新教材的正式使用，结合区域特殊教育实际发展情况，结合学生现在和未来教育发展需要，该校积极开展新课程标准、新教材校本化实施的研究，以提高残疾学生的实际获得。

1. 研读课程设置方案和课程标准，选择开展有效的教学

2016 年，盲、聋、培智三类特殊教育学校义务教育课程标准正式颁布，这是我国首次专门为残疾学生制定的一整套系统的学习标准，为特殊教育教师开展教学提供了基本依据。

从课程设置的比例可以看出，虽然强调以生活为核心，但是生活适应的课时只在低年级段最多，为 13%，并随着年级的增高而递减，导致许多内容无法充分体现。分科教学很难将相关学科的知识截然分开，如生活适应和生活语文、生活数学、劳动技能等。因此，综合课的功能尤为凸显，它可以在总课时不变的情况下，根据学习内容科学、合理地调整课时。用减少重复、建立联系、综合实践来调节课程计划。

2. 统整课程，实施主题教学

在教学实施过程中，教师以学校、家庭、社区生活为背景，分析不同年龄段学生的生活经验，以"生活""经验""活动"等课程内容为优先，根据班级教学目标，按照学段总结出贴近学生生活实际、有延续性的主题教学内容资源，建构综合课程主题内容体系。

教师根据学期教学时间，将班级教学内容按照情境、时间、程序等线索

梳理成内容脉络，细化分解成单元、周、日、课时教学内容。然后统整生活语文、生活数学、生活适应、劳动技能等学科领域知识，采用综合教学形式，通过设计不同的教学活动，灵活地选择集体、分组、个别等教学方式，采取情景教学、综合内容与核心知识灵活处理等策略，逐步落实集体、组别和个体的教学目标。

（1）以个别化教育计划为基础，设计班级课程。

每个学生的个别化教育计划是该校在设计、实施主题教学的最重要的依据。在教育重点中，该校以7门一般性课程的目标为内容，两位教师根据每门课程的侧重点、规定课时的多少、教师专业优势等，有侧重、多整合，保证每个学生在每节课上对知识的整体理解和解决实际问题的能力能不断提高，切实发挥综合课程的优势。同时，在增设的"个性化教育目标"中，融入我中心校本内容：社会实践目标体系（超市、银行）、特教中心学生行为习惯养成学段重点目标、性健康教育课程体系（校本化的目标与内容）等。在统整班级目标之后，选择适合的主题单元，在主题教学的支持下，教师有计划地在一日活动中逐步落实每个学生的个别化教育计划目标，从而落实国家课程标准。

（2）以目标为导向，设计学期计划、月计划、周计划。

在对课程体系进行构思、设计时，该校坚持以新课程标准为导向，强调逐层落实目标。

以学期为单位，修改班级统整表。除了有每个学生的各个学科目标之外，该校增加了"月主题活动名称"和"落实班级学期目标"一栏，主要目的是在设计学期教学活动计划时，引导教师梳理、明确每个月需要落实的目标。

以月为单位，统整、梳理、设计每个月的活动名称、周主题、本月要达成的教学目标有哪些，以及落实了哪些学期目标，并标注出涉及的领域和学科。目的是要引导教师逐层细化月教学活动计划，当教师设计到月计划时，头脑中已经形成本月的活动有哪些，以及需要落实的学科目标、整合目标有哪些。

在计划一周的教学活动时，该校通过周主题名称、周活动内容、课时数、达到的目标、设计的学科和领域、主要实施教师等内容进行梳理和设计，依然强调：在本周要落实哪些月目标以及在每个活动中需要落实哪些目标。

第四节　课程内容设置

根据上述课程设计思路，各学校依据自身课程资源开设了多种多样的课程。

一、一般性课程与选择性课程相结合的课程内容设置

在教育部培智学校课程改革实验方案中，课程分为一般性课程和选择性课程。一般性课程是对学生素质的最基本要求，着眼于学生适应生活、适应社会的基本需求。选择性课程则是针对学生的个别化发展需要，从潜能开发、缺陷补偿（身心康复）入手，体现学生发展差异的弹性要求。选择性课程由学校根据当地的区域环境、学校特点、学生的潜能开发需要设计，有信息技术、康复训练、第二语言、艺术休闲、校本课程等，在课时安排上具有一定的弹性。选择性课程改革的总体目标是多维发展和多元选择，进一步优化专业设置、细分培养目标，构建多样化的选择性课程体系，不断完善育人模式。在培智教育中采用一般性课程与选择性课程相结合的形式，既加强了基础课程的学习、发展了学生的一般性能力，也在一般性课程的基础上发展了种类多样、适应性更强的选择性课程，更符合残疾学生的发展需求。

在课程设置方面，北京市朝阳区安华学校以一般性和选择性相结合，教育与康复相结合，生活适应与潜能开发相结合，传承借鉴与发展创新相结合为原则，在原有课程基础上进行整合和丰富，开设了一般性课程和选择性课程。一般性课程，即必修课程，包括核心课程、综合实践课程和校本课程。核心课程主要是将新课程标准中的生活适应、生活语文、生活数学、劳动技能，绘画与手工、唱游与律动、运动与保健七门课程进行整合，通过主题、项目或分科的形式进行落实。综合实践活动课程主要包括社会实践活动课程、节日活动课程以及多元融合课程，这部分课程与核心课程整合，并严格落实学生目标。此外，学校还开发了以传统文化为主的校本课程，开设了皮影、投壶、泥塑、武术、滚铁环等与我国优秀的传统习俗和文艺活动相关的课程，旨在培养学生对祖国传统文化的热爱。选择性课程包括康复课程、潜能开发课程和信息技术课程。康复课程以缺陷补偿为主，包括言语语言训练、作业治疗、动作康复、情绪行为管理和艺术治疗。潜能开发课程开设了舞蹈、瑜

伽、戏剧、烘焙、纸艺、摄影、非洲鼓、乐高、扎染等内容，深受学生们的喜爱。信息技术课程重在培养学生信息素养，学校将其融入所有课程实施过程中予以落实。

顺义区特殊教育学校结合学校、学生以及区域特点，设置5项"爱慧课程"，包括：生长课程、生活课程、生存课程、生成课程、生态课程，并构建了"美好生活"主题体系，梳理了学校"美好生活"主题体系，并进行了深入的实践研究。

生长课程是实行早期干预的学前康复训练课程，包括主题综合、音乐游戏、手工操作、大运动、康复训练五门课程。

生活课程是主题引领下的基础性课程，主要是落实新课程标准规定的必修课和选修课程，校本化、班本化落实新课程标准；拓展性课程依托10个社会实践基地，实践活动进课表，每周一次，融入教学主题，务求实效。

生存课程是根据学校目前的条件开设职业家庭烹饪、汽车美容、超市服务、手工操作、园艺美化、扎染等职业课程。为部分有能力就业的学生提供支持服务，为大部分学生提供家庭就业支持。

生成课程是体现个性的校本课程，开设非洲鼓、游泳、网球、轮滑、DIY、热转印、趣味画、书法等校本课程，满足学生的个性化需求。

生态课程是关注服务的家本课程，以"爱慧教育"理念为依托，定期开展家庭教育培训，改变家长育儿行为；每学期全员家访，全方位了解学生需求，开发家长资源。

"美好生活"主题体系包括可爱的家乡、社区生活、居家生活、我的学校、认识自己、认识国家、美丽的大自然、多彩的节日、健康生活、关系技能10个主题系列，并分解出低、中、高不同年级的主题。实际操作中，各班在对学生进行评估的前提下，确定班级学期主题、月主题，所有的主题对接学生的日常生活，以学习日常生活知识、生活技能为主，进行主题引领下的综合课程教学，音体美学科课和校本课程。月主题、周主题落实在综合课、学科课教学中，学期初形成班级主题结构图。

北京市丰台区培智中心学校课程设置采用分科教学为主的课程模式，"一般性课程"和"选择性课程"两个课程模块相结合的设置。一般性课程开设生活语文、生活数学、生活适应、劳动技能、唱游与律动、绘画与手工、运动与保健加康复训练；在以生活为核心的课程思想指引下，该校着眼于学生适应生活、适应社会的基本需求，当主题教学需要将各科结合在一起的时候，该校就会弱化了学科色彩,以综合的形式来组织和实施教学内容,但会保持学科特性。选择性课程开设既结合学生个性特点,也结合专业教室、专任教师的设置,开设有生活自理、运动康复、语言康复,信息技术、艺术休闲,社会实践等课程。

石景山区培智中心学校根据自身课程资源和学生需要,规划了以"一般性课程+特色课程+个别化教育计划"为主要结构的课程内容设置。

一般性课程是以新课程标准中的生活语文、生活科学、生活适应、劳动技能、唱游与律动、绘画与手工、运动与保健七门课程设置。

特色课程设置音乐治疗、沙盘治疗、动作治疗、空竹、武术等特色课程。针对不同的学生实施不同的特色课程,将教育教学效果最大化。

个别化教育计划的制订与实施是对班级学生进行课程评估,依据课程评估结果、目标统计表、目标匹配表格,制定本学期的教学内容,真正达到先评估再教学,评估引导教学的模式。学校安排教师实施一对一个别化教育(分别从言语、动作、心理等方面安排训练内容),为增强普惠性,要求教师在选择学生时不重复,训练时定时间、定地点、定人员,注重生成性材料的积累。

怀柔区培智学校坚持以"学生发展为本"的教育理念,依据新课程标准,以生活为核心,并结合该校学生的实际情况,设置不同的课程:一般性课程:为必修课,设置七大类科目(生活语文、生活数学、生活适应、劳动技能、唱游与律动、绘画与手工、运动与保健);

选择性课程:信息技术,艺术休闲;

社会实践类课程:社会大课堂实践活动;

校本潜能课程:艺术、技能类社团活动等。

二、以综合性课程为主的课程内容设置

综合课程内容的组织需要平衡好整合与分化的关系。综合课程的内容并非简单的"拼盘",而是对各学科内容的有机整合。拼盘式课程必然会导致拼盘式教学,综合课程便形同虚设。在综合课程的内容选择和组织上,无须涵盖所有学科知识,而是要找到各学科中相关的概念,使其相互关联,形成一个有机的整体。

北京市密云区特殊教育学校在智能发展、社会适应、生活实践三大领域下的18个次领域中筛选出学生所需要达成的目标;并结合课程设置标准,将

综合课程设置为知动训练、户外活动、综合认知、艺术休闲及个性社团四个课程，学校一日安排具体可见表5-1。

表5-1 密云区特殊教育学校一日安排

晨读 7：50~8：05	内容：《三字经》《弟子规》及该校诵读协会编制的低段学生必背古诗词 形式：有在班级内由本班教师带领的领读、指读、拍手读等，也有全组学生共同参与的鼓乐唱读，还有校内"经典诵读大篷车"与高年级学生"融合"诵读等形式
知动训练 8：05~09：05	内容：将已有认知经验与动作训练相结合开展的课程 在每学期初，该校康复中心的动作治疗师会对组内学生进行动作评估，制订训练方案
点心时间 9：05~9：30	点心时间内该校会开展很多有意义、有意思的小活动。比如：石头剪刀布"赢"食物；掷骰子得相应数量的食物等；通过这些小活动，即可以发展语言交往能力，练习生活适应技能，也可以进行数学知识巩固，还可以设计情绪行为管理等
户外活动 9：30~10：30	为了保证学生每天运动1小时，综合课程组的教师会根据季节和校内安排开展相应的活动。在春天，教师会带着学生一起放风筝，看着飞得越来越高的风筝，孩子们高兴地拍拍小手；在开展校级足球联赛时，足球就成为该校的"好朋友"，学生会跟着教师一起踢足球，在操场上欢乐奔跑
综合认知 10：30~11：30	以人教版教材为依据，通过组内教师讨论，根据教材内容制定月主题、单元主题，并设定相应的教学任务
艺术休闲 14：00~15：00	将畅游、律动、手工、绘画相结合，在主题活动下开展教学
游戏活动 15：00~15：30	每天的游戏时间，是学生们最喜欢的环节了。在这个活动中，教师既会带着孩子们做一些老鹰捉小鸡、跳房子等传统游戏；也会让学生们进行切水果、体感游戏等
个性社团 15：30~16：05	打破班级，将学生"融"到其他班级中 个性社团活动：每个人都有所不同

延庆区特殊教育中心以新教材为主要资源，设置课程内容。该校紧紧围绕新教材，以新教材为主要资源设置课程内容。在使用新教材时，该校将同一年级的生活语文、生活数学、生活适应三门学科进行统整，综合形成学期主题、月主题、周主题。

例如：二年级9月份的主题活动名称为"学校生活"，其中包括我升班了、我是少先队员、中秋节、美丽的秋天、快乐的实践活动五个周主题，在每周主题下，设计十个教学活动。那么，当按照计划有序地进行主题活动后，就能够保证学生达成相应学段、相应年级生活语文、生活数学、生活适应的课程标准。

对于没有统一教材的学科和年级，在形成学期、月、周计划时，该校以学生的个别化教育计划为重要依据，梳理、统整各学科目标，并将目标向已经形成的主题靠拢，融入其中选择教学资源设计教学内容。目前，该校设计的学期计划、月计划、周计划中包括该年级七门一般性学科的所有目标和内容。

例如：二年级9月份的主题是"学校生活"，在这个主题中教师可以落实劳动技能学科的目标"整理书包、文具盒等学习用品"，可以落实唱游与律动学科的目标"学唱《上学歌》"，可以落实绘画与手工学科的目标"观察、触摸教室内简单物品，了解其形状、颜色、大小"。

大兴区特殊教育中心设置了综合课程+分科课程+康复训练课程相结合的课程模式，采用集体课和个训课两种形式授课。

综合课程和分科课程是面向全体学生的基础课程，开设课程的目的是满足他们生理、心理、成长和生活的基本需求，注重生活自理能力的培养和训练，促进特殊学生基础文化知识的掌握和生活技能的提高。通过集体课的形式进行授课，满足学生的生活需要，以"生活"为核心组织课程内容，使学生掌握与其生活密切相关的基础知识和技能，培养学生现在及未来生活中的各种生活常识、技能，积累经验。综合课程和分科课程是在同一主题下进行，将每个学期分成学校生活、个人生活、家庭生活、社会生活四个单元主题。

综合课程，是指将生活数学、生活语文、生活适应、劳动技能四门学科进行综合，以单元主题的形式进行整合，每班确定2~3名教师进行综合课程的教学，1~3年级将培智学校新教材的内容进行整合，3~7年级的教师根据学生的现有能力和培智学校义务教育课程标准制定教学内容，低年级教学内容以培养学生最基本的生活自理能力，关注学生个人生活为主；中年级以自我服务劳动为主，学习日常生活基本常识，适当地参与公益劳动等，逐步融入社会生活，培养学生的社交能力；高年级以学习简单的职业技能和生活兴趣为主，养成有规律的生活习惯，培养学生的社会适应能力。

分科课程包括唱游与律动、绘画与手工、运动与保健、信息技术、沙盘、健康。教师根据学生的现有能力和培智学校义务教育课程标准制定教学内容。

康复训练课程作为教育支持引入课程中，为了满足不同学生的康复需求，依据学生的身心发展规律及康复需求，注重学生潜能开发。该校设置了动作训练、感觉统合训练、多感官训练、语言训练、音乐治疗，通过个训的形式对学生进行康复训练。

三、国家课程校本化的课程内容设置

由于我国长期进行分科教学，综合课程实施在某种程度上更缺乏经验，国家所规定的综合课程一方面无法适应全国地区所有学校及学生的教育需求，另一方面在综合的内容、组织方式、跨学科的范围上仍存在诸多空间，因此，更需要进一步的校本化调适与开发。培智学校的课程资源参差不齐，不同的师资条件、课程资源、社会环境，直接影响了课程实施的范围、路径和方式，立足真实的课程情境，调适课程要求，走自己的课程实施之路，才是有效而可行的。

北京市东城区特殊教育学校积极探索国家课程标准校本化实施。智通生活，在课程主题和教学内容上进行了顶层设计，从课程标准入手将目标进行整合，以目标定主题，每个主题要落实相应的课程标准，确保不重复，不遗落。

智通生活主题课程以生活为基础根据学生的生活环境分为：个人生活、学校生活、家庭生活、社会生活四个方面，每方面设计不同的主题，主题课程包括不同的单元，分布到低、中、高三个学段。课程内容以生活适应为目标紧密联系学生生活实际，囊括了衣、食、住、行各个方面（见图5-6）。

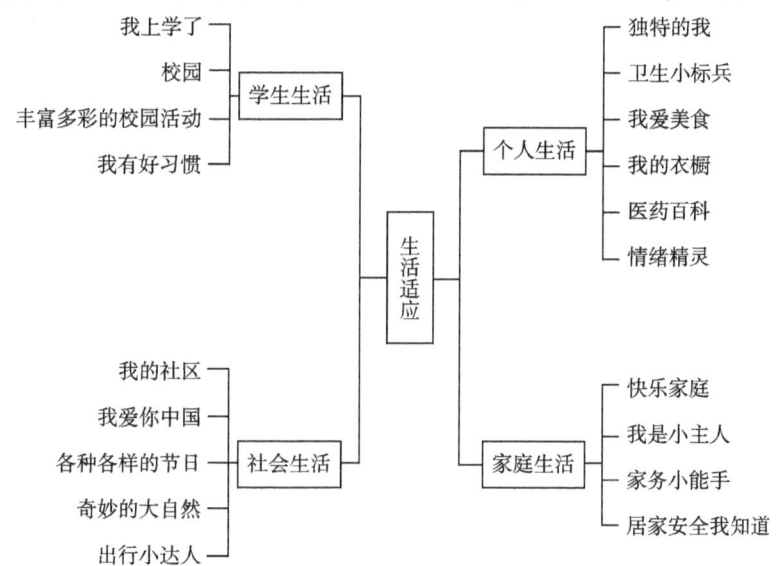

图 5-6 智通生活主题课程结构

在每个主题中围绕生活适应、劳动技能主线，植入生活语文、生活数学目标，并适配其他学科目标。比如，在"快乐家庭主题"中，设计了"我爱我家""我的一家人"和"温馨的晚上"三个子单元，其中"我爱我家"单元中低学段以生活适应目标"听从父母和长辈的教导，爱惜家具和物品，愿意分担力所能及的家务劳动"和劳动技能目标"餐前准备和餐后整理"为主线，植入了生活语文目标"能听懂常用的词语，并作出适当回应"和生活数学目标"在现实情境中，理解10以内数的含义，能数、认、读、写，强调手口一致地点数10以内的物体"，此外，还适配了唱游与律动目标"能有节奏地念简单的童谣，如《我爱我家》"以及绘画与手工目标"学会用合适的姿势握笔涂画"。

此外，学校还根据学生的康复需求研发辅助沟通、语言训练、行为干预等五个模块的个别化康复类课程，根据学生潜能发展，研发体育、艺术、文化、科技类课程。开设了乒乓球、足球、滚球等特奥运动课程；舞蹈、打击乐、创意手工等艺术类课程及版画、茶艺、园艺等传统文化课程。

北京市昌平区特殊儿童教育学校在确保开足开全国家课程要求的情况下，进行校本化统整安排，满足学生的共性和个性需求，课程内容设置为："1+3+X"，1指1门综合课程，生活语文、生活数学、生活适应和劳动技能四门课程统整；3指3门基础性课程，唱游律动、绘画手工、运动保健课程，X指满足学生个体需求的补救性和潜能开发性课程，主要以个训、组训和社团的形式进行开展，比如，康复类的语言训练、动作训练、沟通训练；潜能开发类的舞蹈兴趣小组、信息技术小组、运动游戏小组等；社团类的手工社团、京剧社团、魔术社团、厨艺社团等。

北京市平谷区特殊教育中心在课程内容设置上以国家课程标准为依据开展分科下主题教学。中度、重度障碍班级将生活数学、生活语文、生活适应三门课程进行小综合，然后选择适合学生和班级的主题进行教学。其他班级分科进行主题教学。劳动技能、唱游与律动、绘画与手工、运动与保健、信息技术、康复训练、艺术休闲等各学科教师依据班级主题设计教学内容。同时，学校依据地域特点开发特色课程，建设学校品牌发展校本课程。

四、以主题课程为中心的课程内容设置

随着历史的发展进程，人们利用单一学科知识解决复杂性问题的可能性越来越小，这在客观上要求学校课程更加重视综合课程，提高综合课程设置的比例，拓宽综合的范围，实现更大学科范围的课程综合化设计。同时，人工智能的发展大大减少人学习事实性知识、程序性知识的机会，未来社会发展需要教育更多地关注能够适应社会发展需要的核心素养或关键能力，如与人相处、自在自律、家国情怀、责任担当等更多地需要通过活学活用的活动机会得以滋养和培育。主题课程较好地处理了课程内容分与合的问题，围绕某一重要的需要研究与学习的主题设置课程内容，这是一种符合现代社会育人需求的课程形式。一些学校根据学校课程资源与学生需要，开设了丰富的主题课程。

海淀健翔学校的一日生活课程和相关主题教学活动即是以目标明确的主题课程为主的课程设置形式。一日生活课程融入自理、卫生、口语要求等内容，形成日常生活中必须具备的技能、养成良好的生活习惯。可以说在常规活动中学校期望每个学生都能达到一致的活动目标，即在参与社会时必须具备的良好的行为习惯。把一日活动目标纳入课程设计，目标明确化、责任化，改变以往教师重课堂教学、轻课间指导的观念和习惯，使教师更加关注低年级学生的生活和学习习惯（见表5-2）。

表5-2 一日生活课程（节选）

时段	活动目标	活动过程	教学与支持	设计意图	延伸家庭支持
到校整理	将餐具、作业、书包、外套归位	每位学生进教室后，手势和少量语言提示其分别将餐具、作业、书包等依照视觉提示归位	视觉提示、动作辅助精细动作或视觉不能分辨者，可将衣服拉链加大改良	以班级为单位组织活动，增强学生的自理能力及主动性	个人物品的归位码放
	姓名贴签到	每位学生完成物品归位后，将自己的照片或姓名贴到点名板上	视觉提示、动作辅助精细动作	以个人为单位进行活动，增强学生的自我认识	个人物品的划分

续表

时段	活动目标	活动过程	教学与支持	设计意图	延伸家庭支持
课程预告	看日历，说/指/贴当天日期	出示日历，教师依次指年月日的位置，说出当天日期。请学生指出或在指示下说出当天日期。完成个体任务	无语言学生可听日期，指出。易受干扰者可听数字，指出	以班级为单位进行活动，在活动中认识日期	指认日历
	介绍当日活动和教师	带领学生看课表，说活动，并且配上相应的教师照片。完成个体课表	科目图片和教师图片，分别请学生找出来，贴在相应的位置上	以班级为单位进行活动，让学生了解一日活动及要求	家庭的一日活动规划
自理	如厕及清洁	带学生上厕所	做好准备 排队等候 排队洗手	以班级为单位组织活动，增强生活自理能力，具有规则意识	如厕及清洁能力的训练
	喝水及等待	教师或学生到饮水处打水，并为同学们倒水。其他学生在自己位置上喝水，之后水杯归位	在放水杯的位置使用视觉提示	以班级为单位组织活动，增强学生的生活自理能力	端水、倒水及认识自己水杯能力的训练
加餐时间	规则培养	学生在座位等待，等教师叫名或其他信号，学生上前取加餐	教师应依据学生等待和听指令的能力安排叫名的顺序	以班级为单位组织活动，增强学生的听指令能力和等待能力	进行主动需求的表达训练
	需求表达	请学生依据名字拿自己的加餐盒。教师呈现一种或两种零食，请学生进行口语或图片要求。得到零食后，回到座位吃	加入图片沟通系统。教师提示前需先确认学生意图。如有必要，教师辅助学生回座位	以班级为单位组织活动，增强学生的主动需求表达能力	

主题教学活动选择学生学龄早期最重要的三个大领域为主要的教学内容，分别为：针对学生运动问题设计的大运动活动、针对学生社交互动问题设计的交往游戏活动、针对学生认知发展设计的感知认知活动。随着学生能力的发展，在此基础上扩充和深化活动目标。

大运动训练课程建立在科学评估和适当的目标选择基础上，更强调目标的功能性，即训练为实际生活服务，如对儿童蹲的能力训练指向其如厕或捡拾地上的物品，对学生平衡能力的训练指向其稳定地从不同地形和地面上通过，而对学生手、腕、臂部力量的训练指向日常提拎及拉动物品等。

在大运动训练中，教师选择大量有趣的玩具和游戏，促进学生积极主动地运用自己的肌肉完成任务，给学生创造大量成功的经验，提高学生在运动、操控身体过程中的自信心和意志品质，减少在活动中的畏缩反应和消极被动的状况，引导学生积极地利用感官机能不断产生更佳的与环境相协调的适应性反应，与此同时，融入沟通、行为等训练目标。

在交往游戏课程中，教师设计大量的互动类游戏，借助游戏材料或游戏活动本身，利用学生的动机和需求，吸引学生参与进来，促进学生与教师及其他同学的互动。

感知认知课程依据学生的认知发展分为三层进行分组教学：一层学生具备较强的语言理解能力，能进行简单的集体认知教学；二层学生在语言理解等方面存在较大障碍，难以进行集体教学，则采用结构化教学的方式开展个体学习和个体工作；三层学生情绪不稳定、不能理解和遵守规则，未能建立行为和结果之间的联系，则进行师生比更高的微型小组教学，主要以建立指令—反应—强化之间的联系，建立基本的师生互动等。

北京市通州区培智学校无论是低年级的综合主题活动课（四大学科整合）还是中高年级的分科教学，所制定的教学目标都是在新课程标准的指引下制定。通过学科课程本位评估，为每个儿童制定更为具体的教学目标。

为体现教学为生活服务的宗旨，学校要求所有学科教学都在"个人生活""学校生活""家庭生活""社区生活"这四大生活板块下制定出更为具体的生活主题，同年级之间各学科的主题要相互呼应（以适应学科主题为主），增强学科之间的整合、配合。

康复课程主要包括语言、肢体、情绪康复，根据学生需要进行选择。具体的训练目标与内容要通过相关康复课程的评估量表进行评估后制定。

潜能发展课程主要对有某方面特长或爱好的学生选定，如陶艺、乒乓球、舞蹈、计算机、烹饪等，学生自选（在教师或家长指导下），教师通过对孩子进行评估后确定具体训练内容。

职前训练内容，学校结合学生实际和现实生活需要以及学校的资源状况进行设定，如缝纫、保洁、种植、烹饪、洗车、理货等，通过相关课程的训练，促进孩子能够更好地适应社会、融入社会，提高生活质量（见图5-7）。

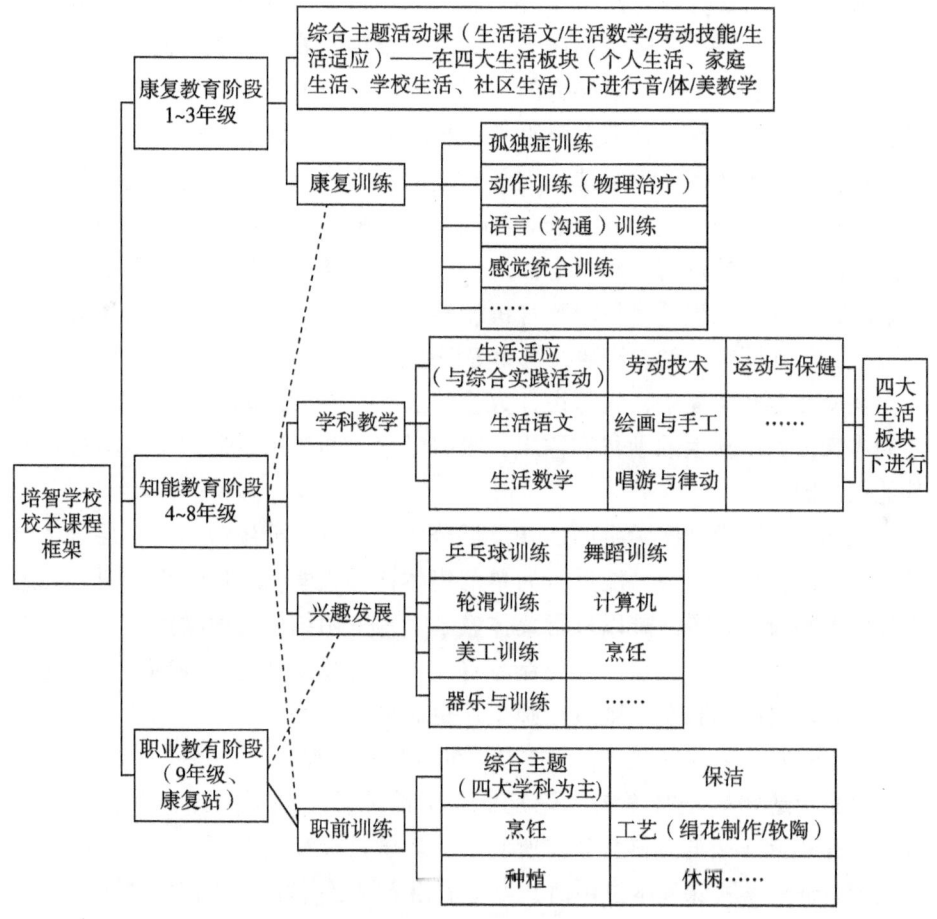

图5-7 通州区培智学校课程体系

房山区特殊教育学校的"生活适应+出彩课程"是指以生活适应为基础，将学科知识融合，深化自理自立能力，实现社会交往能力，旨在促进学生自主、实践、合作的学习活动。"生活适应+出彩课程"强调生活和自主，不脱离学生实际生活的需要，结合每个个体的不同环境，设计不同的内容；强调真实的社会生活环境，将课程内容还原于丰富的生活，到生活中学习和实践，课程的主要内容有：

（1）以适应生活为核心的基础课程，关注学生达成生活需要的基础知识、基本技能和基本能力。包括生活语文、生活数学、生活适应、劳动技能、绘画与手工、运动与保健、唱游与律动。

（2）以享受生活为核心的综合康复课程，关注学生的需求与发展，包括信息技术、康复训练（感觉统合训练课、多感官训练课、物理治疗、言语治疗课等）、实用英语、艺术休闲、游戏、绘本。

（3）以创造生活为核心的拓展课程，关注学生的兴趣和才能，多元选择，满足学生个性发展的需要，帮助有天赋的学生成长。包括兴趣活动课和传统文化课、精彩绽放课。

（4）以融入生活为核心的实践课程，关注生活的实践能力，帮助学生熟悉生活（家庭、社区）环境、机构、设施等，增强学生使用社区的意识和能力，提高他们享受生活的能力。包括结合传统节日、纪念日、社会性活动及社会综合实践活动。

五、动态的、发展性的课程内容设置

发展性课程是建立在规范性与超规范性评价双向互动的基础上，以促进学生全面发展、教师不断提高、课程不断发展为目的的课程系统。课程从开发到实施再到评价不是一成不变的，而是随着课程实践的具体情况动态发展。

在系列课程内容的选择和设计上，门头沟区特殊教育学校参照新课程标准中唱游与律动课程中的教学内容，坚持与学生发展共进的方针，采用动态设计的方式，在一个主要任务下——"我"作为一名音乐家、表演者，该怎么做才算合格、优秀？学生沿着情境中的这一条主线任务进行不断地自我提升，而教师不断地去根据学生教学活动中的反馈，随时设计并更新课程。

在课程内容的选择上，并没有避开歌唱课这个难题，因为，歌唱是教师在教学中强化音准练习，但在最后的表演中减去了对音准方面的评价，着重评价学生的音乐表现性、团队意识、自信心等。

当学生第一天站在"舞台上"，有人慌张失措、有人兴奋得手舞足蹈，然后，该校开始了"我是小小音乐家——站姿"的学习，学生学习如何在舞台上约束自身，如何让团队保持整齐。

当学生规规矩矩站在台前表演的时候，又遇见了新的问题，该校的演唱不是那么"合格"。之后，该校进行了一系列课程，例如，为解决基本发声发方法而设计的"我是小小音乐家——发声";为解决合唱中音量不统一的问题而设计的"强与弱"和更进一步增强音乐表现力而设计的"渐强与渐弱"等一系列课程。

当该校在音乐的舞台上获得成功的体验后,该校设计了"我是小小音乐家——说唱""我是小小音乐家——轮唱""简谱""作词""作曲""音乐剧"等一系列课程,以一种动态的、发展性的方式进行课程内容设置,不是一成不变地按照章节顺序,学生从喜欢、羡慕、憧憬到努力、自信地去表演。在此过程中所经历的音乐以外的东西,才是课程的终极理想目标。

/ 第六章 /
北京市培智学校的课程实施

第一节 西城区培智中心学校的课程实施

在教学实践的过程中，教材并不是教学内容确定的根本依据。任课教师始终要带着"以生为本"的课程观进行教学实践。如何灵活使用教材资源，分析教材，有针对性地落实个别化教学目标是在教学中贯穿始终的核心问题。该校立足多年综合课程实践的基础，探索综合教学模式下新教材的使用策略。

一、做好课程本位评估，精准制订个别化教育计划

为促进新课程标准和新教材的落地，学校从学生本位、课程本位等不同角度开展评估活动，找准学生学习起点、评估课堂学习效果，为定准个别化教学目标服务，促进个别化教学质量的提升。

课程目标统一化。该校在教学前进行了新课程标准的统整，把各科的目标进行标准化整理，便于教学时对课程标准的选取以及各学科的相对统一。

首先，该校把课程标准的7+3学科，进行数字编排：1生活语文；2生活数学；3生活适应；4劳动技能；5唱游与律动；6绘画与手工；7运动与保健；8信息技术；9康复；10艺术与休闲。

其次，分别以学段、领域为同一级目标进行编码。

课程目标具体化。该校根据学生的实际情况，进行进一步细化和分解，形成一个单元或是一个课题的小目标，以达到适应学生的学习需求。

个别化教育计划目标个性化。在课程标准实施中，该校依据学生的个性化学习需求进行目标的选取与设定。在个别化教育计划的制订与实施中，充分尊重学生的差异，在教学中采用差异教学的方式。在同一目标下体现学生

的分组分层，把目标设定为适合学生的个体学习和发展。

评估过程规范化。首先，评估前成立以组长、骨干教师为主的评估核心组。组内成员共同学习课程标准，以行为观察、访谈、操作、活动四个维度进行分类。各年级组针对学生年龄及实际能力，设计评估活动、筹备评估工具、细化评估计划。其次，核心组成员在各年级教研组开展专题教研活动，组织教师进行学生能力课程本位评估的培训研讨。在教师对课程本位评估充分理解与达成共识后，以年级组为单位采用集体评估、小组评估和一对一评估等多种形式进行评估。观察、访谈类评估目标主要由各班主任教师完成，操作、活动类评估目标由年级组教师分组分项合作完成，促使评估结果能够更客观准确。

评估结束后，各班整合评估结果，按照学科、学习领域分层次分析总结学生评估结果，开学第二周和第三周，各班召开学生个案沟通会，与家长沟通学生课程本位评估结果，与家长共同分析学生现状、特点与需求，明确学生本学期的学习重点，与家长达成共识。同时，教师充分运用课程本位评估结果与个案会讨论成果，客观、精准地为学生制订个别化教育计划。

二、建立层级目标体系，确保个别化教育计划在课堂教学的有效落实

统整课程，实施综合教学。教师在制定学生个别化教育计划长期目标时，通过课程本位评估确定个体最适切的长期目标；依据最近发展区原则、"从解决生活问题出发"逐层缩减目标数量；通过主要内容整合、家长访谈、综合分析等形式，确定每个学生的学期教学重点，制定出长期目标。个体学生长期目标整合后形成班级教学计划，梳理明确集体教学、分组教学、个别训练的目标落实方式。短期目标围绕教学主题分解制定，即在实施教学前要建立层级目标体系，依据个别化教育计划从长期目标→短期目标→单元目标→课题目标→课时目标→差异目标，将教学目标不断层级细化，以使个别化教育目标落实到具体教学活动中。

明确目标、有的放矢。教师依据个别化教育计划、学科课程标准、学生身心特点、学习习惯等非智力因素以及知识背景设置教学目标，使之具备可量化、可控和可检测等特点。判断目标是否定准，可以从三方面入手：一是目标是否确定教学范围、教学内容、教学重点和难点，目标是否具有客观、明确、具体的特征；二是目标中是否明确学生要达到的学习要求或水平，是否能为教育评估提供标准和依据，也就是目标具有可操作、可评量的特征；三是思考将采取的教学步骤、教学环节以及每个步骤环节将采取的教学活动

是否围绕目标而开展，由目标指导教师有条理地去完成教学计划或任务。

教师在续写目标的过程中要结合学生的能力发展、单元主题教学内容，细化目标过程中要体现出目标间的关系（上学期、本学期各主题、下学期……）等因素，通过细化内容、范围、数量等来使目标具体化。

生活语文长期目标为：

1.1.1.8 能作简单的自我介绍（例如：姓名、班级、主要家庭成员等）。根据学生的能力水平及发展目标，细化成五码短期目标：

1.1.1.8.1 能知道自己的名字，使用短语："这是我，我叫……"介绍自己。

1.1.1.8.2 知道主要家庭成员，能够使用："这是……"介绍他人。

进一步细化制定单元课题目标为

①使用短语"我的……"介绍爸爸和妈妈。能力强的学生介绍自己与爸爸妈妈的活动"我和××干什么"。

②能听指令从词语卡片中找到对应的词卡粘贴到照片位置。能力强的学生进行板书描写。

识字学习：认识汉字"爸爸、妈妈（或爷爷奶奶）、一、二、三"，正确认读。

最终确定一节课的教学目标为：

集体目标：认识自己的家人，向同学和教师介绍自己的家人。

差异目标：（一组）理解第一人称"我"的意思，模仿使用短句："这是妈妈，这是爸爸，这是我，三口人"等介绍家人。

（二组）①认识自己的家人，在教师的协助下听指令从照片中指认出"爸爸妈妈"。②参与粘贴活动，在教师的协助下将图片粘贴到指定位置。

明确内容，取舍有当。综合课程主要以主题单元教学的形式开展课程实施。主题活动是将学生未来、生活中所能接触到具有生活实用性、功能开发性的知识组成一个个合理的主题，并以活动的方式呈现给学生，它随着生活需要、社会变化、教学进程而形成。学校已设计"衣物""饮食""交通"等几十个与生活有关的主题，每学期全校同步完成3~4个学习主题。配入个体的个别化教育计划目标，利用生活化的情境，使学生学会类化和应用，学会分析解决问题，以达到长期的学习效果。

例如，教师在进行单元主题"家庭生活"教学时进行了如下主题内容分析：

结合"生活语文""生活数学""生活适应"三本教材中家庭生活这一单元，确定四个课题快乐一家人、我的玩具、大人和小孩儿、我的房间。生活适应学科主要涉及家庭成员的认识，自己的玩具、家具和场所的认识；生活语文学科主要涉及会跟读生字"爸爸、妈妈、我、三口人"等，能仿说词语和句子，如"妈妈""这是妈妈"等，能根据词语找到相应图片；生活数学学科主要涉及认识数字3，比多少，以及建立初步的时间观念，如白天、黑夜等。

明确重点，一课一得。教师要深入分析每课时学生学习的基础与现状、优势与问题，对学生学习重难点时可能出现的问题进行预设，制定一节课可以实现达成的三维目标及重、难点，目标小而实，一课一得。

以"快乐一家人"第四课时"我和爸爸妈妈"综合课为例，教师结合学生的学习状况、心理特点、课型等因素进行了如下分析：学生对于抽象的情感较难理解，从来没有想过要如何爱自己的父母。因此，将三个学科的知识进行了筛选和重组，将不同学科的目标整合在一起，以生活适应学科为引领，引导学生感受爸爸妈妈的爱，并学会用实际行动回报爸爸妈妈的爱。同时整合生活数学"帮助学生巩固手口一致的点数方法，认识数字3，初步建立数与量之间的对应关系，并将其应用到日常生活当中解决实际问题"的目标。针对一组学生设计语言训练的内容，从而为后面达成生活语文学科的目标奠定基础，如引导学生看家庭成员的照片，仿说短句"这是……"依托语言训练和认知操作等外化的内容，设计综合教学活动，帮助学生将抽象的感情外化成实际行动。

第二节 海淀健翔学校的课程实施

有效学习的过程，一定是起始于学生接收到与其当前认知水平相匹配的外界刺激，被这个刺激打破认知平衡的时候。无论是动作反应的形成、概念的建立，还是逻辑的产生，都需要这一过程。学校将课程内容与学生的经验整合起来，积极探索实现学生学习过程中有效地"建构"方法与策略。

一、课程内容与学生兴趣及认知水平匹配，确保刺激有效

考虑到学生的兴趣，即学生对事物或活动的心理倾向，确保所提供的课

程内容或材料能匹配他的兴趣，使其注意力更好地指向这些新信息或教材，主动参与教学活动。教师教学前都会对学生进行强化物评估，从食物、玩具、感官刺激、活动等多个范围内筛选学生感兴趣的事物，最初的教学优先从这些事物开始。通过与学生兴趣的匹配，教师及教学活动更容易吸引学生的注意力，学生的参与动机更有可能被激发。

二、课程内容必须符合学生的认知水平，才能被学生理解

在教学中，学校提倡教师关注学生对活动或指令的反馈，以此判断学生是否理解教师的指令和要求，课程内容是否符合学生的认知水平，避免无效输入。例如，当学生不能对教师的语言指令有适当反应时，教师会及时调整指令的方式，或用图片、手势等方式进行提示或辅助，确保学生理解这些信息。包括教师肯定或奖励的方式也需要确保学生可以理解、可以被强化，才有可能起到强化学生、促进学生进一步主动尝试的作用。

三、创设与学生需求相关的问题情境，经验有效

与普通儿童相比，培智学生缺乏探索的动机和主动性，当问题情境与其需求无关时，则更容易表现出被动状态，更不会积极地调动认知资源去尝试与思考。在这种情况下，学生通常不会形成有效的经验。因此，教师要创设与学生需求相关的问题情境，哪怕学生只对某一个活动感兴趣、只愿意玩某一个玩具，教师也会利用这个活动、这个玩具创设出丰富的问题，引发学生各种尝试。另外，教师还尝试带领学生以多种感官参与活动，带领学生通过视、听、触、动等方式主动探索。

四、尊重学生的学习风格，确保学习过程和结果

注重教学内容与学生经验的整合，在有效的问题情境和经验基础之上，教师会依据学生不同的特点、和不同的先备能力，允许他们用自己的方式学习和解决问题。例如，在学习过程中，同样的学习目标，有些学生可以利用结构化教具和视觉提示来尝试，有些学生则安排讲授和辅导的较传统的方式来学习；同样，在解决穿衣服的困难时，也可以因人而异地采用语言、动作提示、辅具形式等支持学生。

第三节 东城区特殊教育学校的课程实施

广义的课程是指学校为实现培养目标而选择的教育内容及其进程的总和，它包括学校教师所教授的各门学科和有目的、有计划的教育活动。学校智通生活课程只有在个别化教育计划的统领下才能实现因材施教，达成育人目标。

一、尊重学生差异，制订个别化教育计划

学校全面落实个别化教育计划，教师注重教学前评估及课程本位评估，找准每个学生的教学起点，尊重学生的学习风格和特点，为学生制订个别化教育计划。将课堂教学与个别教育训练相结合，针对学生的个体需要安排不同模块的个别训练，为有需要的学生提供补救教学，满足不同学生的发展需求。

二、构建多种教学形态，促进学生全面发展

基于目前学校的生源状况，在新课程标准指导下整体教育以主题下的分科教学为主。教师在对学生进行评估、制订个别化教育计划的基础上设计教育主题。主题教学设计的优势在于它强调教育的整体性及教育内容的应用性和联系性，多采用活动形式，使用灵活多变的教学手段，能够让智力残疾学生的各方面能力得到锻炼，更好地促进学生的个性发展，提高他们的生活积极性和主动性。

教师以集体授课为主，面向全体学生，授课内容依据社会本位、经验本位以及学科本位的综合课程的理念，以生活适应课程为主导，落实生活数学、生活语文、劳动技能课程标准中提出的各项要求，同时尽量将运动与保健、唱游与律动、绘画与美工等教学内容与主题教学相贯通，增加知识再现机会，关注学生的实际获得，提高教学的效果。此外，学校还适当安排小组或个别教学，以适应班内不同层次学生的教育需求。

主题教学下的校本课程承载着有特殊需要和有特长学生的康复训练与潜能开发的任务，以小组活动形式呈现，全员参与，时间一般安排在下午。主题教学下的个别化课程以一对一的教学形式呈现，主要承载着有特殊需要学生的治疗、矫治和补救教学的任务。一般采用抽离式的设计，教学时间与家长协调后确定。多种课程形态落实了国家的课程标准，满足了学生的教育需求。

三、采用多种教学策略，实施个别化教学

个别化教学是一种以适应并发展学生的差异和个别化为主导的教学策略与设计。在教学中，教师根据班级主题要求，采用不同的教学资源、不同的教学方法和不同的评价方法进行教学工作，从而真正落实课程目标。

（一）整合环境资源，进行结构化设计

新课标对各门学科的解读，多次提到生活化的原则。开展情境教学，让智力残疾儿童在模拟生活的场景中学习，可以提高儿童的学习兴趣、降低学习难度、易于做到所学知识和技能的泛化。教师根据教学主题将超市、车站、餐厅搬进教室，让学生在活动中体验、学习。根据孤独症学生特点，学校有组织、有系统地设计结构化教学环境，充分利用各种视觉提示达成个别化目标。例如，等候区的小脚丫、签到表、学生的日程表、个人工作区的工作流程、评价表等。特别是个人工作区的设立，为学生自主学习、达成目标奠定了良好的基础。

（二）依据支持程度，开展协同教学

由于学生障碍类型多、程度重，导致学生的个别化教育计划中的目标有很大差异。在教学过程中，单纯一个教师主讲的传统的集体教学模式很难满足学生的需要。因此，采取协同教学的方法组织日常教学，灵活运用多种支持方式，能够提升教学水平，敦促目标达成，效果比较理想。

（三）提供物质资源支持，保障学生实际获得

学校还为学生提供多元的教学资源，有效支持了课程标准的落实。除了环境、物质资源外，学校还开发建设了智通生活课程资源库。自助式共享资源库具有实用性、动态性、个性化、开放性的特点。它是培智课程标准的物化载体，既有课程标准的导向功能，又有主题具象化的特点；它是进阶式教学服务平台，能多维度地为学生学习、教师教学、家长的家庭教育所用。

四、发挥评价的激励和导向作用，探索评价方式改革

教育评价是指在一定教育价值观的指导下，依据确立的教育目标，通过使用一定的技术和方法，对所实施的各种教育活动、教育过程和教育结果进

行科学判定的过程。新的评价观凸显了评价的发展性,强调评价主体的互动和参与、评价内容的多元化以及评价过程的动态发展。在设计评价的过程中教师根据个别化教育计划制定评估指标,制定观察量表,为学生提供可以获得任何可能发展的机会,将评估与教学有机结合,将评估与学生的可持续发展有机结合。

第四节 东城区培智中心学校的课程实施

一、课程实施模式

学期初教师使用学科自编评估表对学生进行初期评估,根据评估的结果制订学生的学期个别化教育计划,班主任将每个学生的个别化教育目标汇总成班级的教学目标,形成其本学期的教学重点,制定学生的长期目标(学期目标)和短期目标(月目标),并形成班级发展目标。根据发展目标按月制定教学主题,形成教学内容框架,实施教学内容,学期末再次对学生进行评估,考查学生的学习效果(见图6-1)。

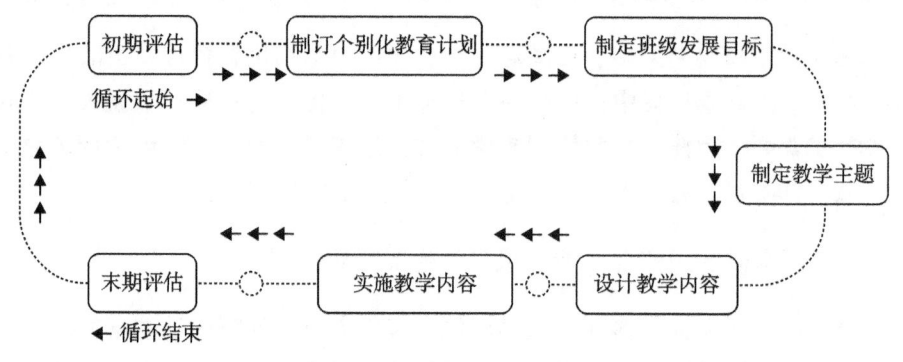

图 6-1 课程实施模式

二、授课形式

(一)集体授课

学校按照年龄和障碍程度,将能力水平接近的学生编成班级,进行班级授课,这既有利于教师主导作用的发挥,便于有计划地组织教学活动,循序渐进地开展教学,又有利于学生之间的交流互动。

(二) 分组授课

其一缺陷补偿课。上午第1、第2节是中低年级走班制进行缺陷补偿训练。训练包括两部分：一是运动训练。以康复医学理论为基础，改善学生肌肉张力异常、走路姿势异常、左右侧发育不均衡、情绪异常等问题。二是精细训练。学校为不适合参加运动训练的学生（如先心病的学生），及手指手腕能力弱的学生开设了精细训练，主要锻炼学生的手臂、手腕、手指的能力。

其二潜能开发课。每周二、周四下午是中高年级的特色课程时间，同样是走班制分到12个潜能训练组。按照学生的兴趣爱好及能力，进行专项技能的提高。

其三个别训练课。为提高学生个人的综合能力除参加集体教学、分组教学外，为有需要的学生提供一对一的个别训练。针对学生的能力，进行更加有针对性的潜能开发或者缺陷补偿，使学生更好地适应班级授课，以及在有限的时间内进行最有效的学习。

第五节 朝阳区安华学校的课程实施

安华学校的课程实施通过评估、制订个别化教育计划（IEP）、班级统整、制订班级课程方案、实施、评估的闭环流程，来满足学生的个别化教育需求（见图6-2）。

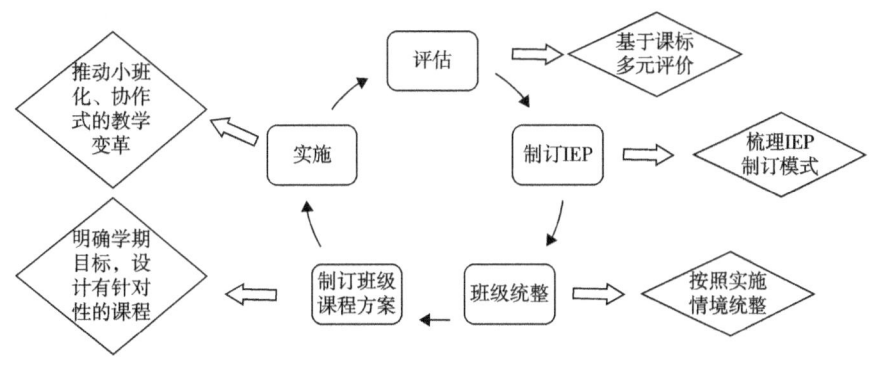

图6-2 安华学校个别化教育计划（IEP）制定流程

一、立足国家课程标准，形成目标和评量手册

新课标颁布后，该校对课标中的目标进行了细化和续写。在北京市培智

教育教研组的带领下，共同细化和续写了生活适应、生活语文、生活数学、劳动技能学科的目标，并编码，转化为评估条目。此外，该校还细化和续写了艺术、运动与保健、康复训练、信息技术、休闲的课程目标，形成了完整的《义务教育课程目标手册》和《义务教育课程评量手册》。这两本手册作为教师制订学生个别化教育计划的参照，保证学生的课程目标源于目标手册，源于国家课程标准。

二、适应学生发展需求，梳理个别化教育计划制订流程

该校的个别化教育计划内容包括学生的基本信息、优弱势能力分析、教育优先级别的鉴定、相关服务与支持策略、个别化教学目标、个别化教育计划会议记录这六部分内容。学生的基本信息这部分原则上三年撰写一次即可，其他部分按照学期制订和填写。

在个别化教育计划制订过程中，学校注重教育优先级别的确定（见图6-3），包括教育诊断与分析，评估（《北京市朝阳区安华学校义务/职高教育学生评量手册》及其他），评量结果分析，制定长期、短期目标，召开IEP研讨会，确保国家课程标准的落实。

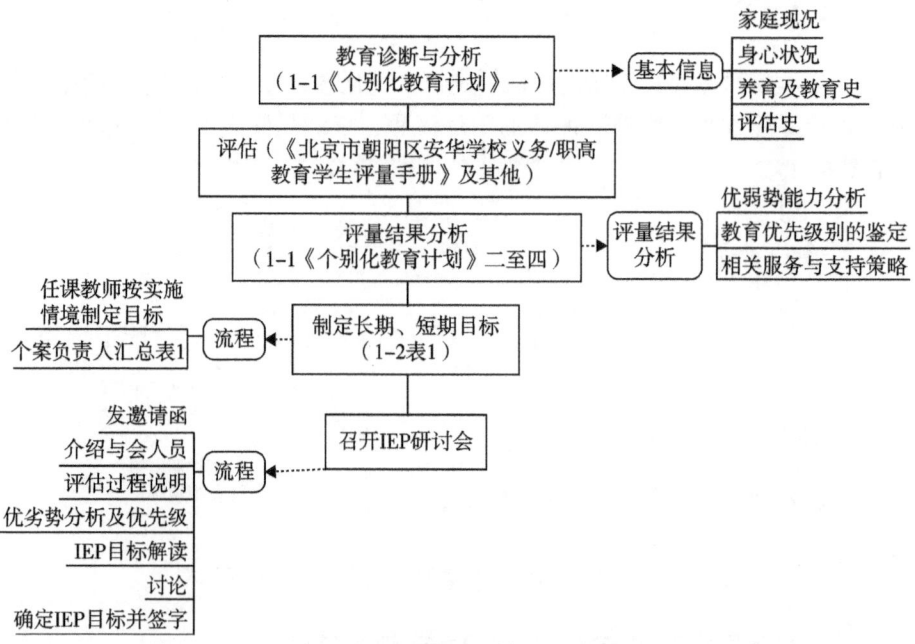

图6-3 安华学校教育优先级别确定

三、制订班级课程方案，规范课程实施过程

学校采用个案负责制，为每个学生确定一名个案负责人。该负责人负责总体协调、统筹与该名学生相关的各项教育资源和人员等。学生的个别化教育计划制订完成之后，班级教师会统整全班学生的个别化教育计划目标，完成"安华学校班级长期教学目标统整表"。之后，依据学校课程方案和学生目标，各班制订班级课程方案，对本班级学生培养目标、课程设置、课程组织形式、课程内容、课时比例、课程评价等做出设计和规划。

在课程实施中，学校梳理制定流程，设置班级课程，进行学生课时比例安排，并开展各类活动（包括常规综合活动、主题或项目活动、分科活动），保证过程的严格落实（见图6-4）。

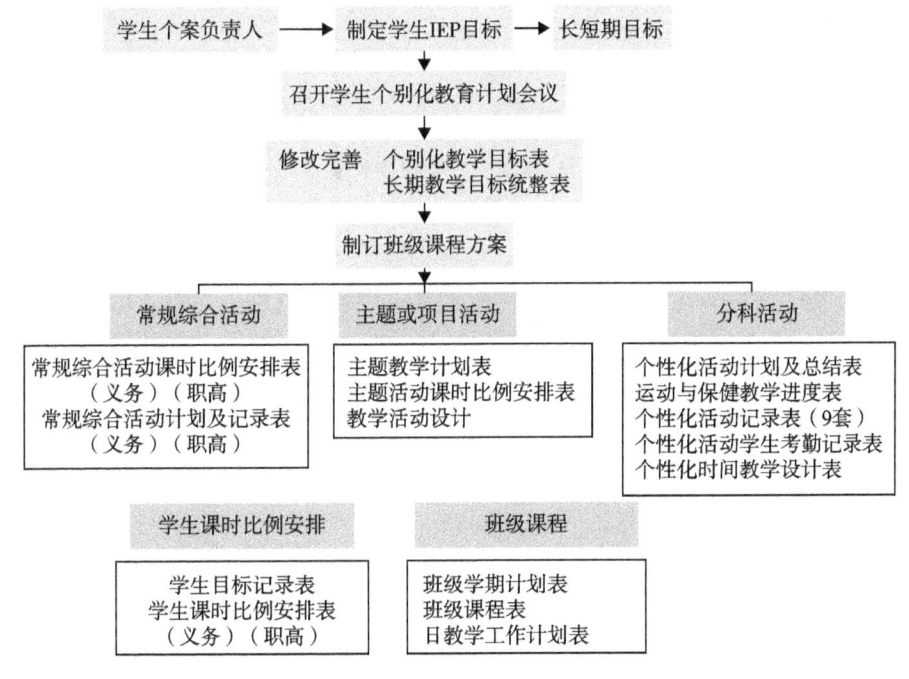

图6-4 安华学校课程实施过程

为了在班级课程实施过程中确保课程标准的落实，学校采取了五项措施。

一是学校明确各学段学科（包括核心课程与选择性课程）所占比例如图6-5所示。

二是学校明确各学段课程组织形式所占比例。学校逐渐规范不同课程组织形式的比例，并在班级课程方案中予以落实。低年级（1~3年级）以综合

主题教学为主，突出生活自理能力的培养，适当加一些分科教学。综合主题教学比例大于分科教学和康复。到了中年级（4~6年级），分科教学的比例增加，项目学习开始出现，为高年级打基础。高年级（7~9年级）阶段，项目学习的比例增加，项目学习和转衔课程，是此阶段课程的两大特色。

课程	核心课程							选择性课程		
学科/年级	语文	数学	适应/综合实践	劳技/职业转衔	唱游	绘画	运动	康复 艺术休闲	信息技术	校本课程
低年级	10%~12%	6%~7%	11%~13%	3%~4%	6%~7%	3%~4%	10%~12%	30%~50%		
中年级	10%~12%	8%~9%	7%~8%	5%~6%	10%~12%	10%~12%	10%~12%	20%~30%		
高年级	13%~15%	13%~15%	3%~4%	8%~9%	6%~7%	6%~7%	11%~13%	20%~30%		

图6-5 安华学校各学段学科所占比例

三是各班级如果开展综合课程，需要细化涉及的各学科课时比例。各班级如果实施的是综合课程，在设计之初应把综合课程内容和国家规定的七门必修课程和三门选修课程进行匹配，以保证综合课程也是严格落实国家课程标准。

四是综合课程需在每节课注明各学科比例安排。在每节课的备课中，教师需要注明各学科的比例，并按照计划落实。

五是学校会根据国家课程标准，每个学期都计算出每个学生在各科学习所占的课时比例，保证国家课程标准的落实。

四、实施弹性课时，满足个性化需求

学校将学生一日生活纳入课程，实施生态化的教学，本着全面、全程教育的原则，学校课程的安排既有统一步调，又有灵活多样的弹性空间。在课程实施上学校把学生在校所有时间都纳入课程；学校取消统一课间铃声，只有在全校性的活动转换时才安排统一的铃声，不同课型、不同班级、不同学生，课时长短不做统一规定；学校采用三名教师包班的制度，保证了课程实施的多样性和灵活性，每个年级段，每个班级，甚至每个学生都有不同的课表，各班课程表根据实际情况每周更换。

五、开展多元评价，构建个体纵向评估机制

学校以个别化教育计划落实情况为核心开展评价，保证每一个个别化教育计划目标具体、可测量。评价中，通过过程性评价和终结性评价，每月对学生目标进行月考核，期末进行最终考核。此外，学校还不断规范不同课程的评价方式和内容，最终建立起基于个体的纵向评估机制。

在班级课程实施中，学校充分发挥了班级教师的主导作用，培养专家型和研究型教师，并在过程中给予大量的培训和指导。班级教师作为课程的设计者，实施过程的每一步都严格遵循国家课程标准，力求满足每个学生的教育需求。

第六节 石景山区培智中心学校的课程实施

一、学校教学时间安排

全学年教学时间52周，其中教学时间39周，假期（寒暑假、国家法定节假日等）13周，每学年39周的教学实践，其中上课33周，开学初和学期末的前测、后测4周。学校机动2周（包括学校传统活动、社会大课堂、文化节、学校小型运动会、市级特奥活动等）。

每周安排5天教学活动时间，每天6学时，每学时35分钟。学生每天在校学习和活动，包括午饭和休息时间为7小时，周总学时时长不超过980分钟（28学时×35分钟）。

二、不同类型课程的实施方式

（一）一般性课程

学校基于新课标对一般性课程（生活语文、生活数学、生活适应、劳动技能、唱游与律动、绘画与手工、运动与保健）和选择性课程（信息技术、康复训练、艺术休闲）做了一一的目标设定。一至九年级按照新课标制订教学计划，生活语文、生活数学、生活适应由各班班主任、副班主任负责任教，劳动技能、唱游与律动、绘画与手工、运动与保健由学科教师任教，康复训练、艺术休闲、信息技术的学习内容融入各学科教学活动或者进行个别训练。教学过程中，将

学生按学习能力、认识水平各分为 A、B 两层，由教师制定相应的学习目标，采用不同的学习方式。使每位学生在校的时间都有所收获与提高。

（二）特色课程

1. 音乐治疗

音乐治疗是新兴的边缘学科。它以心理治疗的理论和方法为基础，运用音乐特有的生理、心理效应，使求治者在音乐治疗师的共同参与下，通过各种专门设计的音乐行为，经历音乐体验，达到消除心理障碍，恢复或增进心身健康的目的。

在学校实践过程中，团体音乐疗法与律动活动结合，动作中有节奏，节奏引领动作，并将故事情节融入音乐治疗活动中，在提升孤独症注意力等方面取得了比较好的效果。

2. 沙盘治疗

沙盘游戏疗法是非常适合特教儿童的心理学疗法，它以心理分析之无意识理论为基础，注重共情（Empathy）与感应，在"沙盘"（Sandtray）中发挥原型和象征性的作用，实现心理分析与心理治疗的综合效果。目前，培智学校正在研究以沙盘治疗的方式对智力残疾儿童的言语功能进行康复的工作，并取得了一定的效果。

3. 动作治疗

学校通过动作训练的研究，探索动作训练对孤独症学生诸多问题行为（刻板行为、不适当青春期行为和注意力问题等）进行干预，改善孤独症儿童的问题行为，促进学生多方面的发展，并对动作训练相关活动设计方案、训练技巧和原则进行梳理总结。

4. 空竹

通过空竹课的技能动作练习，提高学生的肢体协调能力，培养学生自信心，丰富学校校本课程。落实一切为残疾学生的生存与发展的办学理念。通过空竹课程，学生学习空竹基本技能，能够在教师的指导下达到展示、表演的目的。

教学方式主要采用集体授课形式。外聘一名主讲老师，学校教师做助教。集体授课的同时进行个别指导。

根据学生学习能力及学习特点编排适合培智学校特殊儿童身心发展的空竹练习动作，包括：基本动作、技术动作、表演动作。其中基础动作包括起势、打鼓；技术动作包括：鼓线、望月、画线、腿串、抛高、叠罗汉等；表演动作：起势、鼓线、画线、望月、腿串，编排成节目，伴随音乐完成表演动作。

全校学生全员参与，每三周一节班级集体课，空竹队每周一节社团活动。

5. 武术

学校开设武术课程，目的是通过学习武术动作，培养武术精神，提高学生身体素质及身体协调能力，发展学生的协调性、柔韧性及上下肢力量。培养学生的观察力及坚强意志。提高学生精气神，增强学生的自信心，养成自主锻炼的习惯。

每周每班1学时武术课，保证每个孩子都上武术课；每周2次武术课间操，加强学生动作标准度，培养学生集体意识；每周1次武术队训练，加强武术动作的练习，达到展示的标准。每年学校组织学生参加石景山区武林大会，均取得较好成绩。2016年至2019年连续四年，荣获石景山区中小学武术进校园项目武术展示视频征集活动组织奖。

(三) 实践活动课程

社会实践活动在培智学校的课程设置中，主要体现在社会适应与生活实践领域。

社会适应是在人的智能发展的基础上，以情绪情感为纽带，与人交往相处，建立积极的人际关系，使用社区。参与社区活动，在社会生活中，维权守法，服从规则，遵守公共秩序，具有伦理道德，维护个人与社会安全、应对突发事件以及相应的社会生活常识等方面的内容。

生活实践是人在社会适应过程中，参与社会生活，改变客观世界的能动活动，包括具有个人生活、居家生活和社区生活能力，具有休闲娱乐能力、信息运用能力和职业能力，具有卫生保健知识、环境保护的意识和行为等方面。

培智学校每周2节实践课，将学生的实践活动常态化。

第七节　丰台区培智中心学校的课程实施

一、立足教研，抓牢备课，为课程实施打好"前站"

教研是培智教育课程规划的主要途径也是课程实施的前站。为此，该校加强顶层规划设计，确定"新课程标准、新教材的学习实践"为研究重点，充分发挥教研的作用。通过组建不同类型的教研组，形成学科、学段、班级、老带新、专题组等不同类型的教研组合，利用部门教研—组内教研—教学小组教研—师徒组教研—融合组教研等多种形式，结合教师学习中的困惑与课堂实践，分层进行研讨、备课。同时，学校支持教师参与到不同的组中，在单元备课、课题备课、课时备课的过程中，将个别化教育计划、班级学期计划分层细化落实到备课体系中，并规范备课格式完善学校的备课体系。在组内教研、备课的推进过程中，教学干部、教研组长始终是核心，发挥着及时调控、推动教研实践、提高质量的作用。这样不但促进了教师课程意识、实践能力、备课的质量也在逐步提高，还为该校的课程实施打好了前站。

二、固本求源，探索革新，"分科下的主题课程"实施从学习落实新课标开始

（一）梳理新课程标准结构，建立四级目标体系

学生永远是学习的主体，课程是为了学生服务的。该校以此为目标，并结合所学的先进理念，将课程标准进行统整、梳理，建立"学科—学段目标—领域目标—单元目标"的四级目标体系，并通过课程本位评估，找到每个学生的现有学习水平。

在建立目标体系的过程中，该校参考西城区培智中心学校的做法并结合自身的特点，通过编码将课程标准中的层级目标进一步清晰化、系统化。主要的编码方式为：一级目标表示学科，如1表示生活语文学科；二级目标为学段目标。如1.1表示生活语文学科低学段目标；三级目标为领域目标。如1.1.1表示生活语文低学段个人生活领域中的目标。四级目标为单元目标。如1.1.1.1表示生活语文低学段个人生活领域中饮食习惯的第一条目标：能在别人对自己说话时注意倾听。课程目标编码后建立了清晰的四级目标体系，为培智教育新课程标准的具体落实及培智教育的课程实施奠定了基础。同时也为细化五码目标做好了铺垫。

（二）细化五码目标，开展课程本位评估

课程评估是课程实施前的重要基础，对于学生基线能力的准确把握直接影响目标确定的准确性。基于此，课程实施就要从学生本位、课程本位等不同角度开展评估活动，找准学习起点、评估学习效果。通过分析课程标准四级目标细化五码目标，开展课程本位评估。细化五码目标主要从以下三步进

行。第一步，结合学生的能力发展细化目标内容、范围、数量等。第二步，结合单元主题教学内容进行细化，通过细化内容、范围、数量等来进行目标的具体化。第三步，在细化过程中体现目标间的时空关系。例如，四级目标1.1.1.1 认识常见的食物。结合一年级学生的发展需求和实际能力水平，续写了目标 1.1.1.1.1 认识常见3~5种水果和蔬菜。

开展课程本位评估。从评估的人员和方式上，该校强调真实的生活情境的多学科人员共同评估，关注教学常态下的模拟情境评估，主要通过以观察法、操作法、活动法来评估学生的能力水平。

通过课程本位评估，促使教师更加准确地找到学生的教育起点，客观地把握学生各项能力分布状况及相互关系，为拟订实施个别化教育计划提供有效、可信的依据。物化的评估结果也便于教师对学生学习的前后变化进行比较与分析。

三、以生为本，以材为介，让"分科下的主题课程"有途径

不管是分科还是综合，无论何种课程实施模式，教材并不是教学内容确定的根本依据。任课教师应始终带着"以生为本"的课程观进行教学实践。而如何灵活使用教材资源、分析教材、有针对性地落实个别化教学目标是在课堂教学中贯穿始终的核心问题，更是培智课程实施的关键。在实践的过程中，该校总结出了教材分析及使用的四点原则。

第一，统一思想，积极使用。新教材是落实新课程标准的媒介与方法，也是培智教育课程实施的重要途径，该校在课堂教学中要紧密结合积极使用。

第二，统整教材，取舍有当。对教材要有整体的认识，了解其系统性和逻辑性，熟知每课时的主要教材、学材。

第三，明确目标，因材施教。准确分析学生基础，制定明确、具体，可观察、可检测的教学目标，并根据学生的实际选取教材。

第四，明确重点，一课一得。结合新课程标准，明确教材的重点，在实施中总结提升。同时也让新教材成为反映该校课程实施的一面镜子，通过这面镜子及时发现并调整该校在课程实施中出现的问题。

立足课堂，以生为本开展教学实践。近两年，结合学生的实际情况及新教材的使用，该校开展了校际、校内各种形式的研讨课活动。深入实践情景模拟、角色扮演、游戏竞赛、小组讨论、体验分享、合作探究等多样化的教学策略方法，在新教材的使用中不断尝试、探索，在促进教师专业提升的同

时，提高课堂教学质量。让新教材成为落实培智课程的一种媒介。

四、与时俱进，多元探索，助力"分科下的主题课程"实施

为了让学生站在课程的正中央，为了让培智教育的课程实施以学生的成长为出发点和落脚点，该校与时俱进，多元探索。

多元探索而不拘泥于一种理论方法。比如，为了探寻更适合孤独症儿童的教学方法。该校先后引入应用行为分析（Applied Behavior Analysis）、自主交往、运动康复、脱敏等理论及方法，甚至尝试将这些理论方法组合熔炼。

多元探索而不拘泥于一种授课模式。不同类型残障孩子的学习特点有很大的差异性，即使同一类型的孩子，也是一人一样、千人千面。为此，该校在以"班级集体教学"为主的基础上，还为学生开设了"个训课""小组课""兴趣班"等不同类型的课程，以遵从学生的个别化教育康复需求，灵活创设学校的课程实施。

第八节 通州区培智学校的课程实施

一、课程实施规划

1. "学会生活"作为构建课程的基本宗旨

该校课程设置的最终目的是使他们能够参与社会生活，因此，以"生活"为核心进行课程建构应是该校坚持的主线和原则。这也是学校多年坚持的教学特色。

2. 分科教学为课程实施的基本形式

七大学科分科教学，鲜明地保证了国家课程以及标准的贯彻，也保证了正在成长中的残障儿童多个发展空间的供给。

3. 康复课程作为重要支持课程

作为一所专门的特殊教育机构，应尽可能地满足学生的康复需求。而康复课程不仅是缺陷补偿，也包括潜能开发，还包括职业康复等。这是对国家设立的必修课程的重要补充。

二、实施过程

1. 制订个别化教育计划

教什么？怎么教？在新课标指引下，通过课程本位评估，找到每个孩子的最近发展区，为每个孩子制订个别化教育计划，通过统整与匹配开展教学活动。个别化教育本身就是生活化的重要体现。

2. 学科下进行生活主题教学

主题有较强的"生活"功能，能更好地将学习内容与学生的日常生活紧密联系起来，突出学习为"生活"的宗旨。同时，主题具有较强的跨学科整合功能，从而促进学科之间的相互整合以及开展灵活的教学实践活动。

3. 开展多种教学组织形式

根据学生实际需要和课程特点，开展集体教学、小组教学、一对一的个别教学等，满足学生不同的发展需求。一般来说，学科课程以集体教学为主，康复课程以一对一或小组训练为主，潜能开发和职前训练以小组训练为主。

4. 探索"生活化"教学模式

探索"生活化"教学模式，就是要从每一个智力残疾学生的"生活需要""实际能力""学习特点"出发，在新课标引领下，用适合智力残疾学生的教学方法、手段、策略，促使每个学生都能参与到学习中来，得到最适合的教育。通过研究与实践，该校根据学生和学科特点，总结出了"活动模式""任务模式""情景模式""问题模式"等，并在综合、分析、研讨、整理的基础上，将"情境教学"作为重要的教学模式，并总结出"真、亲、趣、多、动"五字教学妙法，突出学生主体，促进智力残疾学生有效学习。

第九节　昌平区特殊儿童教育学校的课程实施

一、课时设置

依照国家课程标准，分学段进行课时设置。具体安排：综合课和基础性课程，每节课30分钟，补救类和潜能类课程，每节课40分钟。融合课程：每周1个半天到普通学校融合，低学段对应普通小学，中学段对应普通中学，高学段对应职业高中，在融合中培养学生沟通、协作、礼仪等能力，每月至少 1 次社会融合活动。

二、课堂教学模式设置

课堂教学模式主要采用协同教学模式，每节课两名教师，一名主讲教师负责统筹本节课主要教学内容，协同教师主要负责分组教学中其中一组教育任务和个别学习区学生的个别指导。

三、课程实施流程

具体流程：教育评估每个学生—班级目标统整—学段目标统整—制定生活化主题—研讨分化目标学科匹配—细化内容及课时安排—实时教学—每周研讨及时调整—月统整活动（检测评估教学效果）。

例如：包班教师学期末统一对本班学生进行教育评估，找出班级教育目标，以计划能力欠缺为例，召开学段会议时集体研讨，发现全学段学生都有这个教育需求，共同制定单元目标培养学生有一定的计划能力。经过学段教师研讨，最终选择了旅行计划这个大主题，"我是旅行小达人——天安门""我是旅行小达人——滨河公园""肯德基之旅"，制定每个主题下的共性目标、学科目标及学生个别需求目标。接下来进行教研组统一备课，组内所有教师大方向一致，如美术学科本主题重点训练学生粘贴画能力，运动保健学科重点练习队列等，各班教师再依照本班学生的情况进行各班学科教学的集体备课。然后，进入课堂教学中，在课堂教学中主要采用结构化教学的方法，即整体—分组—个别—集体。这样既能满足所有学生共性学习的需求，又能满足学生的个别需求，学生课堂参与度和学习积极性都很高。

第十节　大兴区特殊教育中心的课程实施

一、实施流程

具体流程包括：课程开设、课程选择、课程调整、课程实施四个环节。

课程开设是由教导处根据《培智学校义务教育课程设置实验方案》开全开足国家课程，并结合学生实际选择开设康复训练课程。课程选择是全校学生可在综合课程、分类课程和康复课程中选择相关课程。综合课程和分科课程为公共课程，全校学生统一选择。康复训练课程需要班主任及相关任课教师对学生进行评估和分析，并结合学生实际情况选择有需要的学生进行康复训练。课程调整是教导处根据实际情况进行课程和学生调整，确定每门课程的上课人数和上课时间，安排好教师课程表和学生课程表。课程实施是班级教师按照课程表实施。

二、实施形式

综合课程和分科课程以集体教学形式每天上午实施；康复训练课程以集体+个训形式实施，主要针对有康复训练需求的学生进行缺陷补偿。

三、实施内容

在课程内容的选择上该校改变以往的"课程"观，教学内容以学生能力为主线，提高学生的生活能力，提倡"凡是生活的内容，就是该校的教育内容；凡是生活的地方就是该校的课堂；凡是生活的方法就是该校的教育方法。"该校的教师是课程资源，学生是课程资源，家长、榜样同样是课程资源。就智力残疾儿童来说，该校提供的课程要适合他们身心发展的特点，适合他们的接受能力和理解水平，适合他们今后步入社会，参与社会生活的要求，要满足学生个体的特殊需要，使每个学生都能获得最佳发展。

（一）课程内容的选择

课程内容的制定即规定好每学期每个月的主题，分别是学校生活、个人生活、家庭生活、社会生活。教师综合每个学生的个别化教育计划、能力和发展需求、家长的期望，结合培智学校义务教育课程标准，确定综合主题课教学内容。为每个学生设计适合他们需要的课程内容。学生能够在学校得到最适合的教育，使智力残疾儿童具有最基本的生存能力。

（二）教学内容选择过程

（1）明确个别化教育计划实施的重要性。制订个别化教育计划在完整的培智教育流程中起到承上启下的关键作用。个别化教育计划的内容既要体现出学校的教育理念和课程，制订的依据也要根据一系列对儿童评估的结果，并且是实施教学的目标来源，同时还是评鉴时检验教学效果的标准。可以说，为学生制订个别化教育计划起到至关重要的作用，是不容忽视的。

(2) 全校教师一起研讨个别化教育计划的撰写。

(3) 教导处与教研组长共同研讨，将新课程标准分年级段整合，学校将6个班级分成三段，一、二班为低段，三、四班为中段，五、六班为高段，每一段为一个教研组。

(4) 科学合理的前期测评能够让教师了解学生的情况，提供有针对性的教育。在每学期初，以教研组为单位，深入探讨本段目标，为每个学生制定前测表进行前期测评，作为教师为学生制订个别化教育计划的依据，同时也为教学内容的选择服务。

(5) 各班召开个别化教育计划会议。会议的参加人员包括为学生、相关教师、家长。会议步骤主要包括：①由教师汇报评量结果；②与会教师和家长讨论评估结果；③家长谈自己对儿童未来发展的希望和需求，以便帮助教师确定儿童个别化教育计划的主要方向和目标；④总结儿童各方面基本的需要，列入儿童的个别化教育计划。

(6) 学校以教研组为单位开展各种围绕个别化教育计划和综合课程具体实施的小教研，各教研组从学生的评估到个别化教育计划中班级目标的整合，到主题单元的确定，再到主题单元下月目标、周目标以及每节课目标的整合等方面，一边探讨，一边实践，一步一个脚印深入落实个别化教育计划。

(7) 包班教师研讨：即以班级为单位，包班教师根据目标进行研讨确定本班的月主题单元、到主题单元下的周主题、每天的主题，各位教师针对制定的主题进行教学内容分工。

(8) 学期末分组对学生进行评估，检测目标的完成情况。

第十一节　顺义区特殊教育学校的课程实施

学校经过实践探索，形成了爱慧课程、课堂建设特色。

一、形成"四、五、六"教学模式

在落实新课程标准的过程中，该校依据课程标准和学校主题教学实际提出了"四、五、六"教学模式，主题教学"四化"：情境化、游戏化、结构化、生活化；教学要求"五个一"：一个情境、一个游戏、一个童谣、至少一次结构化、一次动静结合；温暖课堂"六有"：有欢快的笑声、有个性的关注、有专业的方法、有丰富的语言、有多样的设计、有美好的期许。归纳出了"集体教学—分组教学—个别化区域学习—回归集体教学"的教学流程；活动设计和知识点教学体现"整体—分化—统整"的教学结构。

二、对接新课程标准实施有效教学策略

在新课程标准实施过程中，坚持个别化教育计划引领下的主题教学，结合班级实际创造性地开展主题教学活动，让课堂呈现不同的生命色彩。

（一）个别化教育计划让教学更有效

在西城联盟校的专业支持下，该校通过多次研讨、调整，逐步形成了该校的个别化教育计划制订和实施模式。依据"四好评量表"进行课程评量，依此进行教育诊断评量，从而确定长期目标、短期目标，和班级教学主题整合，落实到具体学科和活动、家庭中。

（二）自制学习书让教学更生活

该校提倡校本化、班本化落实新课程标准、新教材，通过制作满足个性化需求的"小学习书"将教材内容班本化，并根据教学主题创造性使用。小学习书是学生自己的用书，是学生身边摸得着看得见的学习载体，既完成了主题教学下的教材内容，又为学生学习积累了丰富的学习资源。

（三）自创游戏让教学更精彩

游戏让该校的课堂充满乐趣和色彩，教学中教师根据不同教学内容设计多样的游戏活动，既丰富课堂教学，又将知识和训练巧妙融为一体。

（四）自编童谣让教学更生动

自创童谣是该校的课堂中常见的辅助策略，教师根据教学内容自编的童谣朗朗上口、游戏简单易学，辅助学生认知、训练、操作，紧密联系学生的生活，让课堂变得生动而温暖。

第十二节　房山区特殊教育学校的课程实施

一、成立课程研究开发团队，为课程实施提供保障

"生活适应+出彩课程"，是基于分科教学下的主题教学。对于该校全体干部教师而言，是新生事物，如何做，怎么做？需要研究、沟通、研讨。因此，学校根据教师的需求，成立了具有年级学科课程特色的年级教研组和康复训练特色的康复专业教研组，研究团队的成立为课程的实施提供了有力的保障。

二、建立模块化的时间带，为课程实施保驾护航

依据《培智学校义务教育课程设置实验方案》，将学生在校时间进行了模块化和结构化的设计，进行了长短课、大小课的安排，以此更加适宜课程的开展和实施。

每天上午第三节课和下午第一节课，为基础课程和综合课程上课时间，每节课上课时间为 30 分钟。

每天下午第二节课为发展课程上课时间，每节课上课时间为 1 小时。

每周二、周三下午第三节课安排传统文化课程和精彩绽放课程的学习，每节课 40 分钟。

每天安排 15 分钟晨会，进行专题教育活动；每天安排两次眼保健操，每次 5 分钟。

每天安排 60 分钟运动与保健游戏活动；

每天安排 10 分钟午会，进行传统文化教育。

每周安排 1 课时班队活动。（每月 4 次，即安全教育、健康卫生教育、环保教育、班队活动）。

每周五下午安排社区实践活动，每次活动 2 小时。

三、课程实施流程

基础课程和综合康复课程：学生能力评估—课程本位评估—依据评估结果制订个别化教育计划—全班同学的个别化教育计划的统整—主题单元（学校生活、个人生活、家庭生活、自然与社会）与教学内容选择—编写或选择教材—集体课堂教学。

个训课：由学校发布个别训练的项目，家长申报和班主任推荐相结合，各班班主任根据个别化教育计划评估推荐—个训课教师接案—进行专业评估—确定个训内容—进行个训课教学—回归集体教学。

拓展课程：学生能力评估+学生长期目标+学生兴趣—选择课程—走班上课。

实践课程：学生能力评估+学生长期目标+环境评估—实践活动主题课程（如我是生活小达人、快乐种植、赏花游、民俗体验等）—校、班、家庭按月选择主题实施。

第十三节　平谷区特殊教育中心的课程实施

一、拓展延伸国家课程资源

学校对国家课程的生活数学、生活语文、生活适应、劳动技能、唱游与律动、绘画与手工、运动与保健、信息技术、康复训练、艺术休闲等进行改编、新编或扩编。学校以国家统编教材为依托，降低教学难度——改编；添加一些易于学生掌握的内容——新编；加进一些发展康复等和学生密切相关的内容——扩编。学校收集整理了生活数学、生活语文、生活适应三科新教材的使用指导手册在全校推广。另外，语言康复训练部的教师整理出一套康复训练的讲义，适合语言障碍的学生在训练中使用。

二、依据地域特点开发特色课程

学校开设了足球、游泳、轮滑课程，教给学生强身健体的方法，同时培养学生锻炼意识和保健观念；社会大课堂、"家校进博"、生活技能竞赛等课程，教给学生获取知识的方法，丰富知识、开阔视野；舞蹈、美工、剪纸、泥塑、书法等课程，培养学生高雅的生活情趣和艺术欣赏力；通过国旗下讲话，学生生活展示，看电影等课程，激发学生的生活热情，增强自强不息的意识。

三、建设学校品牌发展校本课程

(一) 开展丰富多彩的校本课程

学校开设丰富多彩的校本活动课程，开发学生潜能，每天下午，全校学生打破班级界限,采取走班制,以小组活动的形式开展校本潜能活动课程。根据学生的实际需求,培养兴趣、开发潜能。校本潜能活动课程分为美工制作组、艺术表演组、特奥体育组和康复专业训练组。美工制作组包括:手工拼豆豆、手工发卡、手工香皂、绘画等,艺术表演组包括:故事剧、音乐、舞蹈、管乐等;特奥体育包括:游泳、轮滑、篮球、足球等;康复专业训练包括:语言训练、知觉动作训练、孤独症康复训练等。每学期末各个小组进行"学生才艺展示"汇报,助残日、六一、元旦新年联欢会,在舞台上展示学生的风采,使学生亲身感受到"我能行"的成就感。

(二)建设平谷区特殊教育中心品牌的特奥课程

为了让特奥活动更加全面地开展,学校在各学科中渗透特奥知识,形成具有学校特色的特奥课程体系。所有任课教师、所有学科、所有学生均参与学校的特奥课程。首先,学校开展特奥课程展示。要求所有教师结合自己的学科特点,渗透特奥知识,以教学设计、课堂展示为主进行展示。比如:信息技术课上由特奥运动引入课题,在课上教给学生用电脑画轮滑鞋和足球的方法,画的过程中学生对轮滑和足球项目有了进一步了解,很好地做到了特奥与本学科的融合;劳技课上选择了帆船项目作为切入点,既讲解了特奥帆船的相关知识,又让学生在折帆船的过程中培养了动手能力;其次,所有任课教师在教学设计的基础上编写课程教材。教师编写的教材内容丰富,包括《趣味运动会》《我的鞋子》《画足球》《篮球》等内容。教师编写的特奥教材图文并茂,非常符合残疾学生的认知特点,是非常实用的特奥教学参考材料。最后,学校将在特教专家的指导下完成具有学校特色,同时可以推广的特奥课程。

第十四节 怀柔区培智学校的课程实施

课程实施体现为课程开发付诸具体实践的过程。它不仅是教师教的过程,更是学生学的过程。课程科目整合与分化的关系取决于学生学习困难的复杂性程度,因此,该校根据教师的潜能及学生的实际进行科目课程的整合,学校不仅贯彻执行国家相关课程要求,也通过增加、整合课程学习的灵活性,为学生提供多样的学习项目内容,保障所有学生发挥潜能、快乐地学习。

一、"7+5课程"采取综合教学和分科教学相结合的教学形式

"7+5课程"的实施,该校采取综合教学和分科教学相结合的教学形式。从学生的实际需要出发,学习能力强的班按照国家课程标准进行分科教学;学生障碍程度重的班级采取了小综合加分科的教学形式,小综合是将生活语文、生活数学、生活适应三门学科进行整合,由班主任承担,按照课程标准的不同学科目标要求进行个别化教育计划的制订、整合教材,进行教学设计,整合有关学科的知识内容,其他学科进行分科教学。该校提出了体现学科特色的综合教学,以学生的实际生活为出发点,充分体现本学科教学目标,根据教学内容恰当融入其他学科目标,对学生进行了综合能力的培养,选取对学生实用的教学内容,制定适合学生发展的分层学习目标。

二、开放的"社会实践类课程"采取室内室外相结合的教学方式

该校探索开放实践类生活化、社区化的教学模式。通过对课程的改革、教学内容和方法的创新,研究生活化、体验式、实践教学形式,让学生学习生活中的实用知识,活学活用,体现知识在社会生活中的实用性价值。采取室内室外相结合的教学方式,在社区中实施生活化课程,一方面,把"课堂"延伸到学生生活的社区中,把原来的小课堂拓展成社会大课堂,在生活中学习、在学习中发展。例如,各班根据学生年龄和生活能力选择合适的实践内容。低年级的学生会在教师的带领下认识小区、大街上或公园里的公共厕所,学会分辨男女厕所,并学会正确使用;高年级还会学习怎样正确乘坐出租车。室外实践教学提高了学生的学习兴趣,主动学习的意识增强了,在动手操作和亲身参与的过程中提高了学生的综合素质。另一方面,学校根据区域特色,组织教师编写了《我的生活》校本教材让教师在教学时有参考、有指导。

三、校本潜能课程

该校开展了丰富多彩的社团活动课程,外请专业机构教师对学生进行潜能开发,采取选课走班的形式让学生进行社团活动,固定场所、固定教师,学生流动的原则来发展学生特长,每周二、周三、周四下午两节课后,全校学生打破班级界限,采取走班制,以小组活动形式进行校本活动课程。根据学生的实际需求,培养兴趣,开发潜能,培养技能、补偿缺陷。课程分为美

工制作组、艺术表演组、烹饪组和康复专业训练组。该课程设置的目的是培养兴趣，让学生进行自我决定，为学生沟通交流、技能的发展及增强自信提供支持。通过开展丰富多彩的活动课程，使每个学生都得到应有的发展，提高了学生的综合素养。

第十五节　密云区特殊教育学校的课程实施

一、课程实施原则

（一）以兴趣为出发点

在实施课程的过程中，学校要根据学生的需要、动机、兴趣和直接经验来设计、开展相关课程活动。充分关注学生的兴趣和直接经验，并以此为基础实现对传统学科知识结构与逻辑体系的超越，建立更接近学生真实学习的环境。

（二）以适应生活为目标

学生在校的学习、教育训练最终的目标都是要让他们回归社会、适应生活，所以教学内容上尽可能真正回归学生的生活世界，从学生真实的生活世界中选取具有一定综合性、实践性、现实性的问题、事件、现象来设计课程内容。

二、课程实施辅助手段

在课程实施的过程中，利用辅助手段增加学生的学习兴趣，使"三无"课堂——无力（能力不够）、无助（辅助不足）、无心情（缺乏兴趣）转变为"三有"课堂——有章（符合学生认知发展规律）、有意（有具体操作性）、有趣味（能调动学生意愿）。

（一）辅助设备提升学生学习兴趣

VR生活适应系统：将校园户外场景与学校附近街道、公交站场景VR呈现，让学生在虚拟中模拟现实场景，保障安全的同时提高学生的自主探究能力。

体感游戏设备：弥补传统运动课的枯燥与场地限制，使各种流行的元素被学生体验，舞蹈、球类、探险的体验既有趣味性又与生活息息相关。

康复治疗设备（OT）：有针对性地以游戏形式对各部位进行康复训练。

(二) 利用平台增进学生互动能力

电子教材系统：打破枯燥的书本教材，让配套的教育部教材"活"起来，以视频、音频、动画的形式同步学习，增加了学生的学习兴趣。

沟通辅具适配箱：解决不能说、说不好和不敢说学生的课堂参与和表达问题，多色按钮选择设备结合图片发音版，让教师了解学生自己的想法。

(三) 自制辅具丰富课堂教学形式

每人每个月完成3件辅具，要求小、快、活、好用。生活语文：140字识字布袋（移动的识字库、常见汉字卡通背景板学习）。生活数学：数字瓶盖拧一拧（将对应图案物品数量的数字瓶盖拧上，锻炼配对、精细与点数能力）、母鸡生蛋数一数（点数与数字配对）。生活适应：模拟公交（真实的红绿灯、斑马线、十字路口）、模拟超市（商品分区、自主选择、购物单完成、电子支付……）。

其他：打地鼠注意力集中器（提升学生的追视与注意力集中）、十指套圈精细训练器（左右手概念与手部精细训练）。

第十六节　延庆区特殊教育中心的课程实施

一、坚持课堂教学是落实学生教育目标的主渠道

课堂教学是系统地、有计划地落实学生所有教育目标的主渠道，同时，该校认为在设计、实施综合课程的过程中，落实某个主题，需要由多次课堂教学组成，教师的每一次课堂教学，要有相应的学科侧重解决相应的问题，例如，"有趣的圆形"是"中秋节"这一主题中的一节课，该节课的目标是"认识圆形的月饼，找到生活中的圆形"，同时，教师要统整相应的内容。

二、深化全程教育、全科教育的认识

在实施综合课程时，学生从走进校门的一刻，教师便要开启一天的课程，

问好、晨午检、课堂教学、课间活动、吃饭、如厕、评价、再见等所有活动均是落实学生教育目标的时机，因此，该校在设计、实施课程时，教师要明确教育教学目标的落实渠道，例如，"理解5的意义"这一目标的落实渠道是课堂教学、评价两个环节。这样一来，学生的一日生活，无时无刻不在学习知识、练习技能。

三、强化对学生日常行为的管理

在综合课程中，教师要注重对学生日常行为的管理，要对学生在校期间所有行为进行评价。该校建立健全的"评价体系"，通过统计记录每日得分、每周得分、每月得分，鼓励、支持学生的正向行为。在课堂教学过程中，通过对学生行为进行管理，能够有效地组织教育教学，提高课堂教学的质量。

第十七节　门头沟区特殊教育学校的课程实施

学校的"我是小小音乐家"系列课程的具体实施主要由课前展示（表演）、新课导入、感受、体验、创作、表演六个环节组成一个循环。

课前展示（表演），旨在提高学生的自信心，鼓励学生从羞于说话，到敢于表达自我，再到善于表达。同时，表演也是系列课程的主题所在，即我是一名音乐家，我所学习的一切内容是为了使我更加的名副其实。

新课导入则直接从先前的表演中寻找需要提升的内容进行学习，学生一开始就是站在一个音乐家的高度去审视自己还有哪些方面做得不够，而不是胆怯的学习如何回答正确的答案。学生能够面对自己现阶段存在的问题，并且积极地参与到学习提升之中。

设置学生能接受的学习目标，开展有针对性的教学活动，在一系列感受、体验的活动中体会音乐的各种变化和各种表现方法，这改善了学生在听觉、视觉、触觉、记忆力、表现力、创造力等方面弱势需要。

在创作的环节，学生可以利用本节课学习到的内容进行即兴的创作，可以自我表现，也可以表达自己想法后请教师协助表现出来，这便大大加深了学生对于音乐不同变化的体验，当学生听到、看到自己创作的内容被教师或者自己表现出来的时候，所获得的成就感要远远超越答对一个问题后获得的表扬。

在最后的表演中，学生把学到的内容完善进自己的表演之中，使自己的表演变的更加的完美，或者把自己的创作站在台上自信的表现出来之时，这便回到了系列课程的主题——我是一名音乐家。

课程结构将"感受与欣赏""演唱""音乐游戏""律动"四个学习领域有机结合成一个整体，设计适合学生特点的、活泼生动的教学形式。以唱游、音乐游戏、创作、表演为主要活动方式，课堂教学强调学生的参与性与创造性，将音乐以外的知识借助音乐活动传达给需要不断提高社会适应性的特殊儿童。

课程为学生创立了一个情景，即学生作为一名在舞台上演出的音乐家、表演者，从这一情景出发，沿途带学生去体验组成音乐的各个要素，如音高、时值、节奏、速度、旋律等元素，通过聆听、感受、体验、创作等过程，解决作为一名音乐家、表演者遇见的实际问题，再利用学习的内容去进行即兴的创作以及表现，最终不断地提升自我。

音乐课堂大致分为六个环节：课前展示（表演）、新课导入、感受、体验、创作、表演。

课前安排展示，旨在提高学生的自信心，鼓励学生从羞于说话，到敢于表达自我，再到善于表达，同时，这个展示也是系列课程的主题所在，即我是一名音乐家，我所学习的一切内容是为了使我更加名副其实。

新课的引入则直接从先前的表演中寻找需要提升的内容进行学习，学生一开始就是站在一个音乐家的高度去审视自己还有哪些方面做得不够，而不是胆怯地学习如何回答正确的答案。学生能够面对自己现阶段存在的问题，并且积极地参与到学习提升之中。

设置学生能接受的学习目标，开展有针对性的教学活动，在一系列感受、体验的活动中体会音乐的各种变化和各种表现方法，改善学生在听觉、视觉、触觉、记忆力、表现力、创造力等方面的情况。

在创作的环节，学生可以利用本节课学习到的内容进行即兴创作，可以自我表现，也可以表达自己的想法，然后请教师协助表现出来，这便大大加深了学生对于音乐不同变化的体验，当学生听到、看到自己创作的内容被教师或者自己表现出来的时候，所获得的成就感要远远超越答对一个问题后获得的表扬。

在最后的表演中，学生把今天学到的内容完善进自己的表演之中，使自己的表演变得更加完美，或者把自己今天的创作站在台上自信地表现出来，这便回到了系列课程的主题——我是一名音乐家。

/ 第七章 /
北京市培智学校的课程评价与管理

第一节　北京市培智学校课程评价

《培智学校义务教育课程设置实验方案》对课程评价提出了这样的要求：构建多元化的课程评价体系，建立多元化、科学的课程评价体系，发挥评价的诊断、激励、导向功能，采用多样化的评价方法，促进学生、教师、学校在不同层面的发展。要有助于智力残疾学生综合素质的提高，要全面反映学生的学习经历和成长轨迹。

一、采用多种课程评价方法

综合课程是将过于分化的学习内容统整而成的学习领域，在整合原有分科课程或分化了的知识的基础上生成。相应地，其评价相对于分科课程而言更加侧重学生对知识整体性的把握、运用多科知识解决复杂问题的能力以及学生对于世界的总体感知。因此，传统分科课程的评价体系并不能完全适应综合课程。为了更好地促进学生的发展，建立与综合课程相适应的多元评价方式显得尤为重要。单一的课程评价方法可能难以得到客观、有效的评价。因此，一些学校应用了多种课程评价方法对课程效果进行评价。

北京市西城区培智中心学校通过实施多种评估方式，不断挖掘学生潜能和特长。针对学生不同的学习能力和特点，教师需要运用不同的教学策略和评价方法，来确保学生掌握教学的品质和成效。该校总结出适合中度、重度障碍学生的多种评价方式。

一是生态环境评价：通过自然生态环境对学生多方面知识技能进行综合评价。在综合课程中，每周都会有 5 课时的社会实践课，教师带领学生走出学校，走进超市、社区、菜市场、地铁站、公园等地方，如在学习蔬菜分类前，先去超市或市场中的菜摊前观察都有哪些蔬菜，找准学生的能力起点；在超市和餐馆真实情景中学习收纳脱下来的外套等衣物，教授学生新知识技能，促进学生生活技能的学习和掌握；在学校模拟学习买早点后，在早点铺练习买早点，练习巩固知识技能，促进学生新旧知识经验的整合，不断内化形成生活技能。通过对社会实践课前评估、现场教学、巩固练习、应用评估的功能开发，进一步推动综合课程的有效实施。

二是工作分析评价法：在综合教学中，教师为了准确了解学生的能力水平和学习情况，在情景活动中设计运用工作分析评价表，将活动中的知识、技能进行分解然后进行评价。这样的评价结果，不单纯是会与不会，而更多是了解到不会的同学已经掌握的程度是什么？更加肯定已有的学习效果，确定再教学的起点。

三是日常观察法：教师从平常活动中观察学生在评估活动中的常态表现，评估学生的真实能力。所以在评估活动中，教师往往作为一名观察者，不参与或尽可能少参与到评估活动中去，通过观察学生的行为表现、分析能力了解学生的学习效果。

北京市密云区特殊教育学校采用教学设计评价、实录课评价、学生家长的评价相结合的评价方式。每周教研活动时间，综合课程组都会开展共"写"一节课活动，组内教师会选取一个班级一门学科进行教学设计研讨活动。从教学内容的实用性到设计的全面性展开讨论，共同设计一节课。听评课是一种最直接、最具体、最经常也是最有效的提高课堂教学质量的方法和手段。综合课程组每个月展开一次课堂实录评课活动，组内教师在互相听课、评课及分析的过程中，肯定优点的同时重点分析问题。要对教师钻研教材、处理教材、了解学生、选择教法、教学程序的设计诸方面做一透视，分析产生问题的原因。最后提出具体改进的意见。家长评价方面是通过班级微信群、家长进课堂、家访等形式开展。在班级微信群中，教师会将课堂中学生的精彩表现、学生制作的作品等发送到家长群中，让家长知道每天教师都在带领学生做些什么。每月邀请1~2名学生家长走进课堂，辅助教师完成教学任务的同时感受教师的教学方式，让他们更清楚地了解学校教学活动。每学期，教师要进行一次家访活动，了解学生情况，跟家长交流学生在校的情况以及一些教育方法、康复技术。

顺义区特殊教育学校使用校本化的课堂教学评价表对教师的课堂教学进

行评价，关注师生在课堂中的生长点，每学期有重点，注重过程指导，点对点跟踪。学前和学龄个别化评估主要运用专业量表进行评估，评估结果作为教师教育教学的考核依据，也为制订学期个别化教育计划提供依据。学前评估主要采用的量表是儿童发展地图，辅之动作训练和孤独症量表评估。顺义区特殊教育学校采用北京市特殊教育中心的课程本位评估表对学生进行评估，评估后确定哪些目标符合本班学生情况，在调整中积累教材使用个案。

二、建立学校评估监控机制

在课程改革过程中，一些学校通过在学校内部建立系统性的课程评价和管理机制，使学校领导、课程专家、教师、学生等课程相关人员参与到课程评价中。学校内部的自主评价与监控机制缩短了课程评价反馈作用于课程开发的时间，提高了课程评价的效率，给予课程参与者极大的课程自主权。

北京市朝阳区安华学校建立了课程管理体系，校长统领，专家指导，行政干部和全体教师全员参与各级课程的建设工作。在课程改革的进程中，学校不断调整管理架构，聚焦于教师，服务于学生，形成了"四中心"（学生发展中心、教师发展中心、党政服务中心、后勤服务中心）、"三段式"（义教低段、义教高段、职高段）、包班制的管理架构。"四中心"为学校的核心部门，引领学校各项工作。在各个研究中心的基础上，学校整合成为三个学段，各学段自主安排课程、教师、教学组织形式等。通过分学段的管理，给予学段充分的自主权。班级管理方面，学校采用包班制的方式，由三名教师包班，负责班级课程方案的制订和实施。学校通过机构合并精简，优化各中心组织功能，加强协同配合，突出以学生为本。

学校在教学实施过程中建立了教师自我评价、教导处评价与专家评价相结合的整体评价体系。一方面，注重教师自我管理和评价，另一方面，充分利用资源优势，聘请校外专家每周到校开展课堂指导和督导工作，保证课程开展的有效性。

学校以个别化教育计划落实情况为核心开展评价。学生从进校开始，班级教师就为学生建立成长档案，并由专人负责个案的目标统整和落实。专业团队采用科学的评量工具、量表对学生能力水平进行评估，教育效果采用过程性数据记录和留存视频、作业等物化材料，对学生的个别化教育计划目标进行月检核和数据记录。在教学过程当中每周和每月开展考核评价，教导处的干部每月进班抽查学生个别化教育计划的落实情况，保证学生个别化教育计划的目标落实。学校对教学过程注重全面监控，聘请校外教育专家组成第三方督导团队，对教师的教学和中层干部的管理工作进行平时教育教学工作和重点专项的监督和指导，及时发现管理和教学中的问题并每月反馈给学校，各个部门及教师团队依据提出的问题进行整改和完善，形成"制订方案—全面实践—督导监管—修订方案—全面实践—督导监管"的良性循环，促进学校工作的不断发展。

延庆区特殊教育中心建立多元化课程评价体系。从课程评价的方式来说，坚持形成性评价与终结性评价相结合，定量评价和定性评价相结合；从评价主体来说，该校有教师的评价、家长的评价、学生的评价。同时，该校充分利用评价记录表，全方位多元化对课程的实施进行评价。

石景山区培智中心学校通过运用观察、对话、才艺演出、作品展示等多种方式，评价学生学习的阶段成果，建立综合动态的学生档案袋，全面记录学生的行为表现和能力发展情况。石景山区培智中心学校建立多种形式的评价机制，帮助教师从多种渠道获得信息，不断改进和提高课程的实施成效。注重教师的培养与锻炼，改进教学方法培养专家型教师。

昌平区特殊儿童教育学校的教师在课程流程中授课，为满足不同学生的共性和个性要求就必须不断学习，通过相互听课、评课、反思、走出去、请进来等多种方式得到了专业的提升，逐渐形成自己的教学风格，教师专业能力之间的差距越来越小，研讨目标和方向越来越趋于一致。

三、多视角展开评价

多视角展开评价意味着评价不应是一部分人的特权。学校开展多元评价，一个重要的方面即是评价主体的多样化。一些学校采用教师评价、学生评价、校本评价、社会评价等多种评价主体参与的评价方式。

北京市西城区培智中心学校采用教师自我评价、教导处评价和评价小组评价等多元视角评价相结合的方式开展课程评价工作。教师自主进行日常教学、每月和期末的主题教学评估分析，反思在教学内容和方法策略上的收获与不足。从时间上，该校强调前测、后测，关注课时及主题评估。每学期的期初、期末都会开展固定时段的评估活动，针对学生所具备的能力水平进行前、后测评估。在每个主题、单元、课题和课时教学中，教师也会开展阶段性的评估，及时了解学生的学习情况，调试教学重点和方法。

通过每月推门课、研究课、教学资料抽查等各种形式对教师的教学行为与教学效果进行监控、指导，并在期末将共性的优点和问题进行总结和分析，以推进在新学期课程实践的及时调整。同时，该校成立了由教科研主管、教研组长、家长和社区工作人员等组成的多元评估小组，在社会实践课、主题评估活动、期末评估活动中，对学生的长短期目标达成情况进行客观的评价与分析，在提升客观评估的同时，发挥多元评价主体参与的优势，带动了家庭教育和社区教育的开展。

房山区特殊教育学校在课程的实施过程中，进行教师评价、自我评价、生生互评、家长评价等多角度、多元评价。在评价过程中，教师引导学生按照评价内容进行评价，利用评价，引导学生全面发展。

四、以科研带动评价

学校通过开展丰富多样的教学科研工作，将科研成果应用于课程开发、实施、管理和评价中。教育科研活动是探索未知的活动，是具有实验性和探究性的活动。教师既是教学活动的实施者，也是研究者。教育科研活动提高了教师参与课程评价的积极性，带动课程评价顺利开展和不断发展。

北京市朝阳区安华学校十分重视教科研工作，全体教师积极参与教科研活动，提升科研能力，并将科研成果运用到管理和教育教学工作中。在课堂层面，为了更好地满足学生的个性化教育需求，开展以生为本的课堂教学，学校不断推动小班化和协作式的课堂教学变革。在包班制下，各班级在每一个时间段都可以对学生进行非常灵活的分组，建构不同的学习共同体。此外，学校还不断探索新的课堂教学模式，成立了不同类型的实验班。比如，多专业整合课堂模式实验班，动态分组实验班等，都取得了较好的效果。

2018年至今，学校共有16项各级各类课题，其中市规划办"十三五"课题1项，市教育学会课题1项，区规划办"十三五"课题3项，北京师范大学委托课题6项以及校级课题5项。每学年教师论文、研究课获奖达到100余人次。

同时，学校不断梳理课程建设成果，通过各个课题组、专业教研组、年级教研组等团队，全体教师共同参与成果物化。

顺义特教学校每学期进行"爱慧课堂主题教学成果展示""兰馨杯课堂教学评优""红梅杯——爱慧教师讲教学故事""爱慧课教学成果汇报""爱慧教育成长手册"等，这都是对课程进行管理和评价的有效形式。

五、以资源保障评价

科技发展为课程评价的开展带来了多样的评价工具和评价手段。一些学校利用自身已有的软、硬件资源,建立了不断丰富的课程评价机制,也有学校根据自身发展的实际需要,不断发掘新的课程资源以保障课程评价顺利进行。

在资源支持方面,北京市朝阳区安华学校为学生提供结构化、多元化的教育环境,"一室一样"。在教学辅助资源方面,学校围绕国家课程标准和学校课程,研发了不同主题、不同学科的教学资源。人力资源方面,学校充分发挥专家、全体教师、家长、志愿者的作用,共同协作,保证在不同的活动当中目标落实的一致性。此外,学校积极建设课程资源库,不断丰富内容,逐渐体系化,建立了课程开发的奖励与激励机制,进行了工资方案的调整,这些都极有力地支撑了整个个别化课程的实施。

东城区培智中心学校办公资源平台建设以学校实际需求出发,开发了即时通信、协同办公、资源分享、学生档案管理和后勤管理等功能,特别是协同办公方面,通过工作的逐步细化和分化,大大提高了教师的工作效率和效果。与此同时,学校注重社会资源的开发利用,对社区、家长资源进行系统梳理的同时,根据学生发展的需求,与相关社区单位达成合作关系,形成了覆盖较为广泛的资源网络。如与便宜坊集团、国贸集团、柯尼卡美能达公司、体育馆街道社区、109中学、汇文中学、北京工业大学达成合作关系。

六、注重过程性评价

过程性评价也称"形成性评价",是在教学进行的过程中,为引导教学前进或使教学更为完善而进行的对学生学习结果的测评。形成性评价的目的不是给学生评定等级,而是利用各种反馈改进学生的学习和教师的教学,使学生的学习在不断的测评、反馈和修正或改进过程中趋于完善,从而达到改进教学的目的。尽管我们对教育成效要有所期待,但这并不等同于可以放任教学过程。为了对学生负责,尤其是对学生的长远发展负责,我们必须强化教师的教学行为与教学过程,以确保教师的教学行为与教学过程是以学生为本的,是具有教育效率的。既然我们无法用眼前的教育现象与教学业绩来评价教师与学生,那么,将教育评价的重心从以教育成效为标准的终结性评价,转变为以教学过程为标准的过程性评价则是非常必要的。这个转变是善意的,也是富于理性的。

北京市通州区培智学校为每个学生印制了"家长联系本",教师利用联系本及时向家长反馈学习内容和学习情况。还为每个学生建立了"学生成长袋",每月或每学期孩子们都会在教师的帮助下,挑选一些自己满意的优秀作品或作业放入袋中,体会成功的乐趣,促进学生自我成长。

学校每到期末一是通过"学生汇报演出"方式,展示学生各学科的所学所获。通过活动,一方面促进教师之间互学互促,另一方面增强学生自信,同时更是让家长直观地了解学生的学习情况和效果,增强家长教育孩子的信心和支持力度。二是安排固定时间,集中进行全校性的期末检测。检测内容主要针对个别化教育计划,以个性化目标为前提,每个学科、每个班级的检测内容均分为 A、B、C、D 等多个考查试卷或方案。测查方式也尽量照顾到每个孩子的特殊情况,有的笔试,有的口试,还有的采用实地操作或现场演示等。三是全校各学科均逐一对每个学生进行课程本位学段评估。这是相对全面、综合性的评估,可以直观了解学生的学业进步状况,同时也为制定下一学期的教学目标和完善或制订新的个别化教育计划提供可靠依据。

房山区特殊教育学校在课程实施过程中,通过灵活多样的评价方式激励和引导学生学习,促进学生的全面发展、培养学生的生活能力和解决生活中实际问题的能力。教师针对学生课堂教学的开展情况对学生的学习情况及学习效果进行评价,看学生在学习过程中的表现,如学习态度、参与状况、过程记录等。同时通过平时表现和个别化教育计划的实施情况进行过程性评价,看学生个别化教育计划目标的达成情况,及学生成长记录等。

延庆区特殊教育中心通过对学生各学科能力的前测和后测,帮助教师掌握学生的学习情况,通过前、后测的对比,可以了解综合课程的实施效果如何,为课程的后期调整提供依据。

石景山区培智中心学校发挥家长在课程评价中的作用,安排策划好家长每周、每月、每学期对学生的评价,教师要帮助家长正确理解自己孩子的学习和训练成效。

顺义特教学校在评价中,强调多种评价方式有机整合,给予学生多种展示学习进步的机会,做到过程性评价、阶段性评价相结合;显性评价和隐形评价相结合;学校评价和家庭评价相结合;集中评价和分散评价相结合;定时评价和延时评价相结合;动手操作和书面评价相结合;活动展演和课堂教学相结合。

第二节 北京市培智学校课程管理实例

一、包班制的课程管理方式

包班制是指将一个班除专业技能学科之外的所有教学及管理任务均分配给一个教学单元进行负责的班级管理形式,为了方便协调教学,这个教学单元通常由两名或两名以下教师组成。包班制自产生以来,很多国家对其进行了实践。包班制在实践中不断发展,已经成为国外很多小学基础教育阶段班级组织的基本形式。包班制是一种能够在保留班级组织的基础上进行个别化、差异化教育的教学组织形式。在包班制模式下,教师要关注每个学生的内心世界,根据不同学生的个性选择不同的培养方案。因此,一些培智学校采用包班制的管理形式。

北京市西城区培智中心学校由两名教师负责本班的全部教学和管理工作,在处理班级工作中共同出谋划策,各尽其能发挥特长。无论是在课程的设计、教学内容的选择,还是在课堂教学的实施上都能够为教师提供随时沟通、充分沟通的平台。在一定的教学时段中,不同领域的教师可以围绕同一主题,分工合作选择教学内容,从整体上把握课程的连贯性,做到最大限度的融合,避免不同领域间知识的重叠与断裂。

该校从改变班级管理制度开始,采用管理制度和课程管理相结合的管理方式,即在没有完全取消以教学班为单位进行教学管理的情况下,每年根据学生的现有水平、实际年龄和发展能力,进行班级的调整,淡化年级建制,使每个学生都尽可能地被安置在最适合他的环境中。

教师有了部分课程的自主权。学校将总课时分配给两位教师,他们可以结合教学内容、自身的特长和实际的可能,自行安排上课的时间、地点和形式,提前告知教导处后就可以进行教学。

包班制的教学管理方式从课程内容、教学形式、教学方法等多方面真正实现综合课程的有效途径。

二、建立以校为本的教研制度

北京市东城区培智学校的课程领导小组充分发挥了对课程实施与教学改革的研究、指导和服务作用,建立以校为本的教研制度,鼓励教师依据课程标准进行个性化的理解和创造性发挥，积极推进特殊教育课程改革。

北京市丰台区培智中心学校每年都会成立以校长为组长、教学主任为副组长、教研组长为组员的课程实施领导小组，并明确分工、落实到人，层级管理。每学年初都会由学校牵头以教研组为依托、以班主任为主、任课教师及相关人员为辅，为每个学生制订切实可行的个别化教育计划。通过"请进来、走出去"的形式为教师提供多样的学习机会，建立从集体研修到小组学习，从专家培训到同行取经的系统学习机制，不断提升"GR团队"的专业性、先进性及个人的软实力，以保障培智教育课程实施的力度。

三、改革评价机制实现有效管理

大兴区特殊教育中心通过运用有效的评价机制进行课程管理，该校对教师的评价机制和学生的评价机制进行修改，更好地服务该校的课程。在教师评价机制中该校修改了教学评价指标和教学质量监控与评价制度，将课程改革的内容融入评价机制中，更好地调动了教师的积极性以及监督了教师的教学质量。在学生评价机制中，该校舍弃了之前单纯的学科考试，结合个别化教育计划，对学生目标进行测评，通过目标的完成情况了解教学质量；与此同时，期末进行学生能力展示，展示内容要与本学期的主题相结合，通过展示了解学生的掌握情况。

海淀健翔学校每月定期开展目标完成情况的测评工作，监控学生目标达成情况，促进教师对教学组织效果的反思。对于没能按照计划完成的相关目标，则考虑调整目标或调整教学方法。在课程本位评价的基础上，了解学生生活的生态环境、疾病特点及问题表现，有针对性地对学生进行运动、语言、情绪行为等相关领域的专业评价，更加全面地了解学生的能力水平及需求，准确地把握每个学生下一阶段的发展目标，开展分组分层的教学实施。在教学过程中对学生进行课程实施的评价。根据学生不同的特点，选择多样的评价方式，如操作、观察、测试、提问等，记录学生学习过程中的效果与进展。除此之外，还会将学生整个学期参与活动所形成的材料积累下来，形成档案性评价。当一学期课程实施结束后，对本学期每个学生的教学目标完成情况进行再次测评。过程性的评价、档案性的评价可以作为很重要的依据，同时也为下一学期的教学工作找到新的起点。

北京市通州区培智学校为落实课程，保证课程的高质高效，将"个别化教学计划的制订""教学设计要求""课堂教学评价""期末检测评估要求"

等对课程实践流程的每一步都制定了制度,让教师有标可循,有规可守。召开个别化计划会之前,教师要通过评估与检测,确定每个学生下学期的目标,确定完之后,教师要在教研组进行研讨,同年级或学段教师参加研讨并给予评价和建议,学校相关教学领导把关。在通过个别化教育计划制订会、经过与家长的协商认可后,学生本学期的教学目标才制定完成。为促进计划落实、提高课堂教学质量,采取走动式精细化管理,相关领导通过随堂听课、推门课、师徒课等,走进课堂进行监管、指导。同时通过开展各种教学评优,如个别化教育计划评优、教学设计评优、课堂教学评优、汇报课评优、检测评优等,激发教师对课堂教学的研究,提升教师的教学能力和质量。

北京市丰台区培智中心学校引入考评机制。通过考评教师的表现和学生的表现促进教师对课程的实施力度。由于学生能力的差异性太大,学校为学生建立了"成长记录袋"制度,通过学生平时点点滴滴的成长与进步,既能考评学生一年的情况,又能考评教师的工作,同时还让教师和学生获得成就感,降低职业倦怠。

四、聘请专家引领课程发展方向

促进教师专业化成长是当前学校课程改革的重要举措。特教教师需要具备崇高的奉献精神、扎实的专业理论知识、高度的责任心,在教务工作中学校应十分重视教师的专业化成长引领,全面提升教师的专业素质。

昌平区特殊儿童教育学校为确保教学常规的有序,学校教导处在专家的领导下,增强了过程管理意识,对教师的备课、上课及时督查、及时反馈,在专家进课堂评课的基础上,在业务学习中重视加强青年教师的专业指导与引领工作,运用特岗教师的成长经历鼓励广大教师在专业化方面下功夫,加快成长速度。同时,学校定期与联盟校经验丰富的教学干部沟通,并聘请他们入校指导。

五、加强教学过程常规管理

昌平区特殊儿童教育学校根据学校的总体工作目标和计划,制订了切实可行的教学常规管理计划,并加强教学工作检查和指导力度。由教务处开展巡查活动,并认真做好教案、听评课记录。

北京市平谷区特殊教育中心实行校长负责制,负责领导制订学校课程规划、计划及保证有效实施的管理制度,并负责监督落实。成立课程领导小组,明确职责分工，加强各部门之间的联系和协调。健全课程管理的组织系统，形成由决策规划、组织实施、评价反馈、管理保障等环节组成的学校课程管理网络，保障课程的规范实施。

东城区培智中心学校将课程的开展纳入学校整体规划。建立了由校长、行政中层、教导处、班主任代表组成的课程工作领导小组，指导协调全校的课程工作，如图7-1所示。

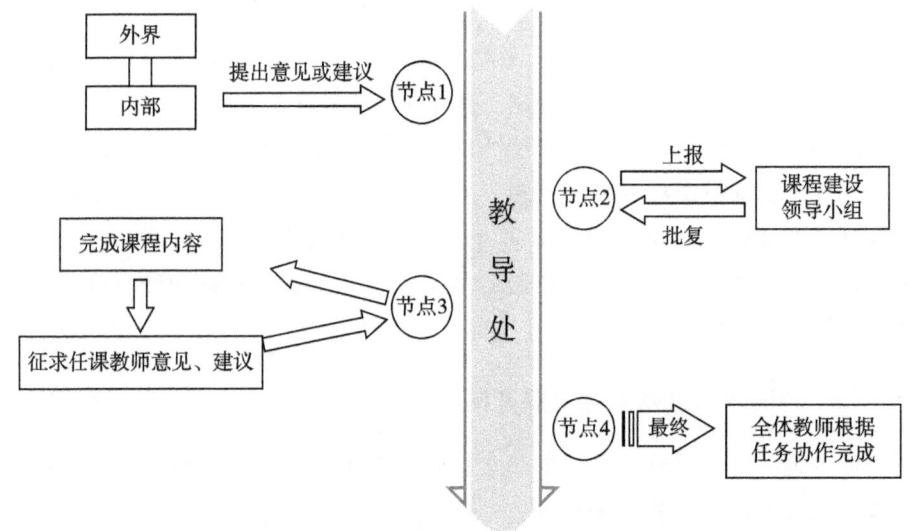

图7-1 课程工作领导小组工作示意

怀柔区培智学校通过课程管理体系进行系统运作与协调；成立课程管理工作小组，校长书记为组长，副校长为副组长，教导主任、各教研组组长为成员。学校严格执行教学常规管理制度，保证课程教学按计划运行和实施。教导处将执行教学常规检查监控制度，如定期教案检查，教研组活动抽查，学生和家长参与评教等。

六、建立信息化管理机制

东城区培智中心学校建立健全学校资源库建设的管理应用机制，实现组内信息资源教师、部门信息资源教师、学校资源教师的梯队化建设，增强教师的资源收集整理应用的意识。通过加大学校资源库的软硬件建设，完成学校办公资源库系统的全面升级，逐步实现学校办公资源平台的规模化和信息化。

七、以校本培训保障课程管理

怀柔区培智学校开展多种形式的教师培训。一是充分发挥教学骨干作用，搭建研讨论坛，进行专题讨论；二是用好多种校外资源，组织多种形式的培训活动，如专家报告、实地考察等，增强教师的课程意识，提升教师的课程开发能力。三是深入进行课堂教学众多环节的研讨。通过教学研讨，使教师深入理解该校课程设置改革的目的、目标与要求，对为什么改、改什么、怎么改形成共识，提高教师的思想认识水平与适应各类课程教学的能力。四是统一思想，加强研讨，确保课程规范有效运行。在新学期开始前，课程管理工作小组将召开有关人员的新学期课程实施研讨会议，学校相关领导解读新学年课程方案，听取意见，提供专业支持。

/ 第八章 /

北京市培智学校的课程实施效果、反思与改进

第一节 课程实施效果

一、提高学生综合素质

北京市西城区培智中心学校通过对比研究发现，与分科教学相比，综合主题教学更有利于提高学生的学习兴趣，在自主参与活动的过程中，突出学生的自我发现、自我选择和自我解决问题能力的培养；同时充分考虑到学生个性发展的差异性，通过小组学习、个别辅导，使其能够按照自己的兴趣、需要、能力等差异选择不同的学习方式，安排适当的学习进度和时间。学生在课堂中的参与度更高，注意力集中的时间更加持久，学生对知识的运用更加灵活，综合能力得以提高。例如，学生不知道"小数的十分位、百分位"，但是他们知道3.50元是多少钱；学生不知道"记叙文、议论文"，但是他们能认公交站牌、购买地铁票刷卡进站、在超市购买东西；这些事情激发了他们积极的生活态度，提升了他们用学习的知识技能解决生活中的实际问题。

北京市朝阳区安华学校通过个别化的课程改革，学生的个别化教育计划目标得到有效落实。以言语语言康复需求为例，学校有言语康复需求的学生数量为104人，占学校人数的45%。言语康复组教师对每个学生进行了专业的评估，并按照评估等级分别对一级、二级、三级学生进行相应的安置：安排一级学生在班级中进行康复，由康复专业岗教师指导康复目标在班级课程的落实，二级学生由教研组专业教师开展每周6课时的专业康复训练，三级学生由专业康复岗教师安排个训课或2人小组课，各级别学生均取得了良好的言语康复效果。通过多年的课程改革，该校学生能够具备基本的社会适应

能力和职业技能。该校也积极联系各大企业,为学生就业创造条件,近三年来,该校职业高中学生的就业率保持在30%~50%。

北京市通州区培智学校努力建构的课程体系,不仅为学生各方面的发展提供机会,也满足了不同的发展需求,在让每个残障儿童得到"最适教育"、最大发展的理想上迈了一大步。生活化的课程让学生的学习变得更生动和有意义,也为其今后的发展打下了坚实的基础。比较完备、规范且满足不同需求的课程体系,也让家长看到了来自学校、教师的专业、关爱,一面面锦旗就是家长对教师、学校工作的肯定。该校的课程实施也得到了社会的认可,该校培养的毕业生在保洁、洗车、缝纫、理货等方面工作出色,让更多人看到了这些残疾学生身上的闪光点,他们愿意伸手帮助这些残疾学生走向社会。

房山区特殊教育学校课程"生活适应+出彩课程"是围绕学生的生活需要、成长需要,围绕学校育人目标层层拓展,通过增强学生的代偿功能,激发学生的潜在才能,调动学生的积极性,满足学生适应生活的需要。在使用国家课程方案的同时又根据学生需要、地域特点、社区生活环境以及现阶段学生在这些环境中的特殊需求,开发校本课程,油酥烧饼制作、编织中国结、电子琴等,让家长看到了孩子自身的潜能和进入社会后的谋生技能,每周五下午的社区融合课程,增加课程的实用性、社会性和综合性,真正为学生营造了真实的生活环境,将学习成果在真实社会生活中加以迁移和推广,使学生逐步融合到正常人的生活之中,促进了整个社会对学生的接纳。

海淀健翔学校在整合式课程设计实施过程中,不仅关注学生们的共性需求,同时在教学过程中也会考虑到学生的个体需求,努力培养学生学习和生活的技能,寻找每个学生的优势智能作为教育的切入点,充分挖掘每个学生的潜能,发挥他们的优势,实现他们的自身价值。

二、提升教师专业素养

在课程改革的过程中,教师是课程的动态构建者、课程的生成者。

普通学校目前更多地采取分科教学的形式进行教学,注重学生知识体系的构建,培养社会主义的建设者和接班人,而培智学校的目标是培养适应社会发展的公民,以综合教学为主的方式。学校课程建构体现出的理念、思想以及明确的设置,让教师前进的方向更加明确,不由自主地向学校需要、学生需要的方向进行努力,教师自主选择努力方向,使学习、培训更加主动。

北京市西城区培智中心学校教师在学校课程发展中快速成长起来,涌现一批能编写和解读国家课程标准和国家新教材、能带头进行新教材试教试用的市区级骨干和学科带头人。作为在北京市乃至全国有一定影响力的学校，2017年受市教委委托开展合作办学项目，与通州区培智学校、顺义区特殊教育学校、丰台区培智中心学校、怀柔区培智学校签订合作办学协议，形成协同发展共同体；2018年，学校成为北京市孤独症教育康复基地，对服务区域内需要专业支持的孤独症儿童少年开展教育评估以及进行专业的抽离式训练，同时为所服务区域内普通学校教师提供专业支持，为孤独症儿童家长提供专业咨询与指导。

北京市朝阳区安华学校针对学校中度、重度残疾学生为主的实际情况，以及学校承担的随班就读指导任务，注重培养教师的复合能力。学校教师一方面承担班级课程设计和教学工作，另一方面每位教师都有康复专业发展方向，每位教师都在为成为复合型、专家型教师不懈努力。在课程改革中，学校教师团队意识不断增强，团队教师以高度责任心和专业素养的有机结合达成对学生教育目标和教育方法的一致。教师之间互助互学、协作教学氛围非常浓厚，教师的师德修养在课程改革实践探索中不断提升。

北京市东城区特殊教育学校实施新课程标准下的智通生活课程探索，使教师深刻认识到教学不再是科目界限分明的系统知识传授。三级课程体系的建构与开发本身就是学习课程标准、研究学生特点与需求，提升专业水平的过程。教师在参与研究的过程中不断实践、反思，从大教育观的角度去因势利导，发展学生的潜能，逐步提高自己的研究水平。承担课程开发的教师，充分发挥自己的特长，统整课程内容，确定评价方案。

顺义区特殊教育学校的"爱慧教师成长工程"提升了教师的专业技能。团队按需开展专业培训。奉献讲堂请一线教师登台亮相；戏剧游戏工作坊，进行校本化专业教学实践；参加联盟校体验式跟岗，学习先进经验和技能；请特教专家定期走进课堂，跟踪指导，持续跟进。在专家的引导下，教师在经营爱慧课堂中讲述有温度的教学故事，展示精彩的课堂教学成果。多彩课程，多元呈现。每学期该校都将学生的个别化教育计划、过程性作业、作品、实践活动照片、获得荣誉、期末教师的评价，整理成册在期末家长会上呈现给家长，请家长欣赏阅读后填写反馈意见，教师精心整理后，为新学期制订个别化教育计划和教学主题做好准备。

大兴区特殊教育中心重视培养教师的课程意识，通过专家讲座、外出参加专业培训等多种方式来提高教师的专业化水平。同时，该校还注重通过课题带动学校改革，以北京市课题"孤独症学生康复训练课程的制定"为引领，深化该校课程改革，积极组织教师参与课题中，转变教师观念，营造科研氛围。通过课题研究，促进该校康复训练课程的改革，指导教师如何选择适合孤独症儿童的康复训练技术。

海淀健翔学校通过课程整合的实践探索，让教师从更多的角度了解学生、看待学生出现的问题。从而改变教育观念，从研究教学内容转向研究学生；教育的出发点从学生的缺陷转向学生的潜能，管理方法从干预者、管理者转向学生的帮助者和支持者；教学方法从讲授式转向活动式等，在国家课程标准的指导下，教师不仅是课程的实施者，更成了课程资源的开发者。通过对学生多方面、多角度的评价，教师不仅要有教育的观念，还要有康复的观念指导自己的教学工作，学会从康复的角度分析学生出现的问题。同时学校工作人员的结构也发生了很大的变化，特殊学校除了有特殊教育教师外，还需要有专业的动作、语言、艺术等方面的治疗师对学生进行康复训练，需要有心理、精神卫生科的医生给予学生及家长医疗方面的帮助，需要生活教师负责指导学生的日常生活，需要有志愿者定期与学生进行融合的活动等。

东城区培智中心学校的课程实践不仅促进了教师的专业发展，而且提升了学生的综合素养。教师的专业素养、教育教学水平也大幅度提升。经过不断研讨与实践，教师逐渐领悟了课程的内涵，专业能力的复合力度（特殊教育知识技能+学科教育教学能力的复合；教育+康复能力的复合；特殊教育+普通教育知识技能的复合）有了明显提升。逐步形成一支"一专多能"的具有专业资质和技能的复合型、双师型教师队伍。干部、教师多次在特教论坛进行课程建设经验交流，赢得了专家及同行的认可。

三、构建家校沟通渠道

北京市朝阳区安华学校将家校协同教育纳入整体规划中，拓宽家校沟通渠道，从每学年的个别化教育计划会议，到学生每周的学习反馈，再到学校的教学开放日、社会实践活动、运动会、文化节、家长培训、家长会等，家长都能够积极参与其中，更加认可和支持学校的工作。

北京市东城区培智学校的家长看到肢体不协调的学生能准确击球时，看到出自学生之手的件件陶艺、布艺作品时，无不发自内心地赞叹。学生曾多次参加课程的展示交流活动、特奥融合活动，学生制作的作品多次在接待参观，参加奥运、残奥展示活动时作为礼品赠送宾客，这些不仅培养了学生的兴趣，开阔了学生的视野，增强了学生的自信，更得到家长和社会的认可。学校在个别化康复课程实施后进行了家长的反馈调查。100%的家长对该校的教育康复训练效果表示满意。

四、提高课程资源利用效率

特殊教育的现代化就是要实现优质课程资源的建设与共享，构建一套符合本校实际的教学资源素材库，突出学校的特色和亮点。课程资源内容以数字化教学资源呈现，为教师教育教学和学生的学习提供丰富的课程资源；学生能借助信息技术，将优质教育资源以"微课"等形式呈现给学生，为家庭教育提供充实的教育素材，实现家庭教育与学校教育的无缝衔接；为更多生活在不同环境中有特殊需要的学生提供丰富的学习载体，提供多样化的学习体验和适应其个性化需要的学习支持和服务，让课程更加凸显实用性、开放性、个性化、动态性的特点。

海淀健翔学校为个别化学生评价提供更好的载体，创设了多元化、专业性、可操作的教育训练环境，为教育教学康复训练提供保障，使各种障碍的学生都能有效地参与学习。同时，学校致力于创设一个开放的、自由的、人性的、多样的教育空间。教学不仅局限于课堂上的时间，要更好地抓住早上、午休、课间等潜在活动的时间对学生进行生活、交往等方面的教育，达到在实际情境中教学的目的。

五、提升学校办学品质

北京市朝阳区安华学校近年来获得了"首都劳动奖状""北京市职业教育教学成果奖二等奖""北京市基础教育科研先进单位""北京市先进职工小家""北京市朝阳区科研先进单位""北京市残疾人帮扶性就业基地""朝阳区教育系统师德建设先进单位"等多项荣誉。

顺义区特殊教育学校践行爱慧课程，培育爱慧课堂，在活动中绽放生命的精彩，逐渐形成了顺义特教学校特色课程体系。学校连年被评为北京市五优联评先进学校，区教育系统先进集体、先进党支部等。落实新课程标准以来，近50名教师在国家、市区教学比赛中取得优异成绩，多个学生社团在顺义区各项比赛和展示活动中获奖。

北京市平谷区特殊教育中心建立适合农村地区特殊教育学校的课程体系，特奥课程取得实效，多名学生参加全国、市级特奥运动会取得优异成绩。校本课程根据学生的实际需求开发潜能，使每个学生都得到应有的发展，提高了学生的综合素养。

东城区培智中心学校推进个别化教育计划的全面实施，引领学校教育观念转变与课程转型，以更高的站位思考、建设学校课程。学校以学生发展目标为根据，通过学校、家长、专家团队、志愿者等多方人员的通力合作，从整个生涯规划的角度来思考，用联系的思路将不同的知识、社会问题统整到学生的视野之中，尽可能地将一个完整的、没有被分割的世界呈现给学生，提升课程的品质。

第二节　反思与改进

一、综合主题教学质量不高

综合主题教学与分科课程相比，无论是课程设计还是课程实施的难度均颇高，综合主题教学的实施，其水平的高低也依赖于教师素质的优劣。实施综合主题教学需要高质量、高水平的教师，该校将为打造多学科、多领域、全学段的复合型教师队伍不断努力，推动学校课程建设进一步发展。

综合课程的实施需要"德教双馨"高素质的教师队伍。该校全体教师都非常努力，专业能力已有提升，但不可否认，仍有不少教师尚未达到实施综合课程或者实施个别化教育所要求的素养，因此，学校今后需要系统地规划并探究如何更好地提升全体教师的综合能力。比如，北京市通州区培智学校认为课程基本满足了学生的需求，但还远远不够，尤其在灵活性、选择性上等还有一定限制。学科之间的整合、学科与康复课程的整合还要加强，让学生在有限的时间、有限的课程内得到更好的发展。该校的课程实施大部分还在校内，应该把社区、家庭也纳入课程体系，让"生活化"课程真正在生活中实现。

二、课程评价体系有待完善

科学、系统的评价能够掌握学生的学习效果，能够帮助教师更加准确地判断教学的有效性，从而对后续课程的开展和调整起到关键性作用。但由于学生差异较大，一些重度学生在使用课程本位评估时较为困难，评估结果不够准确，因此，在后续的课程实施中，还需要建立方便的、量化的评估体系，便于系统掌握每个学生的各方面能力，为课程的设计和实施提供可靠的依据。

很多学校也认识到了这一不足。门头沟区特殊教育学校认为还需建立可观察、可测量的评价体系，采用多种评价方式，将形成性评价与终结性评价相结合。北京市平谷区特殊教育中心认为应进一步丰富课程评价方式，多种渠道了解课程实施的效果。房山区特殊教育学校认为应进一步细化课程本位评估和评价。

三、教师素质有待提高

包班制能够为多位教师充分沟通与合作提供便利的班级教学管理模式，全面承担一个班级的日常教学、班级管理等工作任务，更利于教师间相互配合，按照学生特点开展各种教育教学活动。但在教学的过程中，经常会出现"协同"教师只是辅助个别学生的现象，协同教学的意义不大。还应多探讨协同教师的作用是什么，如何辅助才能使课堂效率最大化等问题。

在开展综合主题课程的过程中，教师往往会根据学生的特点、学校环境特征以及学习内容本身的特点来选择不同的整合模式，偶尔会忽视学生的个性需求。但随着个别化教育计划的开展，还应多探讨课程与个别化教育计划的联系。

北京市平谷区特殊教育中心认为，应加强教师培训，加深教师对课程的理解，更好地实施课程。房山区特殊教育学校认为应给予教师自主权，借助课程研究，促进教师专业发展，关注教师、学生、课程三要素的关系，依托课堂教学实践，提升学校的办学品质，助力每个生命绽放精彩。

四、学科间联系不够紧密

在主题教学的模式下，各学科均能按照要求开展教学活动，但是学科间的联系还存在"分离"的情况。学校在进行活动时，还需要多组织共同备课、研讨等活动，增进学科间的联系，真正做到综合主题。部分学校对这一问题进行了反思。如房山区特殊教育学校认为应深入推进学段课程、学科课程、兴趣课程、绽放课程的整合，尽可能地减少教学过程中的重复交叉问题，做好科学衔接。

五、国家课程校本化程度不高

国家课程校本化实施虽然是在学校中产生和发展起来的，但是实施过程非常复杂，需要有课程理论指导，有专家、行政部门参与。为此，学校必须结合实际，对已有的课程体系进行整理，并合理规划未来课程体系。要在调研的基础上加强学科间横向联系，并在实践中不断完善。无论是分科教学，还是以综合主题为核心的课程，都要充分考虑学生的特殊教育需求、教师的专业基础等，将国家课程标准进行校本化实施。因此，还要继续加强对校本化实施国家课程标准的实践研究，使课程能够科学、有效地促进学生的发展。

目前，已有部分学校（如延庆区特殊教育中心）正在实施的综合课程是以国家课程标准，以及配套的新教材为主要参考进行的，其优势是保证该校的课程始终和国家课程标准保持一致，在此基础上，该校仍要加大对设计、实施班级课程的研究，科学、系统、合理的班级课程内容，可以有效地落实学生的教育目标。

六、课程内容不够丰富和完善

北京培智学校虽然都设置了丰富多样的课程，但受到学校课程资源的限制，一些学校的课程内容单一、缺乏系统性和逻辑性。课程开发以校为本，也暴露了一些局限性。

昌平区特殊儿童教育学校认为课程内容系统性不够，单元主题比较零散，课程资源收集不及时，没有进行统整。北京市平谷区特殊教育中心认为应加强校际之间的互动与交流，学习先进学校课程设计经验，完善学校课程建设。门头沟区特殊教育学校认为，还需在实践中不断地丰富与提升，发掘更多适合学生的学习内容。东城区培智中心学校认为，在教学中让学生的个别需求得到满足的同时，保证知识体系的严谨和逻辑性，需要继续探索和实践。

培智学校需要加强区域内的校际沟通和交流，开发和建设课程资源共享平台，通过校际之间的课程资源共享，不断丰富和完善课程内容。

七、科学性指导不足

在北京市培智学校的课程实践中，各学校由于受到学校资源、地理位置等因素的影响，都或多或少地出现缺乏科学指导和科研支援的情况。如东城区培智中心学校课程体系的科学建构需要更科学的指导。学校课程体系的建构和教学内容架构的整合，不仅需要该校教师科研和思考能力的增长、集体的多元化研讨，更需要强有力的专家指引和科研支援。

综上所述，我国培智教育最初的课程设置是参照普通学校的分科制，强调基本知识的教学，在一定程度上脱离了智力残疾儿童的生活，不适应儿童的特点。北京培智学校开展的丰富的课程校本化实践，具有明显的综合性特点，将儿童生活经验与学科知识整合起来，有利于智力残疾儿童的经验获得，适应了特殊儿童的独特需要。但目前我国的培智教育还处于儿童适应学校及课程的阶段，即使新一轮的基础教育课程改革已经十分深入了，仍然存在忽视儿童特点、单纯强调知识学习、突出对全体学生的关照、忽视个体差异的倾向。培智学校中有大量的有特殊需要的儿童，如情绪问题、行为问题、处境不利儿童等。教师应面向全体，照顾差异，处理好共性与个性的关系，为每个学生提供适合他们的目标、课程和计划，促进每个学生最大限度地发展。课程应以面向全体、促进学生全面地发展为目标。课程目标应该是面向全体学生，在满足学生共性需要的同时，承认差异、照顾差异。通过灵活变通的课程目标，使差异非常显著的个体在同一个班级中共同进步，只不过针对不同的学生个体，在知识、思维能力、解决问题能力和创造力方面，其要求有所不同，还应注意到教学目标不是单纯的知识维度，还包括技能、情感、态度、价值、过程与方法等多个维度。对于一些特殊需要儿童如学习障碍儿童而言，知识的掌握是存在困难的，但在情感或其他方面则并不存在很大的障碍，只是需要设置合理的目标来加以促进；对残障儿童可以参照特殊学校的课程目标适当突出对其缺陷补偿、身心康复、人际交往、社会适应、职业准备等能力的培养；对于情绪和行为障碍儿童，则主要从非智力的、情感的、自我意识等方面入手，结合行为矫正和塑造手段，促进其积极向上。实施照顾差异的教学，采用个别化教学策略，针对各种特殊需要的不同特点，采取灵活多样的教学方式，促进其在各自原有水平上获得进步，实现合适的教学目标。设置灵活多样的课程。实施素质教育和教育机会均等策略，都要求将各类特殊需要儿童尽可能地安排在普通班级与普通儿童共同学习。因此，课程必须要有灵活性，以应对学生的差异性发展。在课程设置上加强基础学科，突出基本概念，将必修课程和选修课程结合起来，将活动课程与学科课程结合起来，适当开设单元课程、综合课程或模块课程，建立资源教室或课程资源中心，对课程结构的整体优化，采取编写不同教学水平的教材的措施，实现培智教育良性发展。